読むよむ書く

迷い多き君のためのブックガイド

重松 清

幻戯書房

もくじ

Ⅰ　先輩に最敬礼

Ⅱ　同時代作家を読む愉しみ

Ⅲ　事実のすごみに真実が宿る

Ⅳ　これぞマスターピース

装丁
真田幸治

読むよむ書く

迷い多き君のためのブックガイド

I

先輩に最敬礼

五木寛之
『新装決定版 青春の門 筑豊篇』
講談社文庫（上下巻） 二〇〇四年

ようこそ――。

まずはその一言を、「青春」のまっただなかにいる若い読者に贈らせてもらいたい。『青春の門』の世界へようこそ。待っていたのだ、かつて自分が夢中になった小説を挟んできみと向かい合える日を。読みかけの文庫本を手にしたきみに「おっさんも読んだことある？『青春の門』っていうんだけど」と話しかけられ、思わずゆるみかけた頰をあわてて引き締めて「なんだよ、おまえ、十年早いぞ」なんてぶっきらぼうに応える、そんな光景を思い浮かべては一人でにやついていたのだ、ぼくはずっと。

先輩風を吹かすのを許してほしい。でも、ぼくは〝『青春の門』歴〟にかんしては、ちょっと自信がある。中学一年生のときに初めて読んで以来、はっきりと覚えているだけでも五度読み返した。

六度目の再読は、ついさっき終わったところだ。四十一歳になったぼくは読了後に本を閉じて、目をつぶり、しばらく黙り込んで物語の余韻にひたった。そして、目を開けるのと同時にパソコンに向かい、舌足らずの早口になってしまうのは覚悟のうえで、この解説の小文にとりかかっている、というわけだ。

一刻も早く書きつけておきたい。かねて思っていた『青春の門』は、いまの若い連中にも〝オレたちの物語〟として読まれうるんじゃないか」という予感が、いま、はっきりと確信に変わった。

冒頭に書いたとおり、ぼくは『青春の門』について、きみと語り合える日を待っていた。

同じように、『青春の門』という物語じたい、青春文学の古典的名作がどれもそうであるように、いまを生きる若い読者との出会いを常に待っていたはずだ。

でも、それ以上に、ぼくはいま思うのだ。この、どうにも重苦しく、気詰まりでうっとうしい時代に「青春」を生きるきみのほうも、『青春の門』のような物語と出会う日を待ち望んでいたんじゃないか——と。

＊

おとなの読者には、申し訳ありません、と謝っておく。でも皆さんにはぼくの解説なんて不要でしょう？とも付け加えたい。青春文学の金字塔だ。ベストセラーにしてロングセラーとなった小説はもちろん、映画化、テレビドラマ化、さらにはコミック化もされた『青春の門』に、いまさらなにを付け加える必要があるだろう。

ぼくは、この小文を『青春の門』を知らなかった若い読者に向けて綴るつもりだ。

伊吹信介に初めて出会ったきみに、できれば早竹先生が信介に語りかけるような口調で、なにかを伝えたいと思っているのだ。

＊

あらためて確認しておくと、『青春の門』はきみが生まれるずっと以前に書かれた小説だ。この筑豊篇の単行本が刊行されたのは一九七〇年。しかも、物語の中の時代は戦前から昭和二〇年代——きみの両親もまだ生まれていなかったかもしれない。

作品の中に出てくる言葉や時代背景がピンと来ないひともいるだろう。さらに言えば物語の舞台は筑豊、つまり福岡県だ。登場人物の交わす言葉も方言だらけで、なにを言っているのかさっぱりわからずに途方に暮れてしまうこともあるかもしれない。

かまわない。川底の泥を目の粗いザルで濾すように、意味のよくわからない箇所は、どんどんすっ飛ばして、流してしまえばいい。

ぼくも十代の頃、そんなふうに『青春の門』を読んだ。荒っぽい読み方だ。これじゃあ読書感想文を書くのは難しい。でも、ハンパな理屈をこねくりまわした感想文よりも、たった一言の「面白い！」と、ページを繰る手が止められない胸のドキドキと、読み終えたあとの「ふーう……」という熱いため息のほうが似合う小説は絶対にあるのだし、そういう読み方が似合う（いや、そういう読み方しかできない）年頃のことを、ぼくは「青春」と呼ぶ。

ため息をついたあと、ザルを覗き込んでみるといい。難しい言葉が洗い流されても、ほんとうに大切なことは、ちゃんと残っている。砂金のようにキラキラ光っている。しかも、その砂金の輝きは、読むひとによってさまざまに光のかたちを変えていく。

男の子が読んだとき、女の子が読んだとき、喧嘩の強い奴が読んだとき、弱い奴が読んだとき、親や教師とうまくやってる奴が読んだとき、おとなとぶつかりどおしの奴が読んだとき、家を出て一人暮らしをしたい奴が読んだとき、家の外に出るのがキツくなってしまった奴が読んだとき……。

百人の読者がいれば、百通りの砂金の輝きがある。学校のテストはたった一つの「正解」を求めるけれど、『青春の門』はそうではない。だから、きみと語り合いたいのだ。ぼくが見つけた砂金について伝えたいし、きみが見つけた砂金のことも訊きたい。テストの答え合わせをするのではなく。

忘れないでほしい。小説を読むということは、「登場人物の気持ちを三十字以内でまとめる」ことでもなければ、「この段落を要約する」ことでもない。物語をわしづかみにしてザルに放り込んで、そこから、きみだけの砂金の輝きを見つけだすことなのだ。

保証する。『青春の門』には砂金がたっぷり含まれている。もしかしたら読書感想文が得意な奴より、「上下巻の小説を読むなんて生まれて初めてっス」なんて笑う奴のほうが、たくさん砂金を見つけられるかもしれない。そこがいいんだな、小説って。そこがすごいんだよ、『青春の門』は。

*

ぼくが見つけた砂金について、ちょっとだけ伝えておこう。

ぼくはさっき「百人の読者がいれば、百通りの砂金の輝きがある」と書いたけれど、じつは一人の読者の中でも、砂金の輝きには変化がある。

たとえば初めて読んだ中学一年生のとき、ストーリーの面白さは存分に味わいながらも、ぼくにはまだ「青春」が実感できていなかった。主人公の信介が出会うおとなの男たちはみんな荒々しくて、喧嘩の場面はひたすらおっかなくて、酔って怒るとすぐにビンタを張るぼく自身の親父の姿と重なってしまって……。結局その頃のぼくが見つけた砂金は、ちょっと恥ずかしいけれど、エッチな場面を読んだときの頬の火照《ほて》りだけだった。

高校生になると、それが微妙に変わってくる。織江のいじらしさに胸が締めつけられ、梓先生の伸びやかな魅力に憧れた。オフクロに対して無口になり、ぶっきらぼうになるのと合わせるように、義母・タエに対する信介の複雑な感情がなんとなくわかるようにもなってきた。

男たちを見るまなざしも変わった。信介の父・重蔵が口にする「馬鹿も利口も命はひとつたい」の一言に、矢部老人が信介に伝えた重蔵の口癖「義理は義理、理屈じゃなか」に、なにかとてつもなく重い人生の真理を教わったような気がした。

あるいは、信介が「おれの心のなかには、うす汚れた利己的なドブネズミが棲んでいる。自分では自分のことをまともな人間だとおもいこんでいるが、ひょっとしたら自分は本当は冷たい打算的なくだらない人間なのかもしれない」と煩悶《はんもん》するところでは、ああ、わかるなあ、と深くうなずいたり、「おれはこれからどんなふうに生きていくのだろうか?」という信介の自問を、ぼく自身の胸の中でもう一度響かせてみたり……。

四十一歳になって読み返した六度目の『青春の門』は、また新たな砂金をぼくに見せてくれた。十代の頃には硬派のカッコよさしか目に入らなかった塙《はなわ》竜五郎の姿が、やけに胸に染みるのだ。父親のように信介を見守り、でも父親にはなれない竜五郎の、乱暴な言動の奥にある孤独が、この歳になってようやくぼくにもわかってきた。そして、ふるさとの筑豊を出て東京へと向かう信介に、竜五郎に代わって「行くな!」と声をかけたくもなった。ぼくはもう、青春の門へと旅立つ若者ではなく、その後ろ姿を見送る側に回ってしまったのだ。

だから――いま、ぼくの手のひらの中にある砂金は、ほんのちょっと寂しい輝きを放っている。

『青春の門』は、もちろん、どんな世代の読者も受け容れてくれる物語の懐の広さと深さを持っている。中年には中年の、老人には老人の、それぞれ手にする砂金がある。

でも、『青春の門』がいちばん読まれることを欲していて、逆に『青春の門』を読むことを最も痛切に求めているのは、四十一歳のおじさんではないだろう。

バトンタッチだよな、と思う。

〝かつて『青春の門』を夢中になって読みふけった

元・若者〟の端くれである光栄を胸に、背筋をピンと伸ばして、バトンを渡そう。

『青春の門』に最もふさわしい読者は、いま「青春」のまっただなかにいて、だからこそ「青春」という言葉に照れてしまってそっぽを向いている——きみ、なのだ。

＊

ぼくは信介と同じように、高校卒業と同時に家を出て、上京した。

大学生になってから読み返す『青春の門』は、筑豊篇よりむしろ上京後の信介を描いた自立篇、放浪篇、堕落篇、望郷篇、再起篇から、たくさんの砂金を見つけだすことができた。さまざまなひとたちとの出会いと別れを繰り返し、ときには自分の夢を見失いながら旅をつづける信介の「青春」は、こんな図々しい発想を許してもらえるなら、〝ぼくの生きなかった、もう一つの「青春」〟だった。

人間はたった一度の生しか生きられない。ぼくは（もちろん、きみも）自分の生きてきた「青春」以外の「青春」を生き直すことは決してできない。それが寂しくて悔しいから、ひとは小説を読む。小説を読むことで、主人公や登場人物が生きる〝自分とは違う生〟に寄り添おうとする。

信介とぼくとは、長い付き合いだ。ぼくより年長の読者は、もっと長い付き合いをしている。

この筑豊篇で彼に出会ったきみも、きっと、信介と長く付き合っていくことになるだろう。いい奴だぜ、信介は。織江も、彼女自身の青春の門をくぐって、きみがびっくりするような「青春」の日々を歩んでいく。

……と、筑豊篇の解説の任を超えて、サッカーでいうオフサイド気味の予告を書きつけたのには、理由がある。

じつは、信介の「青春」は、二〇〇四年のいまもまだ終わっていない。大河青春小説『青春の門』は、完結編の手前で小休止に入っているのだ。

信介に早く再会したい。六度目の再読を終えたあと、つくづくそう思った。いや、それはぼくだけではなく、『青春の門』を筑豊篇から読み進めた誰もが願っていることだし、すでに五木寛之氏のもとには何年も前から、おびただしい数と熱意のラブコールが届いているはずだ。

だからこそ、きみ、なのだ。

五木寛之氏がペンを執り、再び信介を物語の中で走らせる――そのなによりの原動力は、ぼくのような中年読者の声よりも、ケータイ片手に茶髪をかきあげるきみの「続き、読みたいっスよ」の一言のような気がしてならない。優れた小説が「読み継がれる」というのはそういうことなんじゃないか、とも思う。

バトンは渡した。『『青春の門』の面白さ、おっさんなんかにわかるわけねえよ」と生意気なことを言ってくれ。二十一世紀の信介のダチだもの、それくらいのこと、言わなきゃ。

そして、いつか聞かせてほしい。きみ自身について。信介ほどドラマチックではなくても、きみにとってかけがえのない「青春」の日々について。きみがいま踏みしめている大地にも、きっと、砂金は輝いている。気づいていなければ教えてやる。それが、青春の門をとうにくぐり抜けたおとなの役目だ。

どこかで会おう。声をかけてくれ。

合い言葉は、こうしよう。

きみは『青春の門』を読んだか――?

佐藤愛子
『風の行方』

集英社文庫（上下巻）一九九九年

誰もが、せいいっぱいに生きている。よかれと思った道を進んでいる。目の前の現実から逃げようとするひとはいない。見て見ぬふりもしない。誠実である。一所懸命である。誰もがひたむきで、優しくて、少々不器用で、きっと意地っ張り揃いでもあって、だからこそ、それぞれの思いが微妙にずれる。物語のなかに、風が吹き渡る。

〈ママはいなくなった。／おじいちゃんも遠くへ行ってしまった。／なぜこの家は急にこんなふうにバラバラになってしまったのだろう？〉

物語は、小学六年生になったばかりの大庭吉見少年の、そんなつぶやきで幕を開ける。

　吉見の両親は一年前に離婚をした。父親の謙一の不倫が原因だった。謙一は不倫相手の千加が子宮外妊娠をして子供の産めない体になったことの責任をとって、フリーライターの職を持つ妻の美保と別れ、千加と再婚することに決めたのだ。

　それと前後して、吉見の祖母・信子は結婚以来四十年におよぶ〈いつも家族を優先してきた〉日々に別れを告げるべく、〈とにかくわたしは自由になりたいんです〉と夫の丈太郎に離婚を迫った。小学校校長を二十年間勤め上げてきた丈太郎は、妻の胸の内をはかりかねたまま、〈山国の子供たちのために寺子屋風の私塾を開いて、今の学校教育に欠けているものを教える〉ために岩手県の山村に単身移り住み、信子は宣言どおり〈自由〉な生活を始める。

　……そんなふうにして大庭家が〈バラバラになってしまった〉経緯は、長編小説『凪《なぎ》の光景』に詳しく描かれている。本書『風の行方』は、もちろん独立した一篇の作品ではあるのだが、『凪の光景』をプレ・ストーリーとして併せてひもとくと、三世代家族の大きな物語が堪能できる仕組みである。

　しかし、『凪の光景』と『風の行方』は、たんに時間を接した二篇という関係にはとどまらない。謙一・美保と丈太郎・信子の二組の夫婦のドラマに焦点をおいた前書は、いわば夫婦の物語だった。それに対し、本書では吉見が主人公をつとめ、またある種の狂言回しとして物語世界を縦横に駆けめぐる。〈今のところおとなによって生かされているのだから、おとなの都合に従わなければならない〉子供の視線で照射されることによって、『凪の光景』で描かれた家族の決断は、より深い陰影をもって、言い換えれば批評的に描き直される。著者は『風の行方』で、『凪の光景』を包括する、ひとまわり大きな物語世界をつくりあげたのである。

『風の行方』は、『凪の光景』のラストシーンから約一年の時間をおいて語り起こされる。凪（この表現もじつは相当にアイロニカルなのだが）が風に移り変わるまでの一年間のブランクは、家族が離ればなれになる以前の日々を〈あの頃〉と呼べるだけの距離をとるための、理想の暮らしを現実の生活に塗り替えるための、そして吉見の成長を待つための空白にほかならないはずだ。

吉見は学校でいじめに遭う。信子と千加の仲はしっくりいっていない。丈太郎は遠い岩手で理想と現実のギャップを思い知らされ、女性の自立を掲げていた美保は流行作家との恋に苦しみ、信子は自ら選びとった〈自由〉を持て余し気味で、さらに謙一の弟・康二は教え子の自殺を機に教師という職に行き詰まりを感じ……。

風は、さまざまに向きや強さを変えながら、しじゅう吹き渡っている。著者は、その軌跡を丹念に、かわいたユーモアをたたえた筆致でたどっていく。

いじめや自殺に代表される教育の問題をはじめとして、老人の生き甲斐、女性の自立、シルバー離婚、急速に薄れゆく貧しさの記憶など、大庭家のひとびとの物語の遠景には、現在――一九九〇年代後半の〈問題は山積している〉社会をめぐる諸相がくっきりと浮かびあがっている。そこをとって、本書を、たとえば社会派家庭小説と名づけることはたやすいだろう。

しかし、著者のまなざしの射程は、はたしてその地平にとどまっているのだろうか？

遠景の、さらに遠くに目をこらしてみる。すると、幾重にもかさなった現実という名の雲の向こうに、ひとつの言葉がうっすらと透けてみえてこないだろうか。

幸福――。

吉見は自問する。

〈知識のほかに幸福のモトはほんとうにないのか？〉

丈太郎は嘆息する。

〈そもそも文明の進歩というものは、人間を幸福にするものではないのか？〉

望みどおり〈自由〉な日々を手に入れた信子は、ときどきわからなくなる。

〈「幸せみたいな」気分は日常の中に時々顔を出すが、それはあくまで「みたいな」であって「幸せ」ではないような気がする〉

そして、謙一が別れた妻・美保につぶやく〈あの頃はよかった……幸せだったよ〉は、信子がせつなさとともに認める〈あの頃のほうが幸せだった……〉に、きれいに重なり合う。

大庭家のひとびとは、吉見も含めて、しばしば根源的な問いを自らに投げかけ、また議論をする。本書は、ドラマティックな家庭小説であると同時に、議論小説、哲学小説、いやいっそプラトンさながらの問答集としての側面も持ち合わせているのだ。

それが決して生硬な自家中毒には陥らず、物語の流れをいささかも妨げてはいないのは、むろん円熟の技巧に拠るところも大なのだが、それ以上に著者自身の「幸福とはなにか?」という真摯《しんし》な問いかけが物語を貫いているからではあるまいか。

物語に吹き渡る風は、いわゆる「波風が立つ」といった目に見える事件や出来事だけではない。

周知のとおり、風は二点間の温度差によって生じる。つまり、風が吹くには必ず二つの点が必要になるのだ。

その二点の差異は、物語のなかでさまざまに敷衍《ふえん》され、変奏される。たとえば世代の差もそうだし、男女の差でもいいし、おとなと子供の差でもいい。また、人物配置についても、吉見/加納、信子/春江、千加/美保、美保/香、謙一/楠田、康二/青柳先生、康二/丈太郎、丈太郎/トシ……と、性格や信条などが対照的な組み合わせが選ばれ、その両者の間で風が吹く、すなわち議論や自問が始まることになる。さらに一人の人物のなかでも、風は吹く。離婚前の〈大庭美保〉と離婚後の〈中根美保〉の間で揺れ動く美保しかり、〈親の前、教師の前、友達の前〉の三つの顔を使い分けざるをえない吉見しかり……そしてなにより、大庭家のひとびとは皆、現在と〈あの頃〉との間に吹く風にさらされ、翻弄されて生きているのだ。

そんな彼らの議論や自問に、著者は安易には答えを与えない。それどころか、議論そのものを無化してしまうような一文を物語の終盤に用意している。

〈人々はいろんな言葉を考え、それを使ってお茶を濁している。わかったような気になっているだけだ。(略)言葉、言葉、言葉……言葉だけが氾濫し飛び跳ねている。しかし何の解決にもなっていない〉

それでも、ひとは、言葉を連ねる。言葉によって思考し、言葉に支えられ、導かれて行動する。「言葉」を「記憶」と言い換えてみてもいい。生きることは言葉を獲得すること、記憶を積み重ねていくことである。

丈太郎は、自らの生きた日々の記憶の呪縛《じゅばく》から逃れられないがゆえに時代に逆行してしまう。信子も四十年間の〈何の楽しいこともなかった時代〉の記憶を捨て去れないからこそ、いまの暮らしに幸福をなかなか見いだせない。かつての子供、かつての学校、かつての夫婦、かつての親子、かつての家族、かつての幸福……その記憶が、いまの時代に対峙するおとなをたじろがせ、戸惑わせ、苦しめてしまう。

おとなが拠りどころにする記憶は、吉見たち子供をもうんざりさせてしまう。おとなたちは子供のことを〈わかっているつもりでも、それは自分流にわかっているだけだということに気がついていない〉のだ。そして、その吉見ですら、もはや無邪気で屈託のない子供のままではいられない。おとなへの階段を、目を伏せながらでも一歩ずつのぼりはじめなければならない。小学六年生とは、そういう年齢である。

そう考えると、ケストナーが『飛ぶ教室』のまえがきに掲げた「私はみなさんに心の底からお願いします。みなさんの子どものころをけっして忘れないように！」や、サン＝テグジュペリの『星の王子さま』の献辞「おとなは、だれも、はじめは子どもだった（しかし、そのことを忘れずにいるおとなは、いくらもいない）」は、はたして膝を打って学ぶべき言葉なのだろうか。

むしろ、いまこそ求められるものは、ニーチェが『ツァラトゥストラはかく語りき』で訴えた「人はなぜ幼子のように語ってはいけないのか」にも似た諦念かもしれないではないか。

「ならば……」と、どこかから問う声が聞こえてくる。──「この小説は、ひとが生きることを否定しているのか？」

そんなことはない、断じて。

たしかに著者は登場人物たちを甘やかすことなく、生きることへの、歳を重ねることへの絶望のぎりぎりの淵まで彼らを連れていく。

しかし、著者は決して彼らを見放しはしない。凜《りん》とした厳しさに裏打ちされた大いなる優しさで彼らを包み込む。

たとえば、上下巻にわたる長い物語でいっさい内面描写がなされない千加と、ほんのわずかしか独白を与えられていない浩介を見るといい。

いかにもいまどきの若者二人を悪者にしてしまうのは、かんたんだ。しかし、二人に寄せる著者のまなざしは、とんちんかんな世間知らずぶりに苦笑しつつも、あたたかい。浩介が〈晩年にどんな思い出を語るのか？　なにもないなあ、と思う〉、千加が一所懸命に悲しいことを思いだそうとしても〈いざとなると何もないのよ。ないわけないんだけど出てこないの〉と、二人とも記憶の積み重ねを排されているあたりも示唆的である。

特に……解説から先に読んでいく主義の読者諸氏の愉しみのために、ここで引用をするわけにはいかないのだが、物語のラストシーンに著者が選んだ感動的な光景は、まさしくいまを生きることの肯定にほかならない。

だからこそ、ラストシーンで丈太郎の胸に湧き上がる言葉――夫婦を超え、親子を超え、家族をも超えたその言葉が、われわれの胸に熱く染みていく。ともに老いを生きる同世代への、謙一たち息子世代への、吉見たち孫世代へのエールである。同じ星の、同じ国の、同じ時代を生きて、それぞれの幸福を追い求めるひとたちへ、丈太郎は、いや、著者は、万感を込めてエールを贈るのだ。

先回りしてその言葉を探すなかれ。大庭家のひとびとの幸福探しの旅に付き合い、同じ風を身に浴びて、痛みとせつなさを分かち合って、それから終章へと至ろう。

物語を吹き渡る風の行方は、われわれひとりずつの胸のなかだ。

ねえ、あなたにとっての幸せって、なに？
吉見少年の透き通った声が、ほら、風に乗って聞こえてこないだろうか――。

（岡田幸四郎名義で発表）

伊集院静
『駅までの道を教えて』
講談社文庫　二〇〇七年

伊集院静さんの小説——とりわけ短篇小説を読むときの、僕にとってのいちばんの愉しみは、そこに描かれた「季節」を堪能することである。

もとより、小説に描かれる「季節」というものは、物語の求める必然でもあるだろうし、情景の一つひとつを彩ってくれる修辞のうちでもあるだろう。あるいは、ごく単純に、浅薄《せんぱく》に、「花鳥風月」めいたつまらない文学的香気とやらを醸し出すためにだけ用いられる場合だって少なくはない——自省しつつ、自戒しつつ、認める。

しかし、こと伊集院静さんの小説にかぎっては、「季節」は決してスタンプのように平板に押印されているのではない。もっと深く、物語の核に触れるほど深く、しっかりと刻み込まれている。他のものには取り替えようのない強度で、春があり、夏があり、秋があり、冬がある。

そうなると、「季節」は修辞を超える。また、たとえば物語の舞台がたまたま夏だったから夏が描かれたのではなく、むしろ逆に、最初に夏ありき——夏という「季節」それじたいを描くために、その物語が紡がれたのではないか、とすら思えてくる。

本書もそうだ。一読明らかなとおり、所収の八篇すべてに「季節」はくっきりとした存在感で刻み込まれている。少々悪趣味な試みで、それぞれの作品を別の「季節」に置き換えてみるといい。すると、明らかに物語のかたちが変わってくる。味わいが違ってくる。春夏秋冬、すべて試してみると、たとえば『駅までの道をおしえて』や『シカーダの夏』はやはり夏の物語でなければならないし、『渡月橋』のラストシーンで舞うものは桜の花びら以外には考えられないではないか、とあらためて思い知らされるのだ。

だが、もちろん、伊集院静さんは理詰めでその「季節」を選び取ったわけではないだろう。もしもそうだとすれば、きっと「季節」の強度はこわばった頑なさに姿を変えてしまい、作品の息づかいもたちまち融通が利かないものに陥ってしまうはずだから。

僕のセコい実験とは裏腹に、それぞれの作品の「季節」を入れ替えることぐらい、氏はたやすく、さりげない手つきで——「春夏秋冬なんて、ただの区切りの記号だろう？」と、悪趣味や非礼を苦笑交じりにたしなめながら、鮮やかに見せてくれるはずである。

しなやかにして、強い。決して肩肘張ることなく、しかし、揺るぎなくそこにある。伊集院静さんの「季節」とは、春夏秋冬という記号をまといながら、四季の枠組みを超えて風のように、水のように、作品世界に広がっていくものなのだ。

それを、どう言い換えよう。

時間——と呼ばせていただこうか。

「季節」とは時の流れである。しかも、流れ去りながらも繰り返されるという、円環の構造を持つ時間である。

「季節」は永遠に巡る。だが、ひとは永遠の生を生きることはできない。「季節」は限りなく繰り返される。だが、この年の、この「季節」は、二度とは取り戻せない。そのジレンマを、伊集院静さんはじっと見つめている。かぎりのある命だからこその、ひとが生きることの哀《かな》しみと歓びとを、いつくしむように見据えている。そして、その哀歓のドラマを、そっと——木の葉を川面《かわも》に浮かべるように、巡りつづける「季節」に載せるのだ。

川面の木の葉は、時として流れの淀みにひっかかってしまい、どこへも行けなくなってしまう。それでも川が流れているかぎり、いつか、再び、流れに抱き取られて海を目指すこともあるだろう。その瞬間を「奇跡」と呼び、その瞬間の訪れを信じることを「希望」と呼ぶのなら、本書は、紛れもなく「奇跡」と「希望」を描いた短篇集だと言えないだろうか？

いや——表題作でフセ老人に「私は、神さまはいないと思う」という印象的で象徴的な言葉を言わせた伊集院静さんの作品を紹介するときに、「奇跡」だの「希望」だのといった柄の大きな、神さまと相性の良さそうな言葉は、どうもそぐわないような気もする。

ならば、八篇の物語に即して、こんなふうに言葉をあらためよう。

本書は「再会」の作品集なのである、と。

本書の八篇はいずれも「再会」の時を待ち、信じているひとたちの物語である。死をはじめとする悲しい別離を味わったひと、見失ってしまったなにかをもう一度見つけようとしているひと、あるいは若かった頃、幼かった頃の思い出を忘れられないでいるひと……そんな彼／彼女の物語が、野球を遠景にして紡がれる。

「再会」とは、二つの時間の織りなす「奇跡」である。別れによって止まってしまった時間と、巡りつづける「季節」とともに流れていく時間とが、ある瞬間に出会うことで、「再会」が成就する。短い物語をたどっていく読み手の目に映るものは、あくまでも主人公たちの感動的な「再会」のドラマでも、その奥では、一度きりのかけがえのない時間／永遠に繰り返される時間という二面性を持つ「季節」のモチーフが八篇を貫いているように思えてならない。

だからこそ、それぞれの作品のはらんでいる「季節」は、なんと重層的でふくよかなのだろう。現在と過去を大きく行きつ戻りつしたり、また一行の中にさらりと過去を覗かせたり、さりげない会話に過去のドラマを溶かし込んだりと、一篇の短い物語の中には、驚くほど豊かな時の流れが、幾重にも折りかさねられている。まるで、ひとの生きる「今日」の中には無数の「昨日」と、まだ形をなさない「明日」とが溶けているんだよ、と教えてくれるかのように。

それはたぶん、小説づくりの技術によってのみもたらされるものではない。もっと根源的な、伊集院静さんご自身の人生観、もしくは死生観にさえかかわっているのではないだろうか。

ひとの命には終わりがある。けれど、時は流れつづける。その流れになにかを託して瞑目することはできるし、もしかしたらそれこそが、ひとが生を閉じる意味なのかもしれない。

親から子へ、夫から妻へ、妻から夫へ、友だちから友だちへ、愛しいひとへ、かけがえのないひとへ、まだ見ぬひとへ、昨日から今日へ、今日から明日へ……。

本書は、たいせつな思いが「再会」によって誰かから誰かへと受け渡される作品集なのだ、と最後に付け加えておきたい。

もちろん、その誰かとは、伊集院静さんでもあり、読み手の僕たち一人ひとりでもある。

東海林《しょうじ》さだお
『アンパンの丸かじり』

文春文庫　二〇一五年

「丸かじり」シリーズは、本書で三十四作目になる。第一作『タコの丸かじり』の単行本版が刊行されたのが一九八八年のことだから、「昭和」に源を持ち、「平成」を貫いて滔々《とうとう》と流れる大河シリーズである。

その三十一作目――単行本版が二〇〇九年に刊行された『ホルモン焼きの丸かじり』に、「カツカレーの正しい食べ方」なる一編が収録されている。書き出しは、こうだ。

〈今回は「カツカレーの正しい食べ方」です。／これを読んでドキッとした人が大勢いるのではありませんか。／これまで自分は、正しい食べ方でカツカレーを食べていただろうか。／自分流の食べ方で食べていたのではないだろうか。／その自分流も、毎回同じパターンがあるわけではなく、そのときどきでカツをかじったり、カレーをあちこちすくったりして食べていたのではないか〉

僕もドキッとした。

ただし、それはカツカレーの食べ方についての「ドキッ」ではない。

文中の語句のいくつかを適宜あらためていけば、「カツカレーの正しい食べ方」は、そのまま『丸かじり』シリーズの正しい読み方」に重なり合う。

はたしてオレは、正しい読み方で「丸かじり」を読んでいただろうか。自己流にすらならない思いつきや気まぐれで、読み散らかしてきただけではないのか。

ただのカレーライスならよかったのだ。カツライスにとどまってくれていれば、こちらだって楽なのだ。しかし、ここにはカレーとトンカツの両雄が並び立っている。だから話が厄介になってしまう。

「丸かじり」の場合も、そう。

ちょっとページをパラパラとめくって、本文に戻っていただきたい。どの回でもいいので、タイトルページのところを開いてほしい。

　あらためて読み進めてみると、まずタイトルがある。文章が始まる。しばらくつづく。と、そこに挿画が、どーん！——。

　この「どーん！」が、「丸かじり」＝カツカレー説を力強く支える。

「丸かじり」の挿画は、決して添えものではない。大きい。面白い。味わい深い。ゆえに読者は迷う。文章を読み進めるのをいったん中断して、絵を味わうか。それとも、あえて絵は素通りして、読後にじっくりたのしむか。

　文章はどこまでも快調に流れ、読み手のまなざしを引きつけてやまず、絵に移ろうと思っても、なかなか目を切ることができない。一方、絵の吸引力も、強い強い強い。視界の隅をちらりとでもよぎったら最後、顔ごとガバッとそっちに向けて凝視せざるをえない。そのあたり、タンマ君と美女のおっぱいの谷間との関係を彷彿させるものがあるのだが、「丸かじり」の読者は皆、そのせめぎ合いを瞬時に、半ば無意識下でおこなっているわけだ。

　しかも、せめぎ合いは一度きりではない。なんとか文章と挿画との折り合いをつけてページをパラッとめくると、再び挿画が待ちかまえているのだ。最初の絵が「大」のサイズなら、こちらは「中」。さすがに「大」ほどの吸引力はなくとも、サイズが小ぶりになったぶん、絵の細部や書き添えられた文字がすぐには読み取れず、だからこそ気になって気になって……まだまだ迷い箸はつづく。

　その関門を乗り越えて、さらにページをめくると、今度は「小」。もっとも、このあたりまで来れば、文章も終盤。面白さは佳境に入っていて、もはや脇目を振る心配はないだろう。

　しかし、もちろん「小」の存在は侮れない。一編を読み終える間際の寂しさのなか、手つかずのおたのしみがあるというのが、どれほど読者にとってうれしくて、心強いことか。それはまさに、カツカレーにおける「まだカツが一切れ残っている」にも通じるものではないか。

　そんなわけで、とにかく、「丸かじり」＝カツカレー説については、おおかたのご了解を得たものとして、話を先に進めさせていただきたい。ちなみに、このオマケの小文を書いている二〇一五年二月現在、「丸かじり」の雑誌初出である「週刊朝日」連載の『あれも食いたい　これも食いたい』のレイアウトは、「大」の絵が本文の前に置かれていて、なるほど、これなら読み進める順番を迷いようもあるまい。しかし、それは、あたかも「カツが別皿添え」のカツカレーを出されたような気もしないではない。僕は、断固として、「大」の絵が文章中に挿し込まれ、カツとカレーが渾然一体となった単行本版および文庫版のレイアウトを強く支持するものである。

さて、カツカレーの正しい食べ方について――『ホルモン焼きの丸かじり』では、さんざん「ああでもない、こうでもない」と理屈をこねたすえに〈カツカレーなんて、もともとどっちだっていいもんなんですから〉で終わってしまう。ひどい話である。

しかし、我々（いつのまにか、あなたも仲間だ）は、「丸かじり」をそんな文言でまとめてしまうわけにはいかない。

究極のカレー＝文章については、いまさら僕ごときがモノを言うまでもあるまい。「丸かじり」シリーズの文庫版既刊の解説だけでも、『東海林さだお論集』が組めるだろう。

ならば、こちらは、至高のカツ＝挿画についていささかの感想を述べさせていただこうではないか。

「丸かじり」の主役は誰なのだろう。

ときどき考える。

文章の語り手は〈ぼく〉であり、その〈ぼく〉は明らかに東海林さだおさんである。

しかし、最も目立つ、アイキャッチーな存在として描かれる「大」の挿画に出てくるのは、東海林さんではない。ごくまれに――ヘンな食材や調理法の実践系エッセイの回などで、東海林さんらしき人物が描かれることはある（いや、それもまた「ショージくん」という虚構のキャラクターかもしれない）ものの、圧倒的多数の回で「大」の絵に描き出されるのは、一回こっきりの人物なのだ。

試しに、本書のページをまたパラパラとめくって本文に戻っていただきたい（読者にものをやらせることの多い解説だナ）。各編に一人ずつ、いや「中」や「小」も含めれば何人も、ほんとうにたくさんのひとが描き出されている。しかも、みんな……あなたのまわりにいるでしょ？　見たことあるでしょ？　電車で一緒になったでしょ？　すれ違ったでしょ？　そういう連中ばかりなのである。

心底、すごいなあ、と思う。一人ひとりの人物に、そのひとが生きてきた人生や、暮らしている日常が、しっかりと息づいている。だからこそ、そこに描かれた「食」に、厚みと温もりがある。

しかも（ここが肝心）、それを東海林さんは毎週毎週毎週毎週……この小文を書いている時点の『週刊朝日』最新号で、連載回数は千三百五十一回に達しているから、最低でも千三百五十一人の、いや「中」や「小」も含めて二千人、もしかしたら三千人近くの人物を描き出し、しかも、彼らを繰り返し登場させることはない。一期一会。いちげんさん。これがもし、一人の主人公をつくって、彼を毎回「大」の挿画に登場させるスタイルだったら、きっと毎週の作品を仕上げる負担はかなり減じられるだろう。だが、東海林さんは、まるで決して献立がダブらない日替わり定食を出しつづける食堂のように、バラエティとリアリティに充ち満ちた「ひと」と「食」の光景を描きつづけるのだ。


その潔さに圧倒され、畏《おそ》れながら、思う。

いったい東海林さんの頭の中には、何千人、何万人の「ひと」がいるのだろう——。

その何千人、何万人が、それぞれ似合いの料理や食材を丸かじりする光景は、どれほど壮観なものだろう——。

たとえば、「丸かじり」シリーズ全編の、「大」だけでもいい、挿画を集めた画集ができたなら、それは間違いなく「昭和」の終わりから「平成」にかけての「食」の曼陀羅になるのではないか——。


以上、絶品のカツカレーの、カツについての一言、二言でした。

せっかくなので、カレーについても、最後にちょっとだけ言わせてください。

さきに僕は、「丸かじり」の主役は誰なのかと問うた。もしかしたら、その答えは、各編に登場する料理や食材や店——「食」そのものなのかもしれない。

ある種のスターシステムと呼べばいいか、「東海林さだお一座」所属の、華麗にして雑多な「食」の名優たちが、毎週の締切が来るたびに舞台へと呼び出されるのだ。

大御所もいれば新進気鋭もいる。季節ごとにハマる役者（夏になれば「冷やし」ネタ、冬になれば「鍋もの」ネタが出るのですよ、この大河連載は）がいる一方で、「困ったときの○○」という重宝な役者（コンビニに出かけ、話題の店へと出かけ、外出すらままならなければ缶詰である）もいる。貴種流離譚というか、高貴な食べものが身をやつし、という展開に欠かせないのが、カニにマツタケにフグにフォアグラ。それに対して、成り上がっていく物語が似合うのは、モヤシにナルトにゴボウにサトイモ……。

本作『アンパンの丸かじり』も、古くからの受読者、「東海林さだお一座」のファンにとっては、うれしいかぎりの顔見世興行である。

冒頭のカニ缶――そう、「カニ缶は高級だから、いつ食べればいいのかわからない」というのは、シリーズ第十五作の『タケノコの丸かじり』（単行本版は一九九八年刊行）で「カニ缶はいつ開けるか」と問うて以来の大命題なのである。

半ばのアンパン――シリーズ第十作『ブタの丸かじり』（単行本版は一九九五年刊行）には、アンパンの根源的な弱点がこんなふうに示されている。

〈アンパンは、はっきり〝アンパンの味〟がしてくるまでに時間がかかる。（略）アンコがパンにもぐりこんだのは誤りであった〉

ところが、本作では、駅のスタンドで買ったばかりのアンパンをギューッと握りしめて小さく固めて口に放り込んだ熟年サラリーマンの姿を活写し、自らもそれを真似て、食して、いわく、

〈いきなり歯がアンコに当たる。／そうなんです、パンの部分がペシャンコになって、パンはアンコを覆う薄皮になっている。／これがおいしい。とびっきりおいしい〉

本作の単行本版は二〇一二年刊行。ということは、東海林さんが綴る〈これがおいしい。とびっきりおいしい〉には、『ブタの丸かじり』から十七年もの歳月の元手がかかっているわけなのである。

どうです？　なんだか、だんだんスゴいことになってるでしょう？

おまけに、これ、決してマンネリではないのだ。同じ「食」を扱っても、世相や流行や東海林さんご自身

の年齢によって、その切り取り方、描き方はさまざまに変わる。だからこそ、読者はいささかも飽きることなく、新刊を心待ちにしているのだ。

その意味で、僕は、本作にこそ登場していないものの、すでに数回の主役を与えられている恵方巻きの今後の「伸び」に注目したいと思っているし、本作で東海林さんが巨大なタケノコを茹でてザクザクと召し上がったときには、「よかった、まだあのひとの歯はだいじょうぶだ……」とひそかに安堵もしていたのである。

というわけで、そろそろヤボな口上はやめておきます。

カツカレーの正しい食べ方――。

「丸かじり」の正しい読み方――。

そんなの簡単、カツカレーはお代わりすればいいし、「丸かじり」は何度でも読めばいい。足りなくなったら、シリーズ既刊、たくさんあります。僕も今回の仕事のために、あらためて、たくさん読みました。自分の仕事がちっとも手につきませんでした。

小池真理子

『望みは何と訊かれたら』

新潮文庫　二〇一〇年

回想と再会の物語である。小池真理子さんはそれを冒頭で明示する。

回想されるのは主人公・沙織の青春時代――一九七〇年代前半。小池さんが『無伴奏』や『恋』などで繰り返し描いてきた、政治と闘争の季節である。

再会する相手は、沙織の青春時代にあまりにも濃密な記憶を刻印した秋津吾郎。すでに五十代半ばにさしかかった沙織は、二歳年下の秋津のいまの姿を〈見分けもつかないほど醜くたるんだ、うす汚れた中年男〉になっているだろうと夢想していた。そうであればいい、そうであってほしい、と願ってもいた。だが、秋津はあの頃の面影を残した姿で沙織の前にあらわれた。その場所は、パリの美術館……。

と、きわめて大づかみに作品の輪郭を走り書きすると、もしかしたら、解説の小文から先に読む流儀の方には、とんでもない誤解を与えてしまうかもしれない。甘酸っぱくほろ苦い中年の恋物語の始まりを予感するだろうか。

ノスタルジックな青春物語を期待するだろうか。

なるほど確かに舞台はととのえられ、小道具もそろっている。いわば「あの時代をこんなふうに描く」ためのキャンバスの広さや絵具の色数は、必要にして十分なものがちゃんと用意されているのだ。恋愛小説の名手たる小池さんが絵筆をとれば、たちまちのうちに端正な作品ができあがるだろう。

ただし、そこには同時に「こんなふうに」の一語に象徴される既視感も、ぬぐいがたくまとわりついてしまう。さらに、その既視感は往々にして、過去の美化か現在の肯定、つまりは自己弁護の臭みをも生んでしまいかねない。

小池さんは違った。「あの時代をこんなふうに描く」ときと同じ絵具を使いながら、まったく異なる絵をキャンバスに描き出した。

そこには、一組の男と女がいる。いや、性と性が、ある。

〈時間も、苦悩も、悦びも悟りも、大きな一枚の、凄絶な抽象画の中に溶けこんでしまったかのように、何の意味も成さなくなる〉

小池さんは、そんな絵を描いたのだ。

沙織の過去は決して美化されることはなく、現在もまた肯《うべな》われない。

ならば、彼女が望むものは——？

望みは何と訊かれたら——？


この印象的な題名を目にしたとき、最初に僕が連想したのは、オスカー・ワイルドの戯曲『サロメ』だった。養父ヘロデ王に「望みは何か」と訊かれ、自分の求愛を拒む預言者ヨハネの首を求めた魔性の女・サロメ。十九世紀の世紀末芸術を妖艶に彩るファム・ファタールである。

もちろん、それが誤りであることはページをめくると早々にわかった。冒頭のエピグラフに掲げられているとおり、小池さんはリリアーナ・カヴァーニ監督の映画『愛の嵐』の中でシャーロット・ランプリングが歌った曲から、この題名の着想を得たのだった。

しかし、決して牽強付会するわけではないのだが、本作の遠くでは、やはりサロメが（ベアズリーの描いた戯曲の挿絵のような）なまめかしい微笑《ほほえ》みをたたえているように思えてならない。

『愛の嵐』は、かつてナチの親衛隊にいたマックスと、戦時中に彼の性の奴隷となっていたルチアの物語である。ダーク・ボガード演じるマックス（ちなみにボガードの名前は、小池さんの『恋』にもちらりと出てくる）は、戦時中にユダヤ人に対しておこなった犯罪行為を告発されることを恐れながらも、ナチの残党ともひそかに連絡を取り合い、ウィーンのホテルの夜間給仕として戦後の日々を過ごしている。原題『ナイト・ポーター』は、その職業名から採られた。一方、ランプリング演じるルチアは、ナチの虐殺から生き延びて、国際的な指揮者の妻となっていた。夫の公演旅行に付き添ってウィーンを訪れたルチアは、マックスと再会する。捕虜収容所でマックスから受けた辱《はずかし》めの数々がよみがえる。だが、それは倒錯した甘美な記憶となって――ルチア自身も気づかないうちに、胸の奥深くに刻み込まれていたのだ。マックスも同様である。二人はお互いを激しく求め合う。のちに谷崎潤一郎の『卍《まんじ》』も映画化する女性監督カヴァーニは、過去と現在を交錯させながら、出口のない二人の愛（と呼べるのかどうかすら定かではない、愛）を描き出す。

『望みは何と訊かれたら』の歌は、捕虜収容所で歌われる。親衛隊たちのパーティーの場面である。ナチの軍帽をかぶり、黒い革の長手袋をつけたルチアは、痩せた乳房をあらわにして踊りながら、歌う。

望みは何と訊かれたら――。

つづく歌詞は、ＤＶＤ版の日本語字幕を借りれば「分からないと答えるだけ／いい時もあれば／悪い時もあるから」。

望みは何と訊かれたら――。

さらにつづけて、「小さな幸せとでも言っておくわ／だってもし幸せすぎたら／悲しい昔が恋しくなってしまうから」。

もともと、この曲はマレーネ・ディートリッヒが歌ったものである。ドイツ人でありながらアメリカに逃れて反ナチの活動をつづけたディートリッヒの歌を、ナチの軍帽をかぶらされたユダヤ人のルチアが歌う。

それじたい息が詰まるほど倒錯した構図だが、ルチアはナチの慰み者となった自分を虚無的なまなざしで受け容れ、マックスらナチの将校たちは、そんなルチアをただ無表情に見つめるだけなのである。

歌い終わったルチアは、ヘロデ王の前で「七つのヴェールの踊り」を披露したサロメと同じように、マックスから贈り物を受け取る。それは、彼女が忌み嫌っていた男の生首だった。ルチアは悲鳴をあげない。卒倒もしない。預言者ヨハネの生首に口づけをしたサロメと、ユダヤ人の少女は、ここで重なり合う。『愛の嵐』のパーティーの場面は、明らかに『サロメ』を下敷きにしている。

そして、すでに本作『望みは何と訊かれたら』を読了された方にはすぐにうなずいていただけると思うのだが、小池さんの描いた沙織と秋津の関係には、ルチアとマックスが投影されているはずだ。本歌取りと言ってもいいだろう。

さらに付言するなら、沙織と秋津が再会したパリの美術館は、ギュスターヴ・モロー美術館である。モローの代表作には、本作中にも名前が出ている『出現』をはじめサロメをモチーフにした連作があり、ワイルドはその『出現』を鑑賞したことがきっかけで、戯曲『サロメ』を書いたのだという。

そうなると、『サロメ』から『愛の嵐』をへて、小池さんの『望みは何と訊かれたら』へ——という一本の流れができあがる。

小池真理子さんという作家のすごみは、ここだ。

本作が、いわゆる「学生運動（と、その後の彼らの）小説」の傑作として読み継がれることは言を俟《ま》たないだろう。しかし、それだけではない。いや、個人的にはむしろ、秋津をユイスマンスの小説『さかしま』の主人公デゼッサントにも重ねつつ、本作をワイルドやユイスマンスの作品と同様に、デカダンス文学の系譜に位置づけたくてしかたないのである（そうだ、そういえば、小池さんが最も影響を受けたと公言している三島由紀夫は『サロメ』を岸田今日子主演で演出し、『さかしま』をデカダンスの聖書と称えていたのだった）。

もしもその解釈を小池さんに認めていただけるなら、ナイーヴな青春懐古にとどまるか、もしくはいたずらに政治的・社会的な主題を抱え込みがちな「学生運動（と、その後の彼らの）小説」は、『望みは何と訊かれたら』によって、まったく新しい地平を拓かれたことになるのではないか？

あわてて言い添えておくが、本作は決して抽象的な小説ではないし、退廃的な美に耽溺《たんでき》するだけのものでもない。

沙織は理知的に過去を回想し、揺れ動く心理も克明に、繊細に描き出される。一九七〇年代初頭にまつわるディテールも確かで、彼女が背伸び気味に所属し、やがて集団リンチ殺人事件へと引きずり込まれてしまうことになる過激派のセクトについても、その革命理論から非合法活動の詳細まで、具体的に描かれている。前述した絵の比喩を再び用いるなら、パレットに出した絵具はすべて、きちんと使われているのだ。

このまま仕上げていけば、恋物語や青春物語の佳品は間違いなく完成するはずである。

だが、小池さんは絵筆を持ち替えた。新しい色――黒い絵の具をパレットに搾り出し、それらすべてを下地に塗り込めてから、妖しくも美しいモルフォ蝶の乱舞するさまを描き出した。

再会した秋津と逢瀬《おうせ》を重ねながら、沙織は独白する。〈話したいこと、聞きたいことは何もないような気がした〉

別れてからそれぞれが過ごした日々も、沙織の犯した罪も、秋津が犯したかもしれない殺人事件の真相も、あの頃考えていたことも、いま思っていることも、すべて――。

ならば、下地となったディテールの数々は意味を成さなかったのか？　そうではない。キャンバスを埋めた漆黒の闇は、絵の具のチューブから搾り出したままの黒とは違う。下地に塗り込められたさまざまな色がわずかずつ溶けて、マンセル表色系でもオストワルト表色系でも表現しきれないほど微妙な黒になっているはずで、だからこそ、その闇を背景に描かれるモルフォ蝶の羽の青い色は妖しく輝くはずなのだ。

そんな作家としての勇気と志の高さに圧倒されるのはもとより、愛読者の一人として、また同業者の端くれとして、僕はあらためて居住まいを正さなければならないだろう。

作家にとってのライフワークが、いかに重いものなのか――。

周知のとおり、小池さんには同じ時代を背景とした先行作品がすでにある。たとえば三十代で書かれた

『無伴奏』もそうだし、直木賞を受賞した四十代の作品『恋』もそうだ。どちらもあの頃を回想しつつ、秘められた「事件」を語るという構成である。ただし、仙台を舞台にした『無伴奏』では連合赤軍事件へと至る学生運動は遠景に置かれ、倒錯した性愛を描いた『恋』でも、あさま山荘の攻防はテレビの画面を通した、いわば隣景として描かれている。

ならば、五十代で描かれた本作はどうか。『無伴奏』も『恋』も世評の高い作品である。読み手の勝手な想像を許してもらうなら、小池さん自身にもきっと確かな手応えはあったはずだ。本作でも、その達成を踏まえて同じ世界を変奏することは可能だった。より洗練を加えることもたやすかっただろう。

しかし、小池さんは、沙織をセクトの一員にした。学生運動の当事者にした。そのうえで、感傷を排し、政治的・社会的な主題も削ぎ落とし、回想の核心にある秋津にまつわる「事件」すら無化して、むき出しの性を、つまりは人間そのものの本質をえぐり出した。それによって、本作は「学生運動（と、その後の彼らの）小説」の大きな収穫であると同時に、もはや時代背景のくびきも解かれて、いつの時代のどんな社会の読み手でも——彼らが人間であるかぎり、性を持って生まれた存在であるかぎり、胸の奥深くを揺さぶられる普遍性を獲得したのだ。

妥協しない。安住しない。挑戦と挑発をつづける。前へ進む。文学の頂を目指す。

思えば、『恋』で象徴的な生き物として描かれていたのは、誘蛾灯に惹《ひ》かれてやってくる蛾の死骸だった。本作では、自らが妖しい輝きを持つモルフォ蝶の標本。そこに小池さん自身の性愛観や、女性が歳を重ねることに対する意識の変化を読もうとするのは、考えすぎだろうか。それを円熟と呼ぶのは僭越《せんえつ》だろうか。そして、本作の単行本版が刊行された時期に「この作品は奇跡のように生まれた」といくつかの取材でおっしゃっていた小池さんに、いえいえ、これほどの本作でさえも小池文学の「大いなる通過点」に過ぎなかったんだと思い知らせてくれるような次の頂をぜひ見せてくださいと願うのは読者のワガママだと叱られてしまうだろうか……。

せっかちなリクエストに応えていただく日を、本作の妖しい美しさに身も心もひたしながら待っていたい。『愛の嵐』のルチアとマックスは、物語の最後に、二人でゆがんだ性をむさぼり合った秘密のアジトを出て、マックスを裏切り者と見なしたナチの残党に射殺される。サロメもまた、ヘロデ王に殺される。

だが、沙織と秋津は、最後まで〈時間軸が歪み、ねじれ、どちらが未来でどちらが過去なのか、わからなくなって〉しまった状態のまま、ルチアとマックスにオマージュを捧げたような性の営みにふける。小池さんは時間を停めた。時代や社会から二人を切り離した。そうすることで、悦楽と安寧の純度を高めた。二人は〈永遠の繭《まゆ》の中〉にいる。その永遠がいつまでつづくのか、誰にもわからない。わからないままでいい。

蝶は、繭を破って外の世界に飛び立つことで蝶になる。

しかし、何万、何十万に一つは、繭の中にとどまったまま羽化する蝶もいるかもしれない。生物学の話ではない。それを信じさせてくれるのが文学の力なのだ。

暗い闇の中、白い繭を透かして、青く輝く羽を持つ蝶がうごめくさまは、どれほどまでに美しいことだろう。

その美しさを見せてくれるのもまた、文学の――本作の、力なのである。

糸井重里
『ほぼ日刊イトイ新聞の本』

講談社文庫　二〇〇四年

「シゲマツさんって、血液型、O型ですよね」

糸井重里さんは、不意にそう訊いてきた。今年――二〇〇四年七月の終わり、京都で公開対談をしたときのことである。それまでの話題とはなんの脈絡もない質問に、困惑交じりにうなずくと、糸井さんはさらに「じゃあ、シゲマツさんって、いつもさみしい?」と質問を重ねるのである。かなり面食らった。面食らってはいたのだが、たしかにぼくは人づきあいが悪いくせにさみしがり屋な男で、その問いには「はい、いつもさみしいですよ」と答えるしかなかった。

すると、糸井さんは心底嬉しそうな顔になって「やっぱりそうかあ！」と快哉《かいさい》を叫び、やっとタネ明かしをしてくれた。

じつは対談の前日、糸井さんが『ほぼ日刊イトイ新聞』（以下『ほぼ日』）のスタッフたちと焼肉を食べていたら、「O型のひとはいつもさみしい」という話で盛り上がったのだという。

「すごいと思いません？　シゲマツさん。O型のひとは、焼肉食ってる最中でもさみしいんですよ、タン塩ひっくり返してるときでもさみしいんですよ、いやあ、もう、びっくりしちゃって、世界観変わっちゃって……」と興奮しきりの糸井さん、つづいては会場の聴衆に「O型のひと、手を挙げてください。で、いつもさみしくないひとは手を下ろしてください」と呼びかけた。ざっと数えただけでも挙手したひとは二十人以上におよび、手を下ろしたひとは、わずか二人。

「そんなにみんな、いつもさみしいのか！　O型はそんなにいつもさみしいのか！」

糸井さん、絶叫、そして絶句――。

結局いまの話は対談のテーマとなんの関係があったんだろう……と首を傾《かし》げるシゲマツを取り残して、会場は爆笑に包まれ、聴衆のまなざしはみーんな糸井さんに注がれて、ぼくはやはりO型らしく「いつもさみしい」男になってしまったのだった。

そこまでなら、まあ、よくある（でもないか）話で終わる。

だが、しばらくたって『ほぼ日』を覗いてみたら、読者からの投稿を募集する新企画が始まっていた。『いつもさみしい問題。――血液型がO型の人は、いつもさみしいってホント？』

京都の焼肉屋のヨタ話で始まった話題が、一日平均百万のアクセス数を誇るサイトを舞台に、全国、いや全世界の津々浦々、老若男女に有象無象を巻き込んで大いに盛り上がり、この小文を書いている九月十七日現在も連載は快調につづいている（最近では「A型はいつもつらい」の仮説も登場した）。

『ほぼ日』とは、つまり、そういうメディアなのである。

＊

本書は、タイトルどおり『ほぼ日』についての一冊――文庫化に際して加筆された第八章の中の言葉を借りるなら〈早すぎる社史〉である。

一九九八年に開設された『ほぼ日』は、なぜ生まれたのか。どんなふうに生まれたのか。糸井さんとスタッフがどんな理想を掲げ、どんな現実の壁にぶつかり、どんな葛藤があり、そしてどんな喜びがあったのか。そういった疑問や好奇心に、本書は「ほぼ」百パーセント応えてくれる。つまらない譬《たと》えをつかうなら『プロジェクトX』のようにも読めるし、糸井さんのインターネット論、組織論、経営論として読むこともできる。しかも、この〈社史〉は、お金の話をはじめとして、自分たちに都合の悪い話やネガティブなこともきちんと書いてある。なにしろ冒頭間もなく、糸井さんはコピーライターとしてのご自身を総括し、それに訣別するかのごとく、こう書き記しているのだ。

〈仕事が楽しくなくなっていた〉〈他人の思惑に自分の人生が左右されていくという予感は、どうにも耐えられないものだった〉

だからこそ——。

〈本当に自らのイニシアティブでやりたいことができる場をつくること。／そして、やりたいことで食べていけるようにすること。／このふたつのことを心の底から実現したいと思った。／そんなぼくの目の前に現れたのがインターネットだった〉

本書のキモは、結局のところ、ここに尽きるだろう。〈場〉（＝メディア）としてのインターネットの可能性と、経済的なものも当然含む〈場〉の自立を保障するための組織論、経営論、あるいは矜持《きょうじ》……。

本書はさまざまな「読み」に対して開かれているし、読み手の数だけの「解釈」を許容するフトコロの深さもある。糸井さんは決して本書をサクセス・ストーリーとして書いてはいないし、これが正解だと決めつけているわけでもない。インターネットの世界に疎く、組織や経営とはさらに無縁なぼくとしては、本書の魅力のまず第一に、糸井さんのちょっと自信なげな語り口——慎みをこそ挙げたい気もするほどなのだが……しかし、それでもあえて言っておく。本書は、「ほぼ」な本である。「完璧」や「完成」や「完結」や「決定版」ではなく、どこまでも「ほぼ」の余白を残したままの本なのである。

＊

二〇〇一年に刊行された単行本版での最終章にあたる第七章「『ほぼ日』幼年期の終わり」に、こんな箇所がある。

〈「何かができるような気がする」と思いながら生きていくのは、それだけでもけっこう楽しいものなのだ。「何かができるような気がする」という、無力感の逆のような心の状態というのは、やっと歩けるようになった赤ん坊が、笑いながら一歩ずつ進んでいくときの感じに似ているように思う。歩けるということがうれしくてたまらないという表情で、おぼつかない足取りで歩く赤ん坊が、いまの『ほぼ日』の姿なのかもしれない〉

開設四年目の〈いまの『ほぼ日』の姿〉を、糸井さんは〈やっと歩けるようになった赤ん坊〉になぞらえる。人間の赤ん坊なら、満一歳あたり、だろうか。

その伝でいけば、本書が文庫化された開設七年目の〈いまの『ほぼ日』の姿〉は、人間なら満二歳とちょっと——しゃべりはじめる頃である。自我の芽生えの時期である。

ここなのだ、ポイントは。本書が文庫化される最大にして最高の意味は、二〇〇一年／二〇〇四年の差異をどうとらえるかなのだ。

前述したとおり、本書は文庫化に際して第八章が新たに加えられているのだが、そこで糸井さんは〈(単行本版の本書を）いまの自分が読みかえすと、肩に力が入っているところが見えるし、いくつかの出来事は「古い」と思う〉と認め、単行本刊行から文庫化までの三年間を〈起承転結の「承」に入ったといえる〉時期だという。

動いている。前に進んでいる。柄が大きくもなっている。ちなみに、単行本版の著者紹介の欄には『ほぼ日』の一日平均のアクセス数が三十五万だと書いてある。〈場〉は三年間で三倍近くに成長したのである。

そうなると、おのずと糸井さんのインターネット観、組織観、経営観も変わってくる。加筆された第八章は、分量こそ少ないものの、二〇〇四年現在での〈社史〉であると同時に、単行本版に対するなによりの批評にもなっている。それも、冷静な目と、古いアルバムをめくるときのような、いとおしさとはにかみを込めたまなざしの両方での。

三年間で変わったところは、もちろん、ある。けれど、もちろん、変わっていないところだってある。

第八章での糸井さんは、決して「何かができた」とは言っていない。三年間の実績を誇るのではなく、四年目からの可能性を探ろうとしている。たぶん、それは五年目だろうと十年目だろうと同じだろう。

三年前に歩くことを覚えた『ほぼ日』という赤ん坊は、いま、しゃべることを覚え、「もっと何かができるような気がする」と思っているはずなのだ。いずれ友だちだってできるだろう、自己主張もするようになるだろうし、初恋もやがて訪れるに違いないし、素直な子だった『ほぼ日』くんも、反抗期になればどうなるかな（じつは、ぼくはその時期の『ほぼ日』を拝見するのを期待を込めて待っていたりもするのである）……。

糸井さんご自身は〈起承転結〉という言葉をつかっているのだが、結を見据えるのはちょっと早いでしょう、と生意気ながら申し上げておこう。「もっと何かができるような気がする」の「もっと」を更新しているかぎり、『ほぼ日』の歩みは、起承転転転転転転転転……。

どう転んでいくかわからない。だからこその「ほぼ」——「ほぼ」の余白は、転がっていくためのスペースでもあるはずなのだ。

言い換えれば、それは「未知」。可能性を含み、あるいはリスクをはらみ、そこがなによりの魅力の「未知」を、さらに糸井さん的な語彙《ごい》で言い換えるなら……なーんだ、それ、一九八〇年代にもうあったじゃないか。

不思議、大好き。

＊

だから、本書の掉尾《ちょうび》には、「完」でもなければ「了」でもなく、「明日につづく」という言葉を書き込んでおきたい。しゃべりはじめた『ほぼ日』くんの、これからずうっとつづいていくはずの「未知」に満ちた青春の日々に付き合ってみたいと思う。

あ、違った、掉尾に書き込むべき言葉は——「ほぼ明日につづく」でした。

＊

さて、この原稿を書き終えたら、いつものように『ほぼ日』を覗いてみることにしようか。さまざまなコンテンツ（ぼくはあえて「読み物」と呼びたい）の用意された『ほぼ日』を、仕事の合間にカチカチとマウスをクリックして読んでいくのは、なによりの気分転換である。ひとりきりの居職《いじょく》の人恋しさを紛らせてくれる友だちと言ってもいいかもしれない。

O型のひとって、やっぱりいつもさみしいんですよ、糸井さん。

喜多條忠《まこと》
『女房逃ゲレバ猫マデモ』
ハルキ文庫　二〇一五年

フトコロの広くて深い小説である。

「女房」がウチを出て行ってしまうところから物語は始まる。主人公の「俺」は、パセリとユタカ、子ども二人を抱えて、途方に暮れる間もなく、シングルファーザーとしての日々を生きる。

冒頭から軽快なテンポで場面は切り替わり、深刻な状況を描きながらも文章にはおおらかなユーモアが息づいていて、なにより小学三年生のパセリの愛らしさといじらしさといったら——。

「いやあ、みごとだなあ」と、まずはひと声、うなったのだ。二〇〇八年夏、十月に刊行される予定の本書の単行本版を、いち早くゲラ刷りで読む機会を得たときのことである。

つづけて「やっぱり、さすがだよなあ」とも納得した。それはそうだ。喜多條忠さんの作詞家としてのキャリアを思えば、達意の文章も当然だろう。

しかしすぐに、いや待てよ、と気づく。数多くのヒット曲を持つ喜多條さんだが、本格的に長編小説をお書きになったのは、これが初めてのはず。還暦を過ぎての小説デビューなのである。「とても初めての小説とは思えないよ……」と、今度はしみじみつぶやいた。

文字どおりの一読三嘆。もっとも、その時点では、僕はまだ冒頭の数十ページを、章でいうなら第五章までを読んでいるにすぎない。正確には「一読」に至ってはいないのに、早くも三嘆した、というわけだ。すごい。それをご報告することで、紹介の文章の役目としては、もはや半ば以上の任を果たしたようなものではあるのだが——じつは、ここからが本題。

第五章までの展開からいけば、本作は「シングルファーザーの子育て奮闘記」に容易にジャンル分けされそうに思える　僕もそう予想しながら、なるほどなるほど、とページを繰っていた　その「なるほど」の中には、正直に打ち明けておくと、ある種の既視感も溶けていたかもしれない。思いきり意地悪く生意気に言えば「いままでも、こういう小説や体験記はけっこう読んできたけどネ」という感じになるだろうか。冒頭での「三嘆」も、だから、そのほとんどは文章の技巧や安定感に向けられたものだったのだ。

もう一つ打ち明けておこう。二〇〇八年の初読時、僕はオリンピックの取材で滞在していた中国・北京のホテルの部屋で本作を読んだのだ。ベッドに寝ころがってゲラと向き合った。お行儀は悪くとも、他意はない。読書中はなるべくリラックスした姿勢をとるのが僕の流儀で、それはよほどのことが起きないかぎり変わらないのだが……。

よほどのことが起きてしまった。

本作の構成は、第六章から、家族三人の日常に「俺」の回想が交じるようになる。幼年期から少年時代、青春の日々……。

最初のうちは、「俺」の人物像に陰影をつけて物語に叙情性を与えるための仕掛けなんだろうな、とタカをくって、あいかわらず寝ころんだまま読み進めていた。

ところが、すぐに――具体的には能勢《のせ》のおばさんが出てきたあたりから、「おや?」と気づいたのだ。ただの彩りにしてはモヤモヤが残りすぎる。謎めいている。不穏な予感もする。

さらに従兄《いとこ》の隆が登場し、二人で竹井のおばあちゃんのウチに泊まりに出かけた第十二章から先は、もう、寝ころがってなどいられない。ベッドに起き上がって居住まいを正し、息を詰めて、「俺」が「俺」になるまでの歳月のドラマをたどっていった。

そして、認めた。

これは一筋縄ではいかない小説である。

時間がいくつもの層になって流れ、何人ものひとたちの声が響く。「シングルファーザーの子育て奮闘記」の主軸は揺らぐことがなくても、光の当たり具合によって、それは「多感な少年の自己形成の軌跡」にもなり、「少年の出生の秘密をめぐるミステリー」にもなり、「荒ぶる一族の歴史」や「昭和三十年代の大阪歳時記」「一九六〇年代終わりの新宿のスケッチ」という側面も見せつつ、「気まぐれな猫と中年男との奇妙な友情物語」にさえ、なるだろう。

音楽に譬えるなら、ラヴェルの「ボレロ」と相通じるだろうか。メロディーやリズムはどこまでもシンプルだが、それを奏でる楽器の音色の重なりによって、音の世界に譜面を超えた広がりと奥行きが生まれる。

小説も同様。どんなにストーリーが波瀾万丈でも、作品のフトコロの広がりと奥行きに乏しい作品は(残念ながら)少なくない。そういう小説は、ストーリーをたどり終えたあとは(まったくもって残念なことなのだが)あっという間に感興が薄れてしまう。その一方、静謐《せいひつ》でささやかなストーリーであっても、読後いつまでも余韻が残り、再読のたびに新たな発見をするフトコロのデカい小説だって、確かに、ある(それを信じているからこそ、ボクは小説を読みつづけ、書きつづけているのですよ)。

本作は、紛れもなく、後者である。

その証拠に、初読から七年後のいま、ひさしぶりに本作を読み返した僕は、なつかしい友だちに再会するような気分で頁《ページ》をめくることができたのだ。

やあ、パセリ。

元気だったか、ユタカ。

あいかわらずいい味出してるねえ、ナカジマさん。

ヒロリン、ボクはね、いまでも早稲田の穴八幡の交差点を通りかかるたびに「いちご大福」の逸話を思いだして、プッと噴き出しているんですよ……。

七年ぶりに会う登場人物は、もちろん、あの頃となにも変わっていない。ただ、読み手の僕は、七年ぶん歳を取ってしまった　あの頃四十代半ばだった僕は五十の坂を越え、七年前には元気だったひとを何人も亡くした。

そのせいもあるのだろう、今回の再読は、初読のときにはさらりと読み流してしまっていた箇所に、いちいち立ち止まりながらの読書になった。たとえば、こんな箇所――。

〈なア、ポン太、ただ生きてくだけでも大変だよなア〉

〈育てなくちゃいけない。／俺は唐突に思いついたように、そう思う。この暮らしがたとえどれだけつづこうとも、俺はこの子たちを育てなければならない。責任でもなく、懺悔《ざんげ》の真似ごとでもなく、まるであらかじめ決められていた宿命のように、俺たちのいまの三人の暮らしをつづけなければならないと思う。エゴイスティックにそう思う。最悪、この小さな骨が、俺の骨とともに野の風に晒されるかもしれないとしてもだ〉

〈どこへ行ってもいいよ、どこまで行ってもいいよ。でも迷ってしまったら、死んでしまいたくなったら、そのときには死なずに私のところへ帰ってきなさい〉

そして、幸福や不幸、やさしさについての、いくつかの場面と、いくつかの言葉……。

そうだ、七年前にはいなかった「家族」が、いま、僕のそばにいる。

猫が、三匹。ポン太ほどヤンチャではないし、もうちょっとお上品な三匹ではあるのだが、そんな猫たちにちらちらと目をやりながらの再読は、ポン太の登場する場面の味わいをひときわ深めてくれたような気もする。

ポン太という、この素晴らしく魅力的な脇役を、なにかの象徴や隠喩にしてとらえようとするのは、文学に毒された人間のつまらない悪癖かもしれない。それでも、僕は、本作の美しいラストシーンを読み終えたあと、古い古い歌を、つい、口ずさんだのだ。喜多條さんとも深い交流のあった浅川マキの『ふしあわせという名の猫』（作詞・寺山修司）――そういえば、彼女の急逝もこの七年の間の出来事だった。

もちろん、それはあくまでも僕の、個人的で独善的な読み方である。読み手のあなたの年齢や、立場や、生い立ちや、家族観や幸福観によって、きっと本作はさまざまな顔を見せてくれるはずで、僕がここで伝えるべきことはただ一つ「折りに触れて、繰り返し読んでみるのを、ぜひお勧めします」に尽きるだろう。「ほら、お気に入りの歌のように」と付け加えてもいいかな。

本作の中盤に、ストーリーとは直接からまないものの、印象的な場面がある。「俺」が子どもたちを連れて作曲家のクジラ先生を訪ねたときの、クジラ先生の言葉だ。

〈お前さんの書く詞なんてモンは、まだまだ「聞き歌」だろ。ひとりでジトッと聞いてりゃ、いい歌かもしれねえが、風呂場で鼻歌で歌って気持ちがよくなる歌なんて、お前さん、まだ一曲も書けちゃいない。「歌い歌」が書けるようになんなくちゃな〉

小説も同じかもしれない。ストーリーを追うだけで終わるものもあれば、読み手の胸の奥で「もう一つの物語」がゆっくりと熟成をしていくものもある。僕にとって、本作はそんな「『歌い歌』のような小説」なのだ。

もちろん、小説は歌と違って、一節を暗誦したり書き写したりしても、あまり意味はない。けれど、覚えていなくても忘れられない（これ、矛盾じゃないんだぜ、絶対に）場面や言葉を胸に抱いていることは、できる。そして、「いつか、どこかで、この小説の登場人物たちに会えるといいなあ」と願いながら街を歩くことだって、できる。

喜多條さんの作詞の中でも僕のとびきり好きな『いつか街で会ったなら』のように、〈それでもいつか／どこかの街で会ったなら／肩を叩いて微笑み合おう〉と思っていられること――それこそが素敵な小説の魅力的な登場人物たちと出会うことの一番の幸せなんだと、僕は信じているし、その幸せを与えてくれた作品の紹介文を書けることを心から誇りに思いながら、そろそろパソコンの前から離れよう。ウチの三匹の猫が、さっきからオヤツをご所望でうるさいのである。

宮本 輝

『草原の椅子』

幻冬舎文庫(上下巻) 二〇〇一年

自らの力ではどうすることもできなかった災厄に見舞われた経験が、ひとりの作家の世界を静かに、しかし確かに深化させることがある。ドストエフスキーならシベリア流刑、ヘミングウェイやオーウェルならスペイン内戦、あるいは夏目漱石の場合なら、いわゆる修善寺の大患と呼ばれる危篤体験が、それにあたるだろうか。

一九九五年一月二十八日、宮本輝さんは日記にこんな言葉を書きつけた。

〈体にも心にも力がない。「人間の幸福」を書きあげる。いったい何が人間にとって幸福なのかわからなくなる。被災地のひどさに、いつまでも怒りが消えない〉(文庫版『生きものたちの部屋』所収「平成七年一月十七日からの日記」より)

一九九五年一月——言うまでもなく、阪神淡路大震災の起きた月である。そして、宮本輝さんの小説やエッセイを愛読されている方なら先刻ご承知のとおり、宮本輝さんのご自宅も罹災した。同日記の記述を借りれば〈書斎を見て、声もなく立ちつくす。すべての本が落ち、それがベッドを押しつぶしている。もし、あのとき書斎にいたら、まちがいなく死んでいただろう〉という有り様で、〈十五年間、小説を書きつづけてきた書斎は、斜めに傾いて、足の踏み場もない廃墟と化してしまった〉のである。

日記に出ている「人間の幸福」とは、産経新聞に連載していた長編小説で、その時期、宮本輝さんは物語の終盤数十枚のところにさしかかっていた。〈こんなときに「人間の幸福」という題の小説を連載するなんて……〉と作家の業《ごう》とでも呼ぶべき皮肉な巡り合わせを噛みしめ、〈「人間の幸福」について、えらそうな御託を並べる資格、俺にはない〉と嘆息し、〈なんでこんなときに、俺は小説を書かなあかんねん!!〉とさえ叫ぶ宮本輝さんは、その年の春に刊行された単行本版『人間の幸福』のあとがきに、こう記している。

〈地震の被害が日々増大していくなかで、私はこの「人間の幸福」の最終章を書き終えましたが、小説を書きだしたときには予定していなかった《誇りと正義》という言葉は、大震災の渦中にいた私の怒りが衝動的に書かせてしまったことになります。／思えば、人間の幸福にとって、さして重要ではないものを、極端に言えば、かえって不必要なものを、私たちはあまりにも多く背負い込み、購買し消費してきたようです。／そしてそれらが、わずか数十秒で、ただの厖大《ぼうだい》なごみと化してしまったことに、ただ呆気《あっけ》にとられているという状態は、私自身においても当分つづきそうです。／人間にとって、幸福とは何なのでしょうか〉

長編小説を擱筆《かくひつ》した直後に、その物語の主題をあらためて問いかける――。それはもちろん主題の重さや作家の誠実さを示すなによりの証左にもなるだろうが、同時に、震災に見舞われた宮本輝さんご自身の、作家としての立場以前、いわば生活者という立場からの切実なる問いかけでもあったはずだ。

ひとびとが信じ、追い求めていた幸福は、一瞬にして、文字どおり瓦解してしまった。地震の脅威というよりむしろ人間の営みの脆《もろ》さに〈声もなく立ちつく〉し、〈ただ呆気にとられてい〉た宮本輝さんは、しかし、いつまでも言葉をうしなっていたわけではない。いや、言葉を吐き出し、物語を紡がずにはいられないことこそが作家の性《さが》なのだ、と言い換えるべきだろうか。

本書『草原の椅子』は、そんな宮本輝さんが、苦しみや悲しみのなかにあってもなお今日を生き、明日を生きようとする人間という存在へ、かぎりない慈しみと信頼とを注ぎ込んだ長編小説である。

毎日新聞での連載が始まったのは、一九九七年十二月のこと。震災から約三年の月日が流れ、震災直後の〈怒り〉は、いつしか、静かな深い祈りへと姿を変えていたのだった。

冒頭からそれと明示されているわけではない。しかし、憲太郎と富樫、ともに齢《よわい》五十の〈親友〉を軸とした物語の遠景には、阪神淡路大震災の記憶がたしかに見え隠れしている。〈つくづく自分を無趣味な人間だなと思う。焼物に凝った時期もあったが、阪神淡路大震災で、形のあるものに対する無力感のようなものが

生じて、それはいまもつづいている〉

〈自分が焼物についてある種の落胆に似た思いを抱いたのは、あの阪神淡路大震災が大きくかかわっていると思った。／自分の収入では手が届くはずのない焼物を、この二十年近くのあいだに無理をして何点か手に入れたが、それはあの大地震でことごとく割れてしまった。／なんだ、こんなに脆いものだったのか……。いったい「形」とは何だろう……。／素人なりに焼物に関する書物を読みあさったりもしたが、たった十数秒の揺れで、形あるものは見事にこわれてしまう……。それは無惨と言ってもいいくらいだ……。／憲太郎のなかに、大地震のあとの巨大な喪失感が甦った〉

憲太郎が繰り返し述懐する〈無力感〉や〈喪失感〉は、もちろん焼物に対するだけの話ではない。〈形あるもの〉、すなわちモノへの失望は、〈形あるもの〉に拘泥し、執着してきた日々の韜晦《とうかい》にもつながる。それはひとり憲太郎のみが背負うべき失望ではなく、この国の、この社会の、この時代に生きるわれわれすべてが、大なり小なり感じていることだろう。

実際、宮本輝さんは物語の随所で、いまの日本を覆いつくす空気――価値観や風潮といった言葉で縁取ることすらかなわないような茫漠とした〈心根の貧しさ〉について、憲太郎や富樫の言葉を借りてわれわれに訴えかけている。『人間の幸福』のあとがきに刻んだ〈怒り〉は決して消え去ってはいないのだ。

しかし、『草原の椅子』は決して社会告発や時代批判の物語にとどまってはいない。物語は、〈無力感〉や〈喪失感〉に満ちた〝いま〟を描きつつ、ではわれわれはどう生きていけばいいのか、という〝その先〟を志向している。

〈形あるもの〉の追求や獲得や所有ではない幸福は、はたしてあるのだろうか。あるとすれば、それはどんなものなのだろうか……。

僕は、『草原の椅子』を読み進めながら、ずっと古い時代にずっと遠い国で書かれた一編の物語を思いだしていた。

メーテルリンクの『青い鳥』である。

青い鳥――幸福を探し求めるチルチルとミチルは、一夜の不思議な旅をして、さまざまなひとに出会う。『草原の椅子』もまた、幸福を探し求める旅と出会いの物語なのである。

宮本輝さんの初期作品からの愛読者のなかには、

〈形あるもの〉という言葉に触れたとき、氏の第二エッセイ集の題名「命の器」を思い浮かべられた方もきっと少なくないはずだ。

〝形〟と〝器〟は、似ているようでいて違う。無理やり英語に言い換えれば、スタイルとキャパシティーだろうか。形は広がりだが、器は奥行き。形は目に見えるが、器はむしろ目に見えない部分にこそ、その本領がある。形は取り繕うことや飾ることが可能でも、器はそういうわけにはいかない。形は、壊れる。しかし、器は壊れない、壊してはならない。

『命の器』の表題となったエッセイで、宮本輝さんはこんなふうにお書きになっている。

〈私はときおり、たまらなく寂しいときがある。私には親友がいないという気がするからである。親しい友人はたくさんいるが、真の友はひとりもいないなと思う。（略）どんな人と出会うかは、その人の命の器次第なのだ〉

　この引用部分は、すでに『草原の椅子』を読了された方を驚かせるのではあるまいか。くだんの一節こそが、『草原の椅子』に寄せる最適にして最高の解説になっているじゃないか、と……。

　物語は、憲太郎が富樫というかけがえのない〈親友〉を得るところから始まり、二人がさまざまな人物に出会うことで進行していく。まさに邂逅《かいこう》の素晴らしき出会いもあれば、苦い別れを二人に強いた出会いもある。物語全編に深くかかわるひともいれば、ほんの一場面、鮮烈な印象を残して物語から去っていくひともいる。そんな数々の出会いを通じて、あるいは別れを糧《かて》に、二人は人間の真の幸福について思いを深めていく。

　物語の終盤近くで、憲太郎は富樫に言う。

〈俺たちは、人に恵まれるという幸運な星のもとにあると思わないか？〉

　富樫の答えは、〈もしそうやとしたら、すばらしいことや〉。

　そしてまた、憲太郎は篠原貴志子に、富樫のことをこう語る。

〈あいつは人間の器がとても大きいんです。ときどき、うらやましくなって、自分も富樫みたいな男になりたいって思うんです〉

　しかし、その憲太郎も、娘の弥生に嬉しい言葉を贈られる。

〈お父さんは少し変わったわね。コップが大きくなったって感じ〉

いかがだろう、本書にとってなによりの解説は、やはり、エッセイ「命の器」の一節なのだと、あなたにもうなずいていただけるのではないだろうか。

しかも、エッセイ「命の器」の雑誌初出は一九八三年だ。ここで拙文冒頭に立ち返ってもらいたい。僕は〝深化〟という言葉をつかった。〝発見〟ではない。宮本輝さんは作家としての歩みのごく初期から、その認識を胸に抱いていたのだから。

一九八三年――三十六歳のエッセイで示された認識が、十四年後、まさに憲太郎や富樫と同じ五十歳で書いた長編小説の主題となり、大きな大きな果実となって読者に差し出される……。旅と出会いの物語の根っこにある、作家が主題を追い求めるもうひとつの旅を思うとき、符合を見つけた驚きは感動に変わり、いや、すでに宮本輝さんが「命の器」をお書きになった年齢を二つも追い越してしまった僕は、ただただ粛然と胸打たれるしかなかったのだ、と告白させてもらいたい。

告白ついでに書きつけておくと、宮本輝さんの作品を読みながら『青い鳥』を想起したのは、じつはこれが初めてのことではない。亡き父の遺した借金を背負った大学生・哲之を主人公にした長編小説『春の夢』を読み進めているときも、『青い鳥』のことが思いだされてしかたなかったのだ。

哲之は鬱屈した青春の日々を、アパートに棲むトカゲのキンちゃんに仮託する。キンちゃんは内臓を貫かれて部屋の柱に釘付けにされたまま、か細い命をつないでいる。釘を抜けば自由になれる。しかし、腹に穴が穿《うが》たれたままでは生きられない。なんとも皮肉で、哀れで、命の強さと儚さとを一身に背負った、象徴的な存在である。

物語の結末で、哲之はアパートを引き払うことに決め、キンちゃんの釘を抜いて、〈死ねへんぞ。死ねへんぞ〉〈キンちゃん、生きててくれよ〉と祈りながら、木箱に入れる。引っ越しの朝、哲之はその木箱を開けるのだが……キンちゃんは、どこにもいなかった（自らの思いを託したものを箱に封じ込めたが、中を覗いてみるとそこにはなにもなかった――というモティーフは、短編集『真夏の犬』所収の「香炉」でも変奏されている）。

志賀直哉の『城の崎《きさき》にて』がごく自然に思いだされ、あるいはまた、キンちゃんをどん底の暮らしのなかでのささやかな希望のメタファーと見なせばギリシア神話のパンドラの匣《はこ》にもつながりそうな結末なのだが、僕は、この寓話的でもあるラストシーンに、籠から飛び立ってしまった青い鳥を重ね合わせた。

だからこそ、『草原の椅子』で、憲太郎と富樫が〈楽しいもの、幸福を感じるもの、気持のいいもの、荘厳なもの、笑いがあるもの、それらを中心として人間の心について考えてしまうもの〉だけを撮影した写真集をつくろうと決め、その写真集を〝草原の椅子〟と名付けたとき、僕は勝手に物語を先回りして、予測をたてていたのだ。

おそらく、〝草原の椅子〟は座るひとのいない椅子がぽつんと草原に置かれたショットになるだろう、いや、もしかしたら椅子そのものも置かれることなく、物語の展開からすればきっとパキスタンのフンザ――〈桃源郷〉と呼ばれる集落の草原だけが写真におさめられるのかもしれないが、それではどうも日本批判の単純な図式に陥ってしまうのではないか……。

しかし、物語が終盤にさしかかった頃、そんな浅薄な見通しは、気持ちいいぐらい鮮やかに打ち壊された。〈憲太郎は、俺のいるところは、どこであろうと緑濃い草原だと思った。／通勤客でひしめきあう朝の駅の構内も、車が渋滞している横の歩道も、悪臭のただよう地下街や路地も、自分の部署のあるフロアも、会議室も、仕事机と椅子も、得意先に頭を下げている場所も、すべて、俺にとっては草原だ。俺のいるところ、すべてが草原だ。／そしてそこにはつねに俺の椅子がある。誰もその椅子を取りあげることはできない〉

幸福の青い鳥は、チルチルとミチルが長い旅を終えて帰ってきた我が家にあった。憲太郎が探し求めていたものも、また――。

そして、〝草原の椅子〟の写真には、椅子に座る主もちゃんといる。それが誰であるかは……いくらなんでも未読の方の興趣をこれ以上そぐわけにはいくまい。ただ、一九八一年暮れから八四年初夏にかけて執筆された『春の夢』ではキンちゃんを最後の最後で消してしまった宮本輝さんが、『草原の椅子』では椅子に座る主を残した。希望を、てらいなく、けれんもなく、そっと読者の胸に残してくれた。そこから作家の長い長い旅の軌跡を垣間《かいま》見たつもりになるのは、若輩の解説の書き手の傲岸不遜さだと叱られてしまうかもしれないけれど。

最後に、拙稿の冒頭でもご紹介した「一月十七日からの日記」から、忘れがたい一節をひいておこう。

書斎の惨状を目《ま》の当たりにした宮本輝さんは、〈心身に異常な疲れを感じる。喪失感かもしれない〉と書きつけるのだが、つづけて、こんなエピソードも披露する。

〈《イギリス近代史》という本のなかから、二枚の一万円札をみつける。いつ、何のために、この本に二万円を挟み込んだのか思い出せないが、すっごく儲けた気分〉

ひとは、どんなときでも幸福を探そうとする。たとえ刹那《せつな》の、ささやかなものでも、探さずにはいられない。そして、それは、きっと見つかる。心の中に草原があるかぎり。自分自身の椅子があるかぎり。

長編小説『草原の椅子』の、物語のかたちすらまだ持たない源流点は、作家が『イギリス近代史』から二万円を見つけた、その瞬間なのではないか。僕には、そう思えてならないのである。

池澤夏樹
『楽しい終末』

中公文庫　二〇一二年

本作『楽しい終末』の初出は文芸誌「文學界」である。一九九〇年六月号から一九九三年一月号まで隔月で連載された。完結の半年後、一九九三年七月に文藝春秋から単行本として刊行され、一九九七年には文庫版も同社から出ている。

僕たちがいま手にしている新版は、だから、前回の文庫化から十五年、単行本刊行から十九年、雑誌での連載開始時から数えるとじつに二十二年後のお色直しということになる。

東西ドイツが再統一され、ゴルバチョフがノーベル平和賞を受賞し、イラクがクウェートに侵攻して、雲仙普賢岳が百九十八年ぶりに噴火した一九九〇年に、池澤夏樹さんは「終末」をめぐる思索を始めた。長編小説『バビロンに行きて歌え』と短編小説集『マリコ／マリキータ』を刊行した年のことである。

連載は二年半におよんだ。連載中に湾岸戦争が起きて、ソ連が崩壊し、日本では五五年体制が終わろうとしていた。その間、池澤さんは数多くのエッセーや書評を発表し、長編小説『タマリンドの木』と初のジュブナイル『南の島のティオ』を上梓《じょうし》している。

そして、一九九三年、夏――。

池澤さんは単行本の「あとがき」で連載完結時の心境をきわめて率直に、やや弱音を交じえつつ書いている。

〈悲観論はなかなか手強かった。誠実に論旨を追って行けば、確かにこの状況には抜け道がないように見える。悪い材料が多すぎる。筆を進めるうち、次第に自縄自縛という事態に落ち込んだ〉

また、単行本刊行直後に「文學界」に掲載された新井敏記氏によるインタビュー「失われた終末」（インタビュー集『沖にむかって泳ぐ』所収）でも、〈『楽しい終末』という仕事はやはり息苦しかった。現代人として自分の立っている足元を掘り崩すような仕事でしたからね〉と吐露したうえで、言葉をこんなふうに継いだ。

〈一冊本は書いたが、この先この問題を自分の中でどう展開するのか？　状況の検証は一通り終わった。あまり好ましくない結論が出た。これに対して、全然別の哲学を持ってきて、人間という非常に異質の生物の生き方を根本から見直す作業が待っていると思うのです。しかし頭では分かっていても、その力はいまぼくにはとてもない〉

池澤さんは、その言葉どおり、本作と同時期に刊行された書き下ろし長編『マシアス・ギリの失脚』を最後に、長編小説作家としては長い沈黙に入ってしまう。

＊

核、エイズ、フロンガス、南北対立、利己的遺伝子、虐殺、進化論……。

『楽しい終末』で思索が展開されたさまざまなトピックは、単行本刊行から十九年の歳月をへて（その間のニッポンの首相は十四人を数える）どう変わったか。もちろん、本作で扱われた問題は、わずか二十年ほどに射程をおくことじたい無理なものばかりではあるのだが、それでもあえて総括するなら――終章「ゴドーを待ちながら」の一節を、あらためて掲げておかなくてはならないだろう。

〈そして、その後、事態はいよいよ悪くなった〉

二〇一二年の僕たちは、一九九三年の僕たちよりも、「終末」にかんするカードを心ならずもたくさん持ってしまっている。

阪神淡路大震災があった。オウム真理教の一連の事件があった。9・11があり、アフガン空爆があり、イラク戦争があった。リーマン・ショック。新型インフルエンザ。ＳＡＲＳウイルス。東海村ＪＣＯ臨界事故が起きた。北朝鮮が核実験を強行した。二〇一一年現在、全世界の大豆作付け面積の七十五パーセントが遺伝子組み換え作物だという。また、水不足も深刻化して、二〇一五年には世界で約七億人が安全な飲料水を利用できず、基本的な衛生施設を利用できない人々は約二十五億人にのぼると予測されている。そして、二〇一一年――東日本大震災と、福島第一原子力発電所の事故。確かに、〈事態はいよいよ悪くなった〉としか言いようがない。

もちろん、本作には、単行本刊行後の現実は反映されていない。僕たち二〇一二年の読者と本作との間には、「一九九三～二〇一二」という決して小さくはない空白が横たわっているはずなのだ。

ところが、ページをめくるにつれて、その空白が消える。改稿されたわけでも注で補足されたわけでもないのに、一九九三年と二〇一二年がじかにつながっていることに驚かされる。とりわけ二章にわたって核兵器や原子力発電を論じた「核と暮らす日々」には、きっと数多くの読者が、背中がぞくっとするほどのなまなましさを感じるに違いない。

池澤さんは本作で、一九九三年の時点で顕在化していたさまざまな「終末」の姿を描いただけではなく、「終末」に怯えながらも惹かれてしまう人間の心にも深く迫っていた。

前出のインタビュー集『沖にむかって泳ぐ』での発言を引こう。池澤さんは、地球にある資源の在庫のリミットに予想以上に早く達してしまったときに人間はどうするのか、に興味があると言う。そして――。

〈まるで違う展開を考えなきゃいけない時に来ている。ぼくはその展開をすべき時を迎えた人間の姿勢、そのポイントの越え方に、大きな興味があるのです。そういう時は人の賢さと愚かさが同時に出てくるから〉〈まるで違う展開を考えなきゃいけない時〉とは、もしかしたら、〈事態はいよいよ悪くなった〉果てに東日本大震災を経験した、二〇一二年の「いま」なのではないか？

一九九三年よりも二〇一二年の「いま」のほうが、〈人の賢さと愚かさ〉が、ずっと切実に問われているのではないか？

それを思うと、本作が二〇一二年に再び世に問われたことの意味と意義が、ずしりとした重みを持って胸に迫る。この新版刊行は、古典的名著のリバイバル復刊にとどまるものではない。新装なった本書は、東日本大震災以降にこそ必要な一冊、いわば現在進行形の思索の手引きとして届けられたのだ。

＊

『楽しい終末』は緻密な論理で組み立てられているがゆえに、書き手を悲観論の袋小路へと追い込んでしまった。

前述したとおり、池澤さんは本作を発表したのちしばらく長編小説を発表しなかった。

「新版のためのあとがき」の表現を借りるなら〈こういうことを書いた後で軽々しく希望で終わる話は書くわけにはいかない〉、第二インタビュー集『アジアの感情』では〈書くということに対する自分の姿勢をもう一回考え直さなければいけなかった〉――作家自身もまた、〈まるで違う展開を考えなきゃいけない時〉を迎えていたのだ。

池澤さんはそのポイントをどんな姿勢で、どんなふうに越えていったのか。

〈ぼくたちの生き方を肯定する答えを出すためには、現実を見なければいけない。甘い希望に走ってはいけない。徹底的に追い詰めた上でなおかつ残っている希望でなければ、本当の希望ではない。作家という仕事の本質は、最終的に言葉で著すにせよ、あるいは考えを言葉で辿るにしろ、考えることですから、考えつづけるしかない〉（『沖にむかって泳ぐ』）

現実を見るために。考えつづけるために。

作家は旅を繰り返した。ダライ・ラマ猊下《げいか》に会いに行き、星野道夫とアラスカで語らい、ジャック・マイヨールを追い、ハワイイに足繁く通って、沖縄から／

沖縄についての旅と発言をつづけた。

その旅の記録の一冊『未来圏からの風』の最終章には、こんな言葉がある。

〈ぼくはただ、これから長く長く考えるための素材を集めようと思っただけなのだ。（略）結局のところ、考えつづけるしかないではないか〉

『未来圏からの風』の刊行は一九九六年。作家はそれからも〈長く長く考え〉つづけてきた。二〇〇〇年、七年ぶりに長編小説『花を運ぶ妹』『すばらしい新世界』を発表したのちも、考えつづけた。旅も繰り返した。優れた長編や短編を何作も書いた。数多くの本の魅力を書評を通じて教えてくれた。

二〇一二年夏の時点での最新長編小説『氷山の南』は、水問題を解消するために組まれた南極海の氷山曳航プロジェクトをめぐる冒険小説である。

アイヌ民族の血を引く主人公の少年・ジンは、密航してまでプロジェクトに参加したかった理由をこう語る。

〈ぼくは自分が拗《す》ねた、斜めにかまえた、皮肉な性格であるとは思いません。誠実で積極的な十八歳です。自分のこれからの人生を大事にしたいと思っています。だから不毛な方向には足を踏み出したくない。ぼくの閉塞感を打ち破る方向があるはずで、できるならそれは人間みんなの、この時代この惑星で暮らすみんなの閉塞感を打ち破るものにつながっていてほしい〉

そこには、我々は結局のところ救済／終末のゴドーを待ちつづけるしかないのか、という『楽しい終末』の苦い諦念はない。

ジンは〈あるはずで〉〈できるなら〉〈つながっていてほしい〉という言葉を連ねることでかろうじて成立する希望を、しかし、間違いなく信じている。

物語には、プロジェクトに反対する水の信仰集団・アイシストという仇役《かたき》が出てくる。水を凍らせるように開発と浪費の悪循環を断って社会を冷却すべきだというアイシストの主張は、なんとも抗《あらが》いがたく魅力的で、だからこそ厄介な存在である。ジンも物語の最後に教祖に送った手紙の中で〈アイシストの反対があったためにぼくの中では混乱が増えました〉と書いた。けれど、その直後、言葉はこんなふうにつづくのだ。

〈そしてそのことをぼくは嬉しく思っています。未来というのはいつだって混乱の向こう側にあるものでしょうから〉

一九九三年から始まった作家の長い思索と移動の旅は、「終末」の閉塞感に時間をかけて慎重に穴を穿ち、それを「未来」と呼びかえるための旅だったのではないか。

だとするなら、いま新たな装いで届けられた『楽しい終末』は、やはり「始まり」の一冊——正確には、「始まり」を探すために「終わり」を凝視する一冊なのだろう。

バトンはもう渡されている。ポケットに文庫本を携えた僕たち自身の旅は、すでに始まっている。先を行く作家の背中が、あせらずに、でもあきらめずに、と十九年後の読者に語りかける。〈立ち止まらないことが希望だ〉と池澤さんは「新版のためのあとがき」に記した。僕の知るかぎり、それは、「希望」の最も美しい定義の一つである。

さだまさし
『解夏《げげ》』

幻冬舎文庫　二〇〇三年

このひとは思い出と希望の詩人だ。

ずっと思っていた。

さだまさし氏のことである。

ほんのちょっと、回り道をさせてもらおう。さだまさし氏の書く歌詞——詩の世界について、いくつかのメモを書き付けておきたいのだ。

一九七四年に発表され、さだまさし（グレープ）を一躍人気アーティストに押し上げた大ヒット曲『精霊《しょうろう》流し』の詩は、いま読み返しても——いや、さだ氏の小説家としての評価が大いに高まっているいま読み返すからこそよけいに、〝その後のさだまさし〟を考える際の示唆に富む。

〈去年のあなたの想い出がテープレコーダーからこぼれています〉

歌い出しの一節で、さだ氏はいきなり聴き手に時の流れを示す。

これは前年の大ヒット曲、〈あなたはもう忘れたかしら〉で始まるかぐや姫の『神田川』（作詞・喜多條忠）にも共通する導入である。だが、『神田川』が歌い出しのフレーズを受けて、そのまま過去の二人の暮らしの描写に入っていくのに対し、『精霊流し』は〈去年のあなたの想い出〉を前景には出さない。歌われているのは、あくまでも現在――亡きひとを偲ぶ初盆の精霊流しの情景を描きながら、しかし、〈去年のあなた〉は確かに、歌の世界の中にいる。

〈あなたのためにお友だちも集まってくれました〉〈あなたの愛したレコード〉〈あの頃あなたがつま弾いたギター〉〈あなたの愛した母さんの今夜の着物は浅黄色〉〈あなたの嫌いな涙〉……〈あなた〉の人となりが浮かんでくるでしょう？　いわば、この歌では「現在」の中に「過去」が包み込まれているわけだ。

一九七四年――さだまさし、二十二歳。そんな歳の若者に「技巧」という言葉は似合わない。やはりこれは「生理」、もっと言うなら「性《さが》」が、そうさせているのだろう。「現在」の中に「過去」を見ることで、目の前のひとや物が奥行きを持つ。今日を単独の一日として描くのではなく、昨日から明日へとつながる時の流れの断面として描くことで、歌の世界に深みが生まれる。

そういう視点でさだまさし氏の作品群を読み返してみると、わずか数分間の曲の中で織りなされる時の流れの、いかに豊饒《ほうじょう》であるかに驚かされる。

〈煙草をくわえたらあなたのことを突然思い出したから〉（『交響楽』）、〈母がまだ若い頃、僕の手をひいて〉（『無縁坂』）、〈それはまだ私が神様を信じなかった頃〉（『雨やどり』）、〈久しぶりね相変わらず元気そうで安心したわ〉（『吸殻の風景』）、〈あの日湯島聖堂の白い石の階段に腰かけて〉（『檸檬』）……。

初期の作品の、歌い出しの部分だけを集めてみても、聴き手の心を「現在」から「過去」へといざなっていく詩の力が感じ取れるだろう。また、「過去」から「現在」へと時のきざはしを登っていく詩には、『転宅』や『パンプキン・パイとシナモン・ティー』『椎の実のママへ』『親父の一番長い日』などがあり、「現在」から「未来」を見渡す詩は、たとえば『関白宣言』がその好例となるだろう。

だが——誤解を招く言い方をあえてするなら、ほんとうは、これ、あたりまえのこと、なのだ。世の中でさだまさし氏だけが「現在」の中に「過去」や「未来」を見ているわけではない。日々の暮らしを営んでいるひとは誰も、そう、ぼくだって、あなただって、今日が昨日と明日に挟まれた人生の断面だということは知っている。なのに、忘れてしまうんだ、つい。忘れてしまうからこそ、さだ氏の描く時の流れの物語に胸を揺さぶられる。一人ひとりの胸にひそかに刻まれていた「過去」やほのかに浮かんでいた「未来」に気づいて、涙する。

いや、もう少しはっきりと、紋切り型を覚悟のうえで言い直してみよう。

今日を生きるぼくたちの胸に刻まれている「過去」——それを、思い出と名付けよう。

今日を生きるぼくたちの胸にほのかに浮かぶ「未来」——それを、希望と名付けよう。

さだまさし氏が思い出と希望の詩人だというのは、そういう意味なのである。

それでも、ぼくは思う。もしかしたら、すべては必然だったのかもしれない、と。

なぜって、さだまさし氏の歌の世界には、すでに小説の世界が見え隠れしていたのだから。それも、とびきり魅力的な。

「過去」「現在」「未来」を包み込んだ物語性はもとより、ここで注目しておきたいのは、脇役の存在だ。

『精霊流し』(歌のほうです)は、前述したとおり〈去年のあなた〉は不在のままである。代わりに、詩を彩り、〈あなた〉を亡くした悲しみを伝えるのは、脇役たちだ。

〈あなたのためにお友だちも集まってくれました〉

〈私の小さな弟がなんにも知らずにはしゃぎまわって〉

〈あなたの愛した母さんの今夜の着物は浅黄色／わずかの間に年老いて寂しそうです〉

再び『神田川』を(恐縮ながら)引き立て役にするなら、『神田川』には、私とあなたしか出てこない。〝私―あなた〟の関係性だけで切々と歌われる。当時の、いわゆるニューミュージックと呼ばれる歌の世界は、ほとんどがそうだった。

そんななか、さだまさし氏の歌の世界には、ほんとうに多彩なひとびとが登場する。

〈ヘイゼルウッドのおじいさんのなんて深くて蒼い目〉(『フレディもしくは三教街』)、〈僕の肩越しに子どもの花火を見つめ〉(『ほおずき』)、〈年老いた人が菩提樹の葉陰で居眠りしながら涙ぐむ〉(『SUNDAY PARK』)、〈名も知らぬ駅の待合室で僕の前には年老いた夫婦〉(『空蟬』)、〈赤い文字のスポーツ新聞の向こう側で誰かため息をついた〉(『距離《ディスタンス》』)、〈なにより僕の患者たちの瞳の美しさ〉(『風に立つライオン』)……。

これもまた、「技巧」とは呼びたくない。さだまさし氏の「性」だ。世の中は〝私―あなた〟だけでつくられているのではない。さまざまなひとがさまざまにからみ合う、その網目の中に、私がいて、あなたがいる。ひとの数だけの縁があり、出会いがあり、別れがある。だからこそ、いま、私とあなたがここにいる幸せを嚙みしめたい。さだ氏のファンなら誰もが知っているはずだ。さだ氏の最も好きな言葉のひとつが「一期一会」だということを。

さだ氏は「現在」に「過去」や「未来」を包み込むことで、歌の世界に深みを生んだ。〝私―あなた〟の主人公たちの周囲に魅力的な脇役を配することで、歌の世界に広がりを生んだ。要するに、優れた小説の条件を満たした歌を、ぼくたちはずっと聴いていたわけである。

歌うなら数分間、歌詞カードで読むならほんの数十行の歌の世界に、小説の世界が凝縮されている。その密度を堪能し、また行間の余韻を味わうことは、思い出と希望の詩人・さだまさしの作品に触れるなによりの愉しみだろう。それでも、贅沢な聴き手は、こうも思うはずだ。歌という枠を取り外したところで、さだ氏の紡ぎ出す物語を読んでみたい。一晩中さだ氏の世界にひたったあとの、夜明け前の涙を流してみたい。いや、きっと、聴き手以上にさだ氏自身がそれを望んでいたのだろう。愛すべき主人公たちにもっと長い旅をさせてやりたい、もっとたくさんのひとに出会わせたい、「過去」「現在」「未来」を丹念に、ゆっくりと、歩かせてやりたい……。

思い出と希望の小説家・さだまさしの誕生である。

本書の表題作「解夏」は、難病に冒されて、やがて両目の視力を失うという運命を背負った隆之の、帰郷の物語である。

帰郷といえば、さだまさし氏はかつてこんなエッセイを書いていた。

〈回帰、という言葉は、大仰で、似つかわしくはないけれど、僕の音楽も、僕自身も、きっと死ぬまで〝帰るべき処〟を求め、〝自分の主題と反主題《アンチテーゼ》の間を往ったり来たり〟するに違いありません〉（「ＳＩＮＣＥ１９８２」）

隆之もそうだ。失明という運命を受け容れようとする〈主題〉と、その運命を呪ってしまう〈反主題〉の間を、彼は煩悶しつつ揺れ動く。来るべき失明の瞬間に向けて隆之を苦しめる難病は、しかし、彼から光を奪った瞬間に治癒するのだという、この哀しい皮肉もまた〈主題〉と〈反主題〉だし、恋人の陽子を愛するがゆえに背を向けてしまう決意も〈主題〉と〈反主題〉になる。

そして、そんな隆之の〈帰るべき処〉は、生まれ故郷の長崎だった……と、あっさりとまとめてしまえるほど、「解夏」は薄っぺらな物語ではない。

さだ氏が本作で描く長崎の町は、むろん風景描写としてはリアリズムを貫いているのだが、現実の町並みをただ平面的に描いただけではない。勧善寺、聖福寺、諏訪神社、興福寺、若宮稲荷、外海《そとめ》町黒崎の小さな教会……この物語には、近景・遠景として、宗教的な場が数多く描かれる。それはなぜか。あるいは、こう問い直そうか。さだ氏は、なぜ、物語の冒頭に隆之の墓参を描いたのか。

墓参の場面に、こんな一節がある。

〈筑後町の通りから勧善寺の寺務所までの石段を上りながら見上げると、その左手にどっしりとした樹齢八百年の樟《くす》の樹がある。／（略）／祖母の死からもうかれこれ二十年以上が経つ。／幼い頃に死んだ祖母の命の行方や収めどころを心の中に見つけられなかった隆之は、ある日、祖母の命を、彼女の好きだったこの樹に託すことにした。／大好きだった祖母は死んだ後この樹のどこかに住まわせてもらっていることにしよう、と思ったとたん隆之は自分が救われたような気がしたのだった〉

宗教的な場は、おのずと死を内包している。「現在」の中に「過去」がある。そして、死は同時に、再生にもつながる。「現在」の中に「未来」もほの見えているわけだ。

隆之は、樹齢八百年の樟の樹に、祖母の命を刻み込んだ。そうすることで、祖母の命は肉体の生死を超え、永遠を生きて――〈自分が救われたような気がした〉。物語全編を通してみると、仏教的な死生観が色濃くあらわれた「解夏」だが、ぼくはむしろ、この場面にこそ根源的な宗教を見る。隆之の「現在」の物語の背後には、救いを求めて寺の石段を登り、神社の鳥居をくぐり、教会のマリア像に額《ぬか》ずいた無数のひとびとの「過去」の物語がある。

そう思えば、いかがだろう、失明という隆之の試練は、もしかしたら死という普遍へとも開かれるのではあるまいか。ひとは、やがて、必ず、死ぬ。その運命を受け容れながらも抗ってしまう人間の心の弱さと愛《いと》おしさ……。

隆之の苦悶の日々は、ぼくたちが死を思うときの胸を締めつけられるような苦しみにもつながる。

だからこそ、隆之が物語の中で出会う、ほんとうに魅力的なひとたちの言葉が、ぼくたちにもまっすぐに届く。


〈光が見えるから暗闇が見えるんだ。暗闇というものはねえ、光が見えない者には存在しないものなんですよ。／（略）／私は失明して初めて知ったね。今までは自分は暗闇、という光を見ていたんだ、とね〉

光と暗闇を生と死に置き換えてみるといい。仏教の「一切空」「一切無」の境地が、見えてくる。

〈失明する恐怖、という行ですなあ。／（略）／辛い、辛い行ですなあ。／（略）／失明した瞬間にその恐怖からは解放される、苦しか、切なか行ですたい。ばってん、残念ながらいつか、必ず来るとですなあ〉

これも、同じだ。失明を死に置き換えれば、ぼくたちだって皆、それぞれの〈辛い、辛い行〉の日々を生きているわけだ。

ならば――と、意地悪なひとは言うかもしれない。ならば、ストレートに死を描けばいいじゃないか、と。

違うのだ。歌の世界で数多くの死の物語を紡ぎ、小説『精霊流し』でも愛するひとたちとの永久の別れを綴ってきたさだまさし氏が、ここで死から逃げるわけがないじゃないか。

死の物語には、宿命的な限界がある。死んでしまったひとは物語から退場せざるをえない。歌の『精霊流し』でいうなら〈去年のあなたの想い出〉は〈テープレコーダー〉でしか蘇らないのだ。さだ氏は、これまで、遺されたひとたちの思いを丁寧に拾い上げることで、亡きひとを物語に最後まで寄り添わせてきた。だが、「解夏」でのさだ氏は、小説家として正面から死と向き合おうとしたのだと思う。死を迎える恐怖を描ききり、そこからの救いを主人公とともに模索し、死のあとにあるはずの再生を描く――そのためには、隆之は生きていなければならない。生きながら死の本質に迫るために選び取られたのが、やがて訪れる失明の瞬間だったのではないか？

隆之はふるさとの町を歩く。〈もうすぐ見えなくなるはずの自分の眼に、一体最後は何を見せたいのかなどと、妙に哲学的なことばかり考えている〉。〈自分の眼の残り時間の全てを賭けて、歩いて、歩いて、歩いてこの町の風景を全部眼の中に閉じ込めて記憶してしまおう、と決めた〉。〈そうして、失明したあとでも、この町の風景ならばいつでも記憶の中から取り出せるようになろう、と、決めた〉。

光を失ってしまう「未来」に「過去」を刻み込もうとする「現在」がある。そして、もちろん、〈この町の風景〉そのものにも、隆之自身の少年時代の思い出や、町そのものの記憶――歴史が刻み込まれている。なんと重層的な時の流れなのだろう。これはふるさとにしかできないことだ。ふるさとの定義――思い出の刻まれた町。だとするなら、隆之の〈帰るべき処〉の答えも出る。隆之は、「思い出」という名前の時の流れに会うために、帰郷したのだった。

そして、ふるさとの町を歩く隆之のかたわらには、すでに「未来」が静かに微笑みながら、いる。この町をふるさとにしようと決めたひとが、寄り添っている。そのひとの名前をここで語ってしまうのは、さすがにヤボの極みになってしまうから、代わりに「未来」を「希望」と言い換えておこうか……。

「解夏」一編に絞り込んだ、おしゃべりだったわりにはずいぶん舌足らずな解説文になってしまっただろうか。

異邦人が家族とふるさとを得る物語としての「秋桜」、ふるさとを喪失した哀しみとかりそめの帰郷を描く「水底《みなそこ》の村」、年老いた父親の心の帰郷である「サクラサク」……。

言っておきたいことはいくらでもある。さだまさし氏とふるさとという切り口だけでも、おそらく、拙稿の倍ぐらいの分量は必要になるだろう。

だが、もうこのへんで、ぼくは口をつぐむことにしよう。読者と作品の間には、なるべくよけいなものがないほうがいい。作品の一つひとつに込められた「思い出」や「希望」を、まっすぐに味わってほしい。あなた自身の——もしかしたらそのありかを忘れてしまっているかもしれない「思い出」や「希望」も、きっと見つかるはずだから。存分に胸を揺さぶられて、本を閉じたあとはたっぷりと余韻にひたってほしい。

最後の最後に、おせっかいな一言を付け加えさせてもらう。

歌のほうの『精霊流し』の最後の歌詞、覚えてますか?

〈人ごみの中を縫うように静かに時間が通り過ぎます／あなたと私の人生をかばうみたいに〉

シゲマツ、四十歳、カラオケやギターの弾き語りでこの箇所を歌うたびに、必ず涙ぐんでしまうのである。

あなたは、どうですか?

本書を読んだあとに歌ってごらん。滲みるぜ。

南木《なぎ》佳士《けいし》『草すべり　その他の短篇』

文春文庫　二〇一一年

まず最初に、東日本大震災について書く。

長く読み継がれる文庫本の解説に時事的なものは入れるべきではない、というのは承知しているが、東日本大震災は流れ去って消えていくものとは違う。この国の歴史に深々と打ち込まれた杭として、おそらく将来の長きにわたって、優れた文学作品を語る際の座標軸のひとつになりうるだろう。

たとえば、僕はこんなことを考えるのだ。

震災の直後にどんな本を読んだか——。

どんな作品に救われたか——。

それをアンケートで問うだけでも、3・11以後の文学のかたちを垣間見ることはできるのではないか。

僕の場合は、南木佳士さんだった。

いや、ストレートに書いてしまうと、いささか追従《ついしょう》の気味があるな。もうちょっとくわしく経緯を書いておこう。

震災以来、多くのひとがそうだったように、僕もまた半ば呆然としたまま、ひたすら報道を追いつづけ、インターネットに流れるさまざまな言説に翻弄されどおしの一ヵ月を過ごしたのだ。いいかげん疲れはてて、けれど日常へはなかなか戻れず、陰鬱なのに妙に高揚した思いを持て余しているさなか——四月半ばに、本書『草すべり　その他の短篇』の解説を書かないか、というお誘いが来たのだった。

大げさに言うなら、そのとき、天啓を受けたのだ。ああそうか、と膝を打った。荒い言い方を許していただき、年長の作家を呼び捨てにする非礼を見逃していただけるなら、僕はこんなふうに快哉を叫んでいたのである。

そうだよ、そうだ、オレたちには南木佳士がいるじゃないか——！

さっそく書架から手持ちの南木さんの本をありったけ取り出した。七冊あった。ほどなくそこに文藝春秋にお願いして送っていただいた本が加わって、散らかった仕事部屋の一角に全部で二十冊ほどの「南木佳士コーナー」ができあがった。

一冊ずつゆっくりと読み進めていった。あいかわらず心落ち着かないまま、それでも本を読む間はテレビを切り、パソコンや携帯電話の存在にも気づかないふりをして、読みふけるときはもちろん、いやそれ以上に頁をめくるときになるべく時間をかけるよう心がけて、南木さんの作品とともに震災後の日々を過ごした。

そのことを僕はいま、とても幸せだったと思っている。

南木さんの本がなかったら、どうにかなってしまっていた——とまでは、さすがに言わない。けれど、南木さんの作品に触れていた時間が、生来おっちょこちょいの僕が浮き足立つのを抑えてくれたことは確かだ。

ひさびさに再会する作品もあれば、不勉強がかえって奏功して新鮮な出会いを堪能できた作品もあった。

どの作品でも、時は静かに流れていた。命がそっと息づいていた。それが南木さんの文学のなによりの魅力だというのは自分なりにわかっているつもりだったが、震災後にはその静けさがひときわ胸に染みる。作品に描かれる一つひとつの命がいっそう愛おしくなる。

　本書もそうだった。

　じつを言うと、僕は本書の単行本版の刊行時に、新聞で小さな紹介文を書いている。こんな文章である。


〈物語の起伏のかわりに、登場人物の見つめる風景が移り変わる。そのひとの生きてきた時間がきめこまやかな陰影をつけ、交わされる言葉よりもむしろ前後の沈黙に、ドラマが静かにひそんでいる。本書は、そんな短編集である。

　収録された4作いずれも、南木佳士さん自身とも重なり合う50代の医師が主人公である。数多くの死を見つめすぎたせいで心身ともに疲弊した時期をへて、人生の折り返し点を過ぎた主人公は、山に登る。かつて淡い思いを寄せていた高校時代の同級生と40年ぶりに再会して浅間山の頂を目指す表題作をはじめ、どの作品も、生と死にまつわるさまざまな記憶が、山道を一歩ずつ踏みしめていくようにたどられる。

　よみがえる記憶に苦みはある。やりきれなさもある。だが、《出来事は起こるときには起きるのであり、それはそれでありのまま引き受け、黙々と、淡々と処理するしかないのだと開き直れる年齢まで生き延びてしまった》主人公の、決して颯爽としているわけではない山歩きに寄り添っていると、やがて読み手の胸も温もってくる。表題作に出てくる上州の寒村の方言を借りれば、《ぬくとまる》――《炭火の掘りごたつにあたってからだがじんわり温かくなってくる》ように、歳を重ねること、生きることが、いとおしく感じられるのだ。

　しかし、その温もりの芯には、岩清水のような凛とした冷たさがひそんでいる。決して、すべてをだらしなく受け容れてしまう甘ったるい人生讃歌ではない。それは南木さんが、医師として、作家として、いやおうなしに持ってしまった末期《まつご》の眼ゆえなのか。作者自身を彷彿させる物語でありながら、作中からは「私」という一語が厳しく排されているためなのか。

　4作の最後に置かれた作品「穂高山」のラストで、感傷にひたっていた主人公は不意に強い風に吹かれて、《おろおろ、おろおろ》と山を下りる。南木さんは、その頼りなげな足取りこそに、人生の下山道のリアリティーと、真の意味でのいとおしさを込めている

のではあるまいか〉（「朝日新聞」二〇〇八年九月十四日）

紙幅に限りのある新聞掲載の常で、あらゆる面で舌足らずな文章になっているのだが、後出しジャンケンよろしく二〇〇八年秋の時点の紹介文に屋上屋を架そうとは思わないし、もちろん当時の読み方をくつがえすつもりなど毛頭ない。拙文の足りないところは、どうか、実際に作品をお読みいただくことで補ってもらえないだろうか。

僕にはまだ大切な仕事が残っている。文庫版の解説を書かせていただく者として、なによりも優先させるべきは、いま――二〇一一年三月十一日以降に本書を読み返したうえでのメモを書きつけておくことなのだ。

たとえば、二〇一一年の再読で新たに付箋を貼った箇所がある。

〈生き延びてみたらからだが変容していた。あるいは、変容しないと人は生き延びられないのではないか。ほっておいても勝手に生き延びようとするからだはおのずから変容してしまうのではないか〉（「バカ尾根」）

二〇〇八年に読んだときには、うかつにもあっさりと通り過ぎてしまっていたが、いま読み返してみると、「生き延びる」「変容する」という言葉のもつずしりとした重みに気づかされる。

直截《ちょくせつ》にはそれは、南木さんご自身と重なる主人公の老いや、かつて苦しんだうつ病の経験と響き合う言葉だろう。

ところが、震災をへたあとは、そこには著者の目論見をも超えた、一回り柄の大きな意味と意義が付与されつつあるようにも思える。

僕たちは皆、現実に被災者と呼ばれたかどうかはともかくとして、やはり生き延びたのだ。そして、あの厄災を境にして、やはり自分の中のなにかが決定的に変わってしまったのだ。

南木さんは、本書が芸術選奨文部科学大臣賞を受賞したときのインタビューで、こんなふうに語っている。

〈生き延びるということは、誰かの犠牲を伴っていることが身に染みて分かった。生き延びることのすごさに圧倒され、その何げないすごさをちゃんと書きたいなという思いがある〉（「上毛新聞」二〇〇九年三月二十三日）

いかがだろう。この言葉、文学者の発言のアーカイブスにとどまるものではなく、まさに現役の、いまの／これからの時代と共鳴する言葉ではないだろうか。「生きる」という言葉が瞬間をあらわし、「生きている」が状態を示しているのだとすれば、「生き延びる」は、歩んできた道のり——歴史を物語る言葉だろう。その背後には、それを支えてくれたひとや、生き延びることが叶わずに、道半ばで亡くなってしまったひとの存在がある。ならば、おのずと、生き延びたひとは謙虚になる。感謝ばかりではなく、ある種の申し訳なさや後ろめたさをも背負いながら、それでも自分の生を歩きつづけるしかない。

本書所収の四編の登場人物は誰もが、そうやってそれぞれの生を寡黙に歩いている。その控えめで慎ましやかな歩き方は、なんと美しいのだろう。選び抜かれ、削りに削られた言葉で綴られた、彼らや彼女たちの透きとおった横顔は、なんと清らかで豊かな光をたたえているのだろう。

南木佳士の小説を読む幸せとは、すなわちその光に包まれる幸せなのだと、あらためて思う。そして、それこそが、震災をへて「生き延びた」僕たちになによりも必要なものではないか、とも思うのだ。

仕事部屋の「南木佳士コーナー」は、全作品を読み終えたあとも健在。つい先日も、最新エッセイ集『生きてるかい?』が加わったばかりである。

「震災のあと、あなたはどんな本を読んで、どんな本に救われましたか?」という問いに一つ大きくうなずき、にっこりと微笑んで答えられることが、なによりもうれしい。

そんな読者から作者へ、感謝の手紙をしたためるつもりで、解説の小文を書かせていただいた。

Ⅱ

同時代作家を読む愉しみ

いとうせいこう
『ノーライフキング』
新潮文庫　一九九一年

子供は、やがて死ぬ。子供でいられなくなる。永遠の子供などはいない。誰もが、生まれてから何年かを子供としてすごし、あるラインを踏み越えることによって、子供という呼称と、そう呼ばれていた自分自身とに訣別する。それを〝死〟と呼ぶか〝成長〟と呼ぶかはともかくとして、終わることを宿命づけられた存在、それが子供なのだ。

女の子の場合なら、ことは簡単だろう。初潮というはっきりとした徴《しるし》とともに、彼女は子供時代を終える。体内から流れ落ちる一条の赤い血は、子供の〝死〟を告げる儀式を彩るには、これ以上ない鮮やかさを持っている。

問題は、男の子だ。第二次性徴そのものが女の子よりも進行が遅く、かつ女の子の流す経血に対抗しうる鮮明な徴を持たない男の子たち。彼らは、自らの〝死〟をどう認識し、どう立ち向かおうとしているのだろうか。

その答えは、本書にある。

いとうせいこうは単行本版のあとがきで、シノプシス作成二時間、執筆二十日間という創作に要した時間を明記している。むろん、彼は、執筆の速さを誇っているのではない。むしろ逆だ。一刻も早く語らなければならないという強迫観念にも似た思いで、彼は無機の王の物語を封じ込めたはずだ。間に合わない――。

その思いは、作品を貫いている。

まことがテストの合間を縫って洋太にメッセージを送る描写を思い浮かべてもいい。子供たちの理解者であろうとした大人・水田とまことが、閉まりかけたエレベーターにまことが飛び乗ることで訣別したシーンでもいい。《まことに残された時間はかぎられていた》

というフレーズは、作品全体に敷衍《ふえん》されている。子供たちは、皆、残り少ない時間の中でもがいているのだ。

〃王〃と呼ばれるものは、すべて、時間を統合する。王の死によって時代に線が引かれる元号問題や、王が季節や人民の生業《なりわい》を司る祭祀などの例を挙げるまでもないだろう。絶対的権力者の〃王〃は、人民の生死を支配する。これを人民の側から見れば、つまり、彼らは生きる時間を支配されていることになる。

それは古代・中世にかぎらない。J・アタリが『時間の歴史』の中で述べているように、近代社会の特徴でもある大量生産の嚆矢《こうし》となったのは、ほかでもないゼンマイ仕掛けの時計だったのだから。あるいは、イギリスが、グリニッジ標準時にいまなお往時の栄光を象徴させているように。

人々は時間の中に組み込まれている。その時間は、二十四時間制度に還元される場合もあれば、そうでない、もっと強い呪縛《じゅばく》を持ったものの場合もある。子供たちを支配する時間は、後者だ。子供たちは、循環しつづける二十四時間制度の中で生きているのではない。死ぬことを宿命づけられた彼らの時間は、むしろ、砂時計の刻むそれに近いだろう。

となれば、本書の冒頭部分に提出された、あすなろ会への道順や所要時間の記述も、別の意味を帯びてくる。《逆転の発想》と表現される、まことの辿る複雑な道順は、時間による位置関係と空間による位置関係とのずれの現れだとは言えないだろうか。

子供たちのネットワークもそうだ。彼らは、学校や塾といった地域的なつながりを超えた交友関係を結び、電話やパソコンを使ってリアルタイムにアクセスする。数字の配列にすぎない電話番号は、たとえば3を4と押し間違えただけで、地理的にはなんの関連もない家につながってしまう。住所の番地を間違えるのとは、根本的に異なっているのだ。

だから、まことは地理が苦手である。《福島県の県庁所在地》など、彼には必要ない。電話線によって、あらゆる対象への距離は等価になる。つまり、ここでは、距離と時間という比例関係が成立しないことになるのだ。電話を使った新しいメディア、ダイヤルQ^2への大人たちの批判の矛先が、時間と距離とに比例するアクセス料金へ向けられていることは、その点で象徴的だ。大人たちは、金という卑小なレベルで、子供たちの持つ歪んだ（けれどきわめて魅力的な）時間を自分たちの側に強引に引き寄せようとしているのだ。

しかし、子供たちの時間は、彼らが〝死〟を迎える存在である以上、やがて大人たちの時間へと組み込まれていくことになる。それを知り、なおかつそれに抗《あらが》おうとした子供たちは、どんな手を使うか。

ここで、子供たちの噂が登場する。

一九八六年から一九八七年にかけてマスコミ（つまり大人たちの世界だ）を賑わせた子供たちの噂の代表的なものを二つ挙げておこう。まず一つは、『ドラえもん』ののび太は植物人間であって、ストーリーはすべて彼が見ている夢の世界でのことなのだ、というもの。もう一つは『サザエさん』の一家が悲惨な別離を迎える、というもの。この二つの噂には、〝死〟のイメージもふんだんにちりばめられているが、それ以上に、時間に対する強い意識が漂っている。子供たちは、植物人間という成長でも死でもない時間の流れ方（死にながら生きる＝ノーライフ！）を発見した。そして、時間が先に進まない円環の構図を持つ『サザエさん』を拒否した。〝死〟に向かって進まざるをえない子供たちは、永遠に小学生でいられるカツオを、ある面で許しがたい存在だと見なしたのではないだろうか。


寄り道がすぎたかもしれない。だが、いとうせいこうは、本書で、登場する子供たちそれぞれの〝死〟の迎え方を描いた。それは確かだ。物語の中盤に置かれた、みのちんの《シニベタ》の祖父の疑似葬儀のシーンは、この物語全編を通して最も美しく、最も哀《かな》しい。セレモニーに臨む子供たちが、皆、自分自身の中の子供の〝死〟を予感しているからだ。みのちんが祖父に語る言葉、《おじいちゃんの部屋は閉めておいて、たまに開けようと思います。懐かしくなったら開けて匂いをかぎます》は、子供たちが自分自身の物語を封じこめようとした《賢者の石》に重なり合う。《忘れないで》のメッセージも、同様に。


さて、本書は、まことの〝死〟の迎え方と抗い方を軸に語られる。彼は、懸命に〝死〟と戦おうとする。〝死〟の先で待ちかまえる大人たちに立ち向かおうとする。

彼は、《暗黒迷宮》の中に、赤く輝くライフキングとなって飛び込んでいく。暗黒と赤。これは、ゲームのつくるコントラストだけではない。《黒い画面の中央に赤い文字がにじみ出てきた。／「ＬＩＦＥ　ＫＩ

NG」／それはシンプルだが力強く美しかった》という構図は、作品全体の中でも有効なのだ。この物語には、色彩の描写だけが奇妙なほど突出している。それを辿ってみればいい。

《赤いトレーナー》《真紅のスタジアム・ジャンパー》《厚手の赤いコート》……まことが着ている服は、記述があるものについてはすべて、赤い色をしている。それに対して大人たちの服は、たとえば《ファッツ》の校長は《えび茶色のスーツ》、水田は《薄茶色のコート》。これは服装ではないが、いじめっこの望月の母親の似顔絵も、《脂ぎって黒ずんだ顔に似合わない赤茶けた眼鏡のフレーム》……。注意深く読み返してみると、作品中に現れる色の大部分が赤と黒の中間の茶系統であることに気づくはずだ。大人たちは、もはや《暗黒迷宮》に溶け込んでしまいつつある。物語の主要な舞台である小学校の校名まで、《黒見山》なのだから。

だからこそ、水田との訣別に先立って語られる次のようなシーンが、重みを持ってくる。《水田は短くなった煙草を投げ捨てて、静かに立ち上がった。柵にからみついていた赤黒い錆《さび》が、こげたアップルパイの皮のように何枚も崩れ落ちた。その向こう、冷たく湿ったアスファルトの上で、風に吹かれ、不規則な呼吸を続けている小さな溶岩を、まことは見つめた》。水田は、戦士の証《あかし》である赤い色を捨てた。まことは、彼が捨てた煙草の赤をじっと見つめる。二人の訣別は、そこですでに予感されているのである。

暗黒の世界に立ち向かう赤い戦士・まことの姿は凜《り》々《り》しく、美しい。

さらに、もう一人。これも美しい戦士がいる。自分の分析表をつくることによって《暗黒迷宮》から脱出しようとする、さとるだ。

自分の分析表――。ここで、想起せざるを得ない哲学者がいる。J・P・サルトル。〝自分が、いま、ここにある〟ということを求めて自分を徹底的に微分しつづけ、分析不能の（つまり百パーセントにならない）部分こそが自由なのだと見なしたサルトルの思想は、さとるの戦いに通じるのではないだろうか。サルトルとさとる。むろん、勝手なこじつけにすぎないかもしれないが、この二つの名前は、あまりにも酷似している……。

いとうせいこうは、本書にかぎらず、『難解な絵本』でも『ワールズ・エンド・ガーデン』でも、〝自分とはなにか〟を語る言葉を探そうとしている。それも、子供たちや、都市につくられた期限つきの砂漠《デゼール》など、常に終末を意識せざるをえない設定のもとでだ。民話の多くが、老人と子供という〝死〟を迎える存在を中心に据えるのと同じだ。

だが、まことは、ほんとうに自分の物語を《賢者の石》に封じこめたのだろうか。答えは、わからない。みのちんの《ジバク》が、自爆なのか自縛なのかがわからないように。

永劫回帰《えいごう》（これも時間の流れへのアプローチだ）を唱えたニーチェは、『ツァラトゥストラかく語りき』の中で、「小児は無垢《むく》である。忘却である」と言っている。つまり、厳密には、子供たちは自分の過去についての物語をつくれない存在なのだ。とすれば、子供たちは自分の物語を封じこめることで、死んでしまったのかもしれない。《忘れないで》と訴えることで、自身の内なる子供と訣別したのかもしれない。

いとうせいこうは、そこについてはなにも語らない。彼は、あとがきでも書いているように、子供たちを〝終わらせなかった〟のだ。『千夜一夜物語』が美女の延命策として語られたことを思い出そうか。物語は、常に、なにかの終わりを繰り延べるために語られるものなのかもしれない。

本書の読者である大人は、戦う子供たちがやがて〝終わってしまう〟ことを知っている。だからこそ、無機の王の物語は美しい。本書は、我々自身の《賢者の石》でもあるのだ。いとうせいこうが、あえて空白のまま残した部分になにを打ち込んでいくか。それは、我々がどう戦ってきたかにかかっているだろう。

たとえば、あなたの内なる子供は。

どんなふうに死んでいったのだろうか――。

（岡田幸四郎名義で発表）

辻 仁成

『愛の工面』

幻冬舎文庫　一九九七年

一九七八年七月、ニューヨーク近代美術館で『ミラーズ・アンド・ウインドウズ』と題された写真展が開かれた。『鏡と窓』展――とでも訳せばいいだろうか。一九六〇年以降の（ということはつまり、ヴェトナムとジャーナリズムとポップアートの洗礼を受けた後の）アメリカ写真界を総括すべく企画された写真展である。

仕掛け人を務めたニューヨーク近代美術館写真部長ジョン・シャーコフスキーは、同展に寄せて、こんな言葉を発している。

「写真とは、撮ったアーティストのポートレイトを映す鏡なのだろうか、それとも、それを通して世界をより良く認識することができる窓なのだろうか」

写真は内へ深化していくのか、外へ展開していくのか。あるいは、写真は自らの内なる真実を暗示するためにあるのか、外界の事実をあらわに示すためにあるのか。

一九七二年の『ライフ』廃刊に象徴される六〇～七〇年代の報道写真の衰退とも無縁ではないシャーコフスキーの問題提起は、むろん単純な二者択一を迫って発せられたものではない。写真展のタイトルにａｎｄという接続詞が用いられているように、鏡と窓は、いわば共犯関係で写真を成立させる。外界がなにも写っていない写真などありえないし、誰もシャッターを押さない写真というのも、またありえない。人は、厳密な意味での自己言及的な写真を決して撮れないように、撮る者の意識を百パーセント消し去った写真の被写体にも決してなれないのだ。

写真は常に、内／外の、言い換えれば見る／見られるの関係性をはらんでいる。誰を撮るか、どう撮るか、誰に撮られるか、どう撮られるか……。撮る者と撮られる者は、ときに協同し、ときに侵犯しあい、またときに互いを拒みあう。

それは、なにかに似ていないだろうか。

辻仁成氏は、作家として、ロック・アーティストとして、詩人として、今日までに無数の写真を撮られてきたはずだ。その一方で、氏は、写真集『錆《さ》びた世界のガイドブック』をはじめ、自ら撮影する写真での表現にも積極的に取り組んでいる。レンズを向けられる被写体とファインダーを覗くフォトグラファー、それぞれの側に立つ表現者なのである。

氏は、自らの表現衝動に忠実に、あるいはジャーナリズムの要請によって苦笑しつつ、カメラを媒介にした内（＝フォトグラファー）／外（＝被写体）を往還する。あたかも、ロラン・バルトの「《見る》という動詞においては、能動態と受動態との境界が不確かである」という言葉を検証するかのように、氏は誰かを見つめ、また誰かによって見つめられつづけてきたのだ。

だからこそ、氏は看破したのではないか？

写真（について語ること）は、恋愛（について語ること）に似ているのだ——と。

『愛の工面』は、写真論に重ねられた恋愛小説であり、恋愛小説の構造を持つ写真論である。

ヒロイン〈私〉は、写真家である。ただし、幼い頃から〈他人に見られるのが異常に怖かった〉彼女にとって、カメラは職業上の道具を超えた意味を持つ。カメラは、〈私を取り囲む世界と対等に付き合うために必要な薄いブルーのフィルター〉であり、〈外の世界への入口〉なのだ。先のシャーコフスキーの言葉に倣えば、窓である。

この物語は、写真家としての〈私〉の日々、すなわち〝見る〟側の彼女の暮らしや回想を中心に綴られる。〈私はレンズを覗くということで、それまでの弱き立場を返上することができるようになり、シャッターを押す瞬間、刑の執行人にさえ成りえた〉

〈私ハ愛シテイル。私が今日まで撮りつづけてきた多くの被写体の一時期の複製を。いつかは死んでいく本物の存在の方ではなく、決して朽ちることのない、私だけの完璧な被写体を。それは私が少女の時代に撮りつづけていた死の予感そのものである〉

〈カメラはペニスだ。（略）どんなに逞しい男、生意気な女も、私の前では服を剝かれた少女に過ぎない〉

……。

ロラン・バルトの『明るい部屋』やスーザン・ソンタグの『写真論』にも通底する〈私〉のモノローグは、〝見る〟側の〝見られる側〟に対する本質的な優位性を、繰り返し強調する。

確かに、〈私〉の姿は物語全編を通じて凜々しい。しかし、その凜々しさは、実は〝見る〟強さから生まれたのではなく、〝見られる〟弱さに根差しているのではないか。

物語には、〈彼〉と呼ばれる男性が登場する。

〈私は今日まで彼のことをずっと撮りつづけてきた。付き合っていた頃の日々も、そして別れてからの今日までも。彼は私にとって、きっとどちらかが死ぬまで続く、もっとも私に相応しいパートナーであることに間違いはない〉

という関係の男性である。

〈私〉は、彼を〝見る〟だけでなく、唯一〈彼〉にのみ自分の姿を写真に撮ることを許している。彼女は〈彼〉の前でだけ〝見られる〟側にまわるのだ。そもそも二人が初めて抱き合ったのも〈私からカメラを取り上げた彼が、いきなり、私のことを撮り出した〉のがきっかけだったし、〈彼〉にレンズを向けられている間は〈私は従順な被写体を演じている。無を感じる瞬間。それが私の彼への気持ちなのである〉とさえ思う。

もっとも、そこできれいに二人の関係がまとまってしまうのは、あまりに単純すぎる。収まりが良すぎる。これでは〈私〉がマゾヒスティックな弱さを持った女性になってしまいかねない。

むろん、辻仁成氏はそんなことは百も承知している。だからこそ、氏は、見る／見られるの構図を微妙に、けれど決定的にずらしていく。

〈彼が写したフィルムは一本も彼には渡したりはしない。彼もそれが条件で撮影を許可されていることを知っている。／フィルムは私が自分の暗室で現像することにしている。暗室で浮き上がってくる自分の顔は、彼の私への気持ちなのかもしれない。私にとって彼は無害な生き物なのだ〉（傍点・引用者）

〈私〉は〈彼〉がシャッターを押す瞬間に自らを投げ出し、そのかわりフィルムに焼き付けられた〈私のしらない私の表情〉を手に入れる。フィルムを失った〈彼〉は、〈私のしらない私の表情〉を知ることができないのである。しかも、傍点部分で示したとおり、ここでの写真は〝見る〟側（＝〈彼〉）の内面を映す鏡になっている。シャッターを押す瞬間は確かに〈私〉に対して優位に立っていたはずの〈彼〉は、フィルムと同時に〈私への気持ち〉をも手放さざるをえない。いわば、窓も鏡も失ってしまうのだ。みごとな主従の転倒、鮮やかな逆転劇である。

となると当然、〈彼〉の寄る辺は、〈私のしらない私の表情〉をファインダーに収めシャッターを押した瞬間の記憶しかない。追憶と言ってもいい。未練でもいい。しかしそれは、あまりにも脆《もろ》く儚いものではないか……。

物語の中盤に、象徴的な二つのエピソードがある。

セルフ・ポートレイトを撮った〈私〉は、そこに写し出された自分自身の表情に失望し、写真を破りながら〈強くならなければならない〉と自らに言い聞かせる。だが、〈彼〉は違う。〈ここには君との思い出が沢山詰まっているからね〉と、〈私〉と付き合っていた頃によく覗いた万華鏡を持ち出して、逆に彼女に〈全然違う。私が昔見ていた模様とは、全然違う〉と言われてしまうのだ。

万華鏡は、外界を映す窓ではないし、内面を映す鏡でもない。そしてなにより、万華鏡の美しい模様は一瞬にして形を変え、記憶でしか語ることができない。

そんな万華鏡にすがろうとする〈彼〉と、永遠に残すこともできるセルフ・ポートレイトを破り捨てて前へ進む〈私〉――。

凛々しさは、やはり〝見られる〟ことによって鍛えられ、磨かれるのである。

〈私〉がセルフ・ポートレイトを破り捨てるシーンは、ゆるやかな速度でストーリーが進む『愛の工面』の中では異質なほどの強い存在感を放つ。作品ぜんたいの核と呼んでもいいシーンだ。

セルフ・ポートレイトを「自画像」ではなく「自我像」と訳してみると、そのことはよりはっきりしてくるだろう。

写真論に重ねられた恋愛小説は、ここで、ギリシア神話のナルシスの悲劇とも交差する。見る／見られるが自らの内で完結するセルフ・ポートレイトは、泉の水面に映った己の姿を愛してしまったナルシスの見る／見られると相似形をなしているのだ。

ナルシシズムという言葉は今日では妙に矮小化されてしまい、ナルシシズム＝自己愛・自己陶酔と短絡して捉えられることも少なくないのだが、ほんらいは自己分裂やアイデンティティ崩壊の恐怖、自己の内面を見つめようとする営為のせつなさを示すものなのである。たとえば、『ナルシス・カンタータ』『ナルシスは語る』『ナルシス断章』などの詩作で繰り返しナルシシズムを描いたポール・ヴァレリーは、こう書きつけている。――「鏡に自分を映し見ることは、死を思うことではないか」

セルフ・ポートレイトは、まさに鏡、シャーコフスキーの言葉どおりの鏡としての写真なのである。『愛の工面』の〈私〉は、〈自分のなまなましい形を写真に〉することで〈そこに愛の欠落の原因が映し出されるかもしれないと考え〉て、セルフ・ポートレイト撮影を思い立つ。それはいかにも危険な行為である。〝見られる〟自分を〝見る〟というのは、自らの弱さと向き合うことを意味する。〝見られる〟自分をすべて受け入れるか、あるいは拒むか。前者ならそれこそ自己愛に陥ってしまうし、後者を選んでしまえば〝見る〟自分をも否定してしまいかねない。自閉か、絶望か……。

だが、〈私〉はセルフ・ポートレイトを見つめて、こんなふうに自らを突き放す。

〈私は被写体として失格だった。／愛されたい、と顔に出しすぎていた。この表情を見せているうちは、私は弱みを他人に突かれつづけることになるのだ。／愛することは恐れることか？〉

彼女は自我像から〝見られる〟自分が持っていた弱さを見抜いた。それだけの強さを、〝見る〟自分が持っていた。ここに〈私〉の凛々しさの、もうひとつの源がある。

〈強くならなければならない。愛は何よりも強い心がなくてはならない。どんなに揺さぶられても一本の巨大な樹木のように平静を保てなくては続かない。／私は強くなる。まっすぐにレンズを見つめなくてはならない〉

この爽快で潔い決意表明は、ひとり〈私〉だけ、『愛の工面』一作品の中のみのものではないはずだ。なぜなら、辻氏は、転校を繰り返す少年と彼の内面に生まれた友人ヒカルを描いたデビュー作「ピアニシモ」以来、分裂した自己、アイデンティティの欠落や喪失など、ナルシシズムにかかわる問題を常に視野に入れて作品を書きつづけてきたのだから。
『錆びた世界のガイドブック』がそうだったように、氏は作家としてのクレジットを「つじ・ひとなり」、フォトグラファーとしてのクレジットを「つじ・じんせい」と使い分けて、「辻仁成」を意識的に二つに分裂させているのだから。

偶然なのかどうか、かつて氏が率いていたロックバンドの名は、ナルシスへの報われぬ片想いのすえ身が痩せ細り、最後は声だけの存在になってしまった森の妖精エコーに由来する、エコーズだったのだから……。

『愛の工面』は、分量からも物語のスケールからも、氏の作品群の中では愛すべき小品と位置づけられるだろう。

しかし、氏が（おそらくは初めて）真正面から写真というものを言葉で描き切ったこの作品は、平面的な分量以上の奥行きを持っている。たとえば、芥川賞受賞作「海峡の光」の中の、以下のような文章を『愛の工面』と引き比べつつ味読するのは、たんに愛読者の一興を誘うだけのものではないはずだ。

〈行方をくらますことができないならせめて自分という殻を人に知られず脱ぎ捨てて、もう一つ別の次元にこっそり置いてみることはできまいか〉
〈お前はお前らしさを見つけて、強くならなければ駄目だ〉

本書の解説からはずれてしまうのを承知で、早口に言っておく。ミッシェル・フーコーの『監獄の誕生』ではないが、「海峡の光」の看守／受刑者の関係性は、見る／見られるに還元される。それを裏付けるように、会話の極端に少ないこの作品は、徹頭徹尾、まなざしによって綴られているのである。

写真論に重ねられた恋愛小説は、〝辻仁成自身による、辻仁成論のための覚書〟にもなっている。

そして、愛することや愛されることを恐れて、逆に愛されたいという弱みをあらわにしてしまっている人たちへの、凜々しさの処方箋にも、もちろん。

最後にもう一度だけ、繰り返しておく。
〈強くならなければならない。愛は何よりも強い心がなくてはならない〉

あとは折に触れ、私たち一人一人の胸の中で——。

（岡田幸四郎名義で発表）

山田詠美
『4《ヨン》U《ユー》』

幻冬舎文庫　二〇〇〇年

〈せつない恋愛小説はとてもよいものである〉と、山田詠美さんはエッセイに書いている。

　最近の文章ではない。第一エッセイ集『私は変温動物』の、その巻頭に収められた短文である。初出は、一九八六年三月八日付「東京新聞」夕刊――「ベッドタイムアイズ」で文藝賞を受賞してデビューを飾ったのが前年暮れのことだから、作家活動の最初期、もしかしたら初めてのエッセイかもしれない（少なくとも同書に収められたなかでは、初出が最も古い）。

「よい小説」と題された、くだんのエッセイは、こうつづく。

〈私はいつも本を読むとき、それを大切にしている。訳が解らないが、少しせつなくなったり、甘い悲しい気持ちになったりするのは誰でもある事だと思う。そして、それは少し困難な事でもあると思う。大きな悲しみやとてつもなく幸福という感情は、物理的な事件によって意外と容易《たやす》く味わえるものだからである。なんとなくせつない、おかしくもないのに笑いがこみあげるという感じ方は、感性を退化させると出来ないものだと思う。そして、感性の退化した小説は、人間をそういう気持ちにさせることが出来ない〉

　一人の作家の資質はすべて処女作にあらわれている、とはよく言われる言葉であるが、それはエッセイにおいても同じなのかもしれない。

　デビュー以来、山田詠美さんは、とりわけ短編小説においてはより顕著に、一貫して〈少しせつなくなったり、甘い悲しい気持ちになったりする〉作品を書きつづけてきた。

　ニューヨーク、東京、黒人、高校生、少年、少女……舞台や人物の設定はさまざまで、ストーリー展開は多岐にわたっていても、読後に胸に残る思いの根っこには必ず、せつなさや、甘酸っぱさの溶けた悲しさがある。本書『4U』も、もちろん、そう。

だが、せつなさや悲しさというのは、浅はかに取り扱ってしまうと危ない。いわゆるウェルメイドな、特に俗な言い方をすれば〝泣かせ〟の小説の大半は、それらの感情を気恥ずかしくなるくらいストレートにあおりたてる。ときには感情そのものよりも「せつなさ」「悲しさ」という言葉のほうが先に立ってしまい、「これで泣けなければひとにあらず」「ね？　わかるでしょ？」といったふうな、理にかないすぎる情とも呼ぶべき読後感を押しつけてくる作品も、決して少なくはない。

そういった諸作と、山田詠美さんの小説とを隔てるものは、どこにあるのか。

前に掲げた「よい小説」の引用部分から、ヒントを探ってみよう。

〈少しせつなくなったり、甘い悲しい気持ちになったりする〉の、すぐ前の言葉を見ていただきたい。

〈訳が解らないが〉――。

その前提が、言い換えれば「わからなさ」こそが、山田詠美さんの小説のキモなのではないだろうか。


本書所収の「眠りの材料」のラストシーンで、山田詠美さん自身を思わせる主人公のグミは、昔の友人の賢一に「おまえ、どんな小説書いてるの？」と尋ねられて、こんなふうに独白している。

〈そんなの解らない。解らないから書いているんじゃないか。解っていたら、私だって、白いままの原稿用紙をそのまま読ませて、男を泣かせていた筈だ〉

本書は、もちろん真っ白な本ではない。言葉が並び、物語が紡がれている。あとがきから借りれば〈人間関係におけるケミストリーの例〉が八編、そのなかには〈解らない〉に類する言葉があちこちにちりばめられている。各編一カ所だけ、ひいてみよう。

〈体だけでは駄目なのだ。でも、何が必要なのかが解らない〉（「4U」）

〈彼女のことを理解出来るのは、神様だけなんじゃないかって時々思う〉（「眠りの材料」）

〈何が、私に、そう命令するのかは解らない〉（「ファミリー・アフェア」）

〈それで良しとするべき？　私は、この先、ずっとそう自分自身に問いかけるような気がする〉（「血止め草式」）

〈何だか知らないけど、ほれぼれする、とぼくは思った〉(「男に向かない職業」)

〈私が求めるのは、男と女の関わりから愛を抜き取ったもの。そこに何が存在するのかは、まだ解らないけれども、愛されている者には決して見つけることの出来ない宝物が隠れているように思う〉(「天国の右の手」)

〈何故、そんなことを口に出したのか解らない〉(「高貴な腐蝕」)

〈そういう時って、あるでしょう? 訳の解らない強いものに命令されているような状態って〉(「紅差し指」)

〈何故、咄嗟にその歌を選んでしまったのかは解らないが、タイラは「星条旗よ永遠なれ」を歌いはじめた〉(「メサイアのレシピ」)

そんな数々のわからなさを、山田詠美さんは決して意味づけようとはしない。理に落ちた説明などいっさいない。「天国の右の手」の主人公・渚子の言う〈解らないままでいいじゃない。解明するってこと、止めて〉は、作品中の言葉を超えて、本書ぜんたいに響きわたる通奏低音のようなものだろう。


いや、通奏低音でいうのなら、前出のエッセイ「よい小説」の時点で、山田詠美さんはすでにボールドウィンの小説にことよせて自らの理想とする小説のありようを明言している。

〈私は彼の短編小説を読んで、知らないうちに泣いていた事がある。どうして泣いたのかと理由を考えたのだが、よく解らない。きっとよい小説なのだろう〉

この〈彼〉を「ボールドウィン」から「山田詠美」に置き換えれば、そのまま、彼女がデビュー以来受け取ってきた膨大な数の読者カードやファンレター、感想文に重なり合うはずである。

しかし、ここであわてて付け加えておかなければならないことがある。

わからなさに答えを与えないというのは、それを放っておくこととは違う。もしも山田詠美さんが荒唐無稽なまでのわからなさを次々に書きつけ、「人間とはそういうものなのだ」とうそぶいて終わりにしてしまうのなら——それはそれで爽快ではあるだろうが、読者はただ納得するだけで、あるいはただ眩惑されるだけで、はたして〈知らないうちに泣いていた〉というような幸福なひとときは味わえるだろうか?

〈結局、私たちは、史子の自殺の原因など解ろうともしないままに、とりとめのない話ばかりしている。しかし、それ以外に何が出来るだろう。今、私は、目の前の賢一を思いやることが出来る。彼も私に対して、そう感じているに違いない。お互いを気づかうことでしか、史子の像は焦点を結ばない。ただ、彼女の強烈な印象は、私たちに言葉を与えずにはおかない〉

「眠りの材料」での、メグの独白である。

白紙の遺書をのこして自殺した史子について、メグも賢一も、彼女がなぜ死を選んだかではなく、死を選んだ彼女が二人と過ごした短い日々にどんなふうに生きたかを語り合う。裏返せばそれは、死を選んだ彼女と短い日々を過ごした二人の、あの頃といまを確かめ合うことでもある。

もちろん、だからといって史子の死の理由がわかるわけではない。メグは言う。〈結局、ふうちゃんがなんで死んだのかはわかんないと思うよ〉。やがて二人の話も尽きる。沈黙が訪れる。〈彼女は、私と賢一が、しばしの間、同じ沈黙を共有しているのを、どこかで見詰めながら笑っているのだろうか〉——しかし、彼ら二人には〈それ以外に何が出来るだろう〉。

物語にちりばめられたわからなさは、こんなふうに、ぎりぎりのところでのつながりと隔たりを嚙みしめるために用いられる。生／死、男／女、現在／過去……組み合わせはいくらでもつくれるし、言ってみれば、誰かとの関係そのものが自／他のつながりと隔たりとを宿命的にはらんでしまうものなのだ。

山田詠美さんが描くわからなさは、だから、常に関係のなかにある。そして、彼女は本書のあとがきで言う、〈関わり合うことが、好き〉。さらにまた、本書とよく似た手触りを持つ短編集『24・7《トウェンティフォー・セブン》』のあとがきでは、〈恋において、叙情は、常に体と外気のはざまで生まれるのだ〉。

〈体と外気のはざま〉——すなわち皮膚、肌の上の、それ以上近くもなければ遠くもない、ぎりぎりのところ。そこに生まれる叙情とは、つまりはつながりと隔たりの織りなすわからなさであり、そのわからなさを愛《いと》おしみ、慈しむとき、「眠りの材料」での表現を借りれば〈お互いを気づかう〉ときに初めて、せつなさや、甘い悲しい気持ちが、行間からたちのぼってくるのではないだろうか。

思えば、山田詠美さんのデビュー作「ベッドタイムアイズ」は、つながりながら隔たりを嚙みしめつづける男女の物語だった。

あまりにも有名な書き出しの一節にも、それはあらわれている。

〈スプーンは私をかわいがるのがとてもうまい。ただし、それは私の体を、であって、心では決して、ない。私もスプーンに抱かれる事は出来るのに抱いてあげる事が出来ない。何度も試みたにもかかわらず。他の人は、どのようにして、この隙間を埋めているのか私は知りたかった〉

物語の結末部で、軍の機密書類を売ろうとしたスプーンのもとに、私服刑事がやってくる。スプーンが連行されるまでにほんのわずかな時間の猶予を与えられた主人公キムは、〈私、この男の事を知りたい〉と切実に思う。しかし、二人には〈時間がない！　時間がないわ！〉。最後の瞬間、〈彼は人差し指で最初に自分自身を指し、そして、ゆっくりと私を指差し、二度頷いた。スプーン、私もなの。私もなのよ。けれど声にならなかった〉。スプーンを失ったキムは〈スプーンは私に染み込み始めた〉と夢想するが、もはや彼はいない……。

せつない小説である。埋めきれない隙間を、それでも埋めていこうとするキムのけなげさは、世間的にはインモラルであっても、いや逆だ、それをインモラルと見なす世間の目があるからこそよけいに、個（＝孤）であることの悲しみと美しさ、個（孤）と個（孤）が出会うことの振り絞るようなせつなさと愉楽とを、読者の胸に深く刻み込んでくれたのだった。

あれから十五年、本書『４Ｕ』をいま手にしているあなたは、感じるはずだ。

山田詠美さんは「ベッドタイムアイズ」の世界をいまなお確かに保ちながら、埋めきれない隙間を持つ個（孤）と個（孤）の関係を、まるごと包み込んで愛おしむようになってきた――と。

決して「人間とはそういうものなのだ」とタカをくくったり煙に巻いたりするのではなく、隙間を埋めようとする、すなわちわからなさを少しでもわかろうとするひとの葛藤や苦しみを誠実に受け止め、優しさと共感をもって描き出して、そのうえで、埋めきれない隙間を物語のなかに余白として残す。わからなさに安易な答えを与えることなく、わからなさが生じる関係を誰かと持つこと、たとえば誰かを愛するということの素晴らしさを――恋愛論や人生論のように声高に語るのではなく、ほんの少しお行儀悪く、フォーマルないでたちをお洒落に着崩すように、読者に見せてくれる。それが、近年の山田詠美さんの短編小説の醍醐味ではあるまいか。

その転換点は、長編小説『チューイングガム』『ラビット病』あたりに置けそうな気がするし、あるいはまた本の表紙に掲げられる著者名のローマ字表記が「Ｅｉｍｉ」から「Ａｍｙ」に切り替わった時期も、微妙に重なり合っているようにも思えるのだが、しかしそこまで論を踏み込ませるには、この解説、すでにじゅうぶんすぎるくらい蛇足のおしゃべりをつづけてきた。

「眠りの材料」のメグも言っている。

〈学校で教えない言葉を捜すべきだと思う。うん、絶対にそうだよ〉

最後にひとつだけ――これは掛け値なしの蛇足。

前に引いた本書のあとがきの〈関わり合うことが、好き〉のすぐあとには、こんなフレーズがある。

〈そのことで右往左往していれば、やがて、メサイアのレシピが見えてくる〉

短編集『１２０％ＣＯＯＯＬ』のあとがきは、こうだ。

〈いまだに、私は、二十パーセントモアを求めて右往左往している〉

これらの一文の主語は、むろん山田詠美さんである。単数形である。しかし、〈右往左往〉する光景を思い描くとき、そこには山田詠美さんだけでなく、数多くのひとびとの姿が浮かび上がってくる。そう、考えてみれば〈右往左往〉とは、「（うろたえ、まごついて）おおぜいの人が、秩序も無くあっちへ行ったりこっちへ行ったりして、混雑すること」（『新明解国語辞典』）、「多くの人があわてて右へ行ったり左へ行ったりして混雑するさま」（『日本国語大辞典』）と、そもそもの語義じたいに複数形がひそんでいるのだ。

あくまでも「私」を主語にして一文を書き留めながら、ごく自然なかたちで複数形の「私たち」が見えてくる――これ、つまりは山田詠美さんの小説の魅力と同じなのである。

なぜって、人と関わり合うのが好きだからこそ困惑したりあせったり嘆いたりする――あなたも同じはずだから。

百パーセントでは満足できず、あと二十パーセントを求めて試行錯誤を繰り返す――きっと、あなた😊だって、そう。

山田詠美さんの描き出すわからなさは、物語のなかのきわめて限定されたものでありながら、つまり決して一般論として語っているわけではないのに、誰もが思い当たるわからなさなのだ。それも、小説を読んで初めて、自分の胸にも同じものがあるんだと気づく種類の。

「このわからなさ、わかる！」と、まるで初めて訪ねた街で思いがけない知り合いと出くわしたときのような快哉《かいさい》を叫んだひとはたくさんいるはずで、もちろん、あなたも、その一人（だよね？）。

わからなさをわかりあえる作家がいるというのは、読者としてなんと幸福なことだろう。

メサイアのレシピ――それはどこか遠くにあるものではない。

ほら、あなたがいま手にしている、一冊の本のなかに……。

恩田 陸
『六番目の小夜子《さよこ》』

新潮文庫　二〇〇一年

〈劇場があって劇が演じられるのではない。劇が演じられると、劇場になるのである。／つまり劇場は「在る」のではなく「成る」ものなのだ〉

かつて寺山修司は、自らの率いる演劇実験室・天井棧敷による初の市街劇『人力飛行機ソロモン』（一九七〇年）の作品ノートで、こんなマニフェストを掲げた。

寺山の考える市街劇の構造は、こうだ。

〈はじめ路上、あるいは広場で、一人の俳優と一人の観客とが出会い、チョークで劇場を作る。「一メートル四方一時間国家」が、次第に「二メートル四方二時間国家」「四メートル四方八時間国家」と拡大化されてゆき、日没時には街全体が劇国家の中で虚構化をはたすという構造を内包するものであった〉

――本書をすでに読了された方なら、思わず「あれ?」とつぶやいてしまうのではないだろうか。たとえば〈路上〉を〈廊下〉に、〈広場〉を〈教室〉に、そして〈街〉を〈学校〉に置き換えれば、寺山の言葉はそっくりそのまま『六番目の小夜子』に重なり合うのだから。

寺山は言う。

〈街は、いますぐ劇場になりたがっている〉(以上、引用は『寺山修司の戯曲7』より)

ならば、これもまた、言葉を一つだけ置き換えておこう。

〈学校は、いますぐ劇場になりたがっている〉

地方の進学校に伝わる奇妙な伝説をめぐる、不安と恐怖とせつなさと爽やかさと愛おしさに満ちた物語『六番目の小夜子』は、表象的には高校生の群像劇として描かれている。

だが、高校生たちの、そこだけを取り出しても心地よい青春小説の一コマのおしゃべりに、そっと、じっと、聞き耳をたてているものがいる。高校生たちもまた、その存在に気づいて……いや、気づかされている。

物語の冒頭近くに、こんな一節がある。

〈学校というのは、なんて変なところなのだろう。同じ歳の男の子と女の子がこんなにたくさん集まって、あの狭く四角い部屋にずらりと机を並べているなんて。なんと特異で、なんと優遇された、そしてなんと閉じられた空間なのだろう〉

その〈閉じられた空間〉のなかで、物語は繰り広げられる。間違いない、物語の舞台は学校だ。しかし、それは決して固定されたステージではない。うごめく。ざわめきたつ。いざなう。惑わす。まるで、舞台そのものが物語を発動させ、あるいは招喚しているかのように。

学校は、だから、この物語の決して顕在化しないもうひとりの主人公でもある。

著者は、学校という〈閉じられた空間〉(物語の鍵を握る場所・古い木造の部室長屋の建物が「ロ」の字形をしているのも示唆的ではないか)に流れる時間について、繰り返し筆を割いている。

〈何千人、いや何万人もの生徒たちが過ごしてきたこの古い校舎には、中で過ごしているだけで、それはもう雰囲気としか言えないもの――この場所に染み付いているエネルギーとしか言いようのないものが忍び込んでくる〉

〈何千という数の、たくさんのうちの在校生、卒業生たちがこの物語を聞いているとは。しかも、その物語は一つ一つ微妙に違い、さらに少しずつ変化したさまざまな物語を毎日生み出し続けているのだ〉

〈俺のような、余計なことを考え、こそこそと探り回る第三者をもってして、このサヨコという行事が何年も継続してきたのではないだろうか。こうして学校というこの閉じた世界はぐるぐると永遠に回り続けているのではないだろうか――〉

〈学校というのは回っているコマのようなものなんだな。いつも、同じ位置で、まっすぐ立ってくるくる回っている。（略）コマはずっと同じ一つのコマだけど、ヒモを持つ人間、叩く人間がどんどん変わっていくわけだな〉

　いっぽう、学校に通う生徒たちの時間はどうか。著者はこちらについても丁寧に、慈しむかのような筆致で、何度となく書きつける。

〈高校生は、中途半端な端境《はざかい》の位置にあって、自分たちのいちばん弱くて脆い部分だけで世界と戦っている、特殊な生き物のような気がする。この三年間の時間と空間は、奇妙に宙ぶらりんだ。その宙ぶらりんの不安に、何かが忍び込んでくる〉

〈第一回目の進路相談会。運動会。中間テスト。／学校というのは、そういったシビアなものと、牧歌的な儀式とを、同じレベルで交互に平然と消化していく。淡々とこなされていく行事のあいだに、自分たちの将来や人生が少しずつ定められ、枝分かれしていっているということに生徒たちは気付かないのだ〉

〈いきなり増えた実力テストの間の日にちを数え、日曜日には模擬試験に出かけていく、ということを繰り返しているうちに、いつのまにかしっかり『受験生』という囲いの中に追い込まれていることに気付く。こんなはずではなかったのに、と走り続ける彼らは、息を思い切り吸い込んだまま吐き出せないような状態で毎日を消化していた〉

　学校の時間と生徒の時間は、明らかに異なっている。

学校――作品中の言葉を借りれば〈容れ物〉は、毎年卒業生を送り出し、新入生を迎え入れながら、それじたいの形は変わることなくそこに在る。しかし〈容れ物〉の中身、すなわち生徒のほうは、三年たてば否応なしに学校を去らなければならない。たとえ日常的には一週間単位の時間割を繰り返していても、〈気付かない〉うちに、〈いつのまにか〉、彼らや彼女たちは卒業を迎えるのだ。

時が継続し、円環しつつ蓄積されていく学校。

一回性の、直線的な時の中にいる生徒。

いわば、永遠と刹那《せつな》――。

その相反する二つの時の齟齬《そご》が、学校を劇場にする。サヨコ伝説のように生徒の間で代々語り継がれていく伝説やしきたり、儀式といったものは、永遠と刹那の狭間からたちのぼってきたのではないか。

そう考えてみると、著者がサヨコ伝説を三年に一度のサイクルに設定したのは、じつに巧みな仕掛けだと言える。作品中で関根秋《しゅう》も看破したとおり、〈今年俺たちがサヨコの年だろ。次にサヨコをやるのは、今中学三年生の奴らで、今年のサヨコを見た奴の中でやる奴はいないんだ。（略）毎度オリジナルのサヨコをやっているのと同じ意味があったと思うよ〉。

継続性と一回性を両立させ、円環を断ち切りながらも、しかし確実に蓄積されていくサヨコ伝説は、永遠と刹那との甘美にして不気味な融合だった。

ところが、六番目のサヨコの現れる年、その蜜月関係は大きく揺らいでしまう。

〈邪悪な第三者の介入〉、言い換えれば〈異物〉としての生徒の登場によって……。

ここから先の物語本編についての詳述は、未読の方にとってはそれこそ〈邪悪な第三者の介入〉以外のなにものでもないので差し控えておく。

代わりに、ストーリーの底に見え隠れしているひそやかな構図に接近を試みたい。

サヨコ伝説に直面した関根秋たちの、葛藤とせつなさに満ちた、と同時に爽やかさや生命力も横溢《おういつ》する一年間の日々を、学校の時間（永遠）に抗う生徒の時間（刹那）の静かな闘いの軌跡――というふうに読んでみたいのだ。

本書に限らず、著者の作品ではしばしば川が重要な役割を果たしている。本書の場合で言うなら、物語の舞台となる学校は〈川の岸辺にそびえる灰色の崖の上〉に建っている。あるいは『球形の季節』なら、物語の舞台は〈四つの辺のうち三つを蛇行する紅川にゆるやかに囲まれている。町の中にはその支流が血管のように枝分れして流れている〉町だし、『月の裏側』はまさに水郷と呼ばれる町が舞台である。

川は、もちろんさまざまなメタファーとして解釈が可能だ。それは横断的には異界との境界線であるだろうし、縦断的には異界との回路でもあるだろう。しかし、こと本書においては、川の流れは明らかに、尽きることのない永遠の時と重なり合う。刹那の時を生きる生徒たちは、川の一滴一滴にすぎない。高校の古典の授業でおなじみの『方丈記』の冒頭「ゆく河の流れは絶えずして、しかももとの水にあらず」を思いだしてもいい。

そして、川は、やがて海へと至る。——著者のファンなら、たちまちにして〈遠い海への道のりは、ある日、突然に始まる〉〈海に向かう道は、長くねじれている〉〈すべての道が、海につながっているように見える〉といった海を目指す章題で統一された『不安な童話』を思い浮かべるはずである。

時間の流れ着く先の、海。それは永遠のメタファーであり、同時に死の（裏返せば生の）メタファーでもあるし、寄せては返す波は反復・継続の、潮の干満は円環のメタファーにもなりうるだろう。

一回性の青春の時間を生きる本書の高校生たちでさえ、学校の時間の呪縛から逃れられる夏休みには、海への思慕を素直に吐露する。

〈「海へ向かう道っていいものね」／（略）／「ふだんさ、街の中でもさ、この道は海に続いてるんじゃないかって思う道ない？　俺さ、学校に来る途中で『ビアンカ』の前通ると、いっつも、この道もう少し行くと海に出るんじゃないかなーって思うんだよな」／「あ、あたしもそう。あそこ、ほんとにそういう感じするよね」／「どうしてだろうなあ」〉

作品中ではあえて明示されていない答えを忖度するなら、喫茶店『ビアンカ』が〈歴代の在校生が愛用していた〉店であること、つまり学校と似たような性格の〈容れ物〉だということがヒントになりそうな気はするのだが……。

いずれにせよ、本書における川や海——水は、学校の時間を象徴するものとして機能している。

だからこそ、物語中盤のクライマックスである学園祭の場面、全校生徒が暗闇の中で一言ずつ台詞《せりふ》を発する劇『六番目の小夜子』の冒頭で、赤いバラを飾った花瓶が〈この学校を象徴している〉と見なされるのではないか。花瓶（容れ物）を満たすものは水（学校の時間）、その中にやがては枯れるバラの花（生徒の時間）が入っている、というわけだ。〈きみが新たにサヨコを凌ぐものを用意できるのなら、再び赤い花を活けなさい、それができずに昔のサヨコを再上演するなら、からの花瓶を置きなさい〉というしきたりの、花の有無の意味するものも明らかだろう。さらに言えば、『六番目の小夜子』のBGMはサティの『ジムノペディ』——古代の祭りの絵を描いた壺を見て作曲したと言われる、永劫回帰を思わせる反復をモチーフとする曲なのだ。

しかし、物語の中の高校生たちは、学校の時間に呑み込まれまいと抗いつづける。劇の上演を知らせるために学園祭の実行委員が桜の木に吊すてるてる坊主は、つまり、水（雨）を遠ざけておくおまじないのようにも読めてしまうのである。

いや、てるてる坊主のレベルにとどまらず、もっと正面から水に対抗しうるものがある。

それが——火。燃やし尽くすという、一回性の時間のこれ以上ないあからさまなメタファーである。

その火が物語でどんなふうに用いられているかについては……〈邪悪な第三者の介入〉は慎んでおこう。

ただ、サヨコ伝説の謎に最も深く踏み込んでいく少年・関根秋の名前に「火」が含まれ、入れ替わる生徒を見つめつづける教師の苗字が「黒川」というのは、なんとも意味深ではないか。ちなみに『球形の季節』には潮見兄弟が登場し、著者の名前じたい、海に相対する陸なのだが、ここまでいくとこじつけが過ぎるだろうか？

もちろん、物語の中の高校生たちだって、自分たちの生きる時間が刹那を連綿とつなぐものでしかないことくらいは知っている。

〈時々、このまま永遠に自分の中に焼き付いてしまうのではないかと思う瞬間がある。今がそうだ。いつかきっと、こんな時間を、こうして隣でだらしなく学生服を着て無防備な顔で話しかけてくる由紀夫の声を、懐かしく思う時が来るに違いない〉

たとえ永遠を夢見ても、〈懐かしく思う時が来るに違いない〉と、それは終わってしまうことを前提としている。

〈四人で過ごす夏は『パーフェクト』な感じがした。もちろん雅子と一対一でつきあいたいとは思っていたものの、それよりもこの四人で時間を過ごすことの方が、何か特別で大事なことであるような気がした。そして、こうして四人で過ごせる最高の時間がほんの少ししかないことも、彼は心のどこかで承知していた。たとえ四人が大学生になって再会したとしても、もう二度とこんな一体感、この四人がいるべき場所にいるという、世界の秩序の一部になったような満足感を味わうことはないだろうと〉

だからこそ、いまの、この刹那が、かけがえのないものになる。しかし、そんなかけがえのない一人一人の刹那の物語（story）が、けっきょくは円環する永遠の歴史（history）に呑み込まれてしまうのだとしたら……。

それはたとえば、国家に対する民衆の抗いをも想起させはしないだろうか。あるいは制度に対する個人の抗いにも通底してはいないだろうか。大袈裟な物言いかもしれない。だが、作品中のきわめて重要なある箇所には（未読の方のために、なんの比喩であるかを明示できないのが悔しくてたまらないのだが）、〈帝国〉という言葉が刻印されている。帝国主義における時間とは、たとえばグリニッジ標準時のように、外部への（植民地と言ってもいい）権力の拡大の象徴でもあるのだから。

拙稿前半の引用部分に立ち返ってみれば、学校という〈容れ物〉に収められた生徒についての記述が、〈同じ歳の男の子と女の子がこんなにたくさん集まって〉〈何千人、いや何万人もの生徒たち〉〈何千という数の、たくさんのうちの在校生、卒業生たち〉と、数の多さを強調していることに気づく。

〈本格的な大量生産を発展させたのは、ほかならぬ時計産業であった。そこではウォッチが大衆消費財として工業的に大量生産される最初の製品となったのである〉というジャック・アタリ『時間の歴史』の一節を援用すれば、大量生産を旨とする近代は、まず時間を統《す》べるための時計の大量生産に始まった。そして、学校という〈容れ物〉こそ、チャイムと学期と学年によって強制的に時間を共有させることで、大量の子どもたちを〈大衆〉の一員として教育し、社会へ送り出していく場なのである。

小阪修平は、『思考のレクリチュール5　地平としての時間』の中でこう言っている。

〈わたしたちをふつうのひとにするためには、まず学校という装置によってわたしたちの身体性をひとつの時間の鋳型《いがた》にはめなければならない。この社会で学校は差異を抹消する役割において、十分に強迫的であり、わたしたちに「学校を出たところで」という認識が深まるのと比例してその強迫性を増しつつある〉（傍点・原文）

本書を既読の方には、ここで学園祭の場面を思い浮かべていただきたい。『六番目の小夜子』の劇が訴えかけていたメッセージは、まさに学校の持つ強迫性への異議申し立てではなかったか。

いや、しかし、このまま管理と自由などという紋切り型に回収してしまっては、著者と物語に礼を失してしまうだろう。

著者は、あまりにも強大な学校の時間に対峙する、無力で愛すべき高校生たちに報いる仕掛けを、学園祭の場面にこっそりほどこしている。


〈——夢のような光景だった、とあとから思い起こす時由紀夫はいつも思った。／（略）墨絵のように暗い空の遠い彼方に、砂時計のような形をしたものが、神経質な生き物のように身体を小刻みに揺らしながら、立っていた。／（略）誰かが、ほらきれいだろう、と、わざとここの部分だけ切り取って見せてくれているのではないか、と思った。それほどこの光景には現実味がなかった〉

砂時計——である。円環しない時の流れを刻む、〈流れゆく、漏れゆく、滑りゆく〉（エルンスト・ユンガー『砂時計の書』より）砂時計である。

ユンガーは同書で言う。

〈（砂時計の）上半部では未来なる貯えが消滅してゆき、下半部には過去なる宝が堆積してゆき、そして両者のあいだで現在なる焦点を通って瞬間が飛沫をあげている〉

そんな砂時計のビジョンを、著者は高校生たちに垣《かい》間《ま》見せた。瞬間の飛沫を若い体と心いっぱいに浴びている少年や少女に、文字どおり瞬間の、刹那の、きらきらとした輝きを幻視させたのである。

その刹那の輝きを胸に、彼らは高校生活の最後の日々を過ごす。いくつかの謎が解かれ、いくつかの謎は宙吊りにされ、なにかが消え、なにかがつづいて……彼らは卒業を迎える。

彼らの時間は、学校の時間に抗しきれたのか。円環する永遠に裂け目は生まれたのか。

〈邪悪な第三者の介入〉は、やめておく。

解説の書き手にできるのは、ただひとつ、卒業式の場面の美しさと温もりと、せつなさと愛おしさを、未読の方より一足先に味わうことのできた幸福を嚙みしめることだけなのだから——。


（岡田幸四郎名義で発表）

群《むれ》ようこ
『ヤマダ一家の辛抱』

幻冬舎文庫（上下巻）二〇〇一年

ヤマダさん、である。

漢字で書くなら、おそらく「山田」。人口だけで言えば「鈴木」「佐藤」「田中」「高橋」といった姓より数は少ないのだが、なにしろ「山」に「田」とくれば日本人の原風景である。この二つの文字が組み合わさった「山田」姓には独特のスタンダード感がある。

王道にして、平凡。たとえば一九二三年から一九九六年までの全内閣の閣僚は延べ二千人以上に達するのだが、その中で「山田」大臣（長官）は、わずか一名にすぎない。延べ二十二名を輩出している「田中」姓に比べると、その違いは明らかだろう。日本人を象徴しているようでいて、じつはそこまでの求心力は持ち得ない（現実の山田さん、ごめんなさい）、だからこそのスタンダード――群ようこさんお馴染みの表現を借りれば〝無印〟、それが「山田」姓なのだ。

物語の主役をつとめるヤマダ一家の面々の名前もまた、ごくありふれたものである。

特に、お父さん――カズオ、である。

漢字で書くなら「和夫」だろうか、「一夫」だろうか、あるいは「和男」「一雄」「和郎」……。少なくとも「加寿夫」だの「稼頭男」だのという凝った字面ではないはずだ。

ここで安直に「太郎」「一郎」と名付けなかったところは、さすが無印の達人ではないか。「山田太郎」になってしまうと（野球漫画『ドカベン』の主人公がそうだったように）座りが良すぎて、それが逆に存在感を際立たせてしまうし、「山田一郎」の場合だと、長男という属性が色濃く賦与されてしまう。物語を先にお読みになった方ならきっとうなずいていただけると思うのだが、ヤマダカズオさんの「カズ」は長男の「一」とも人柄の「和」ともつかないほうが、絶対にヤマダカズオさんらしいのである。

そんなヤマダカズオさんを軸に綴られる一家の物語は、いわば無印家族物語。過去の無印シリーズと同様、主人公の周囲にアクの強い〝印付き〟（ここでは有印と呼ぼう）の人物を配することで生まれるドラマを描き出すという基本構図である。困ったひとたちを相手に主人公がどんな迷惑をこうむり、どう翻弄され、最後にそれをどう受容していくか……。

群ようこさんの独壇場とさえ呼べるその構図は、しかし、社会が〝大衆〟を獲得して以来の小説において は、しごくまっとうな――それこそ無印の構図だと言える。

読者（大衆）の視線の媒介者たる主人公は、しばしば物語世界に対して無印の位置をとることで、周辺人物の印を際立たせようとする。その最もあらわな例が夏目漱石の『三四郎』のような謎めいた異性にウブな主人公が惹《ひ》かれる恋愛小説であり、有印の人物たちとの出会いによって主人公が成長を遂げる教養小説である。

だが、おおかたの主人公は最初から最後まで無印のままではいられない。『三四郎』の場合なら主人公はヒロインから「迷える子羊」という印を与えられるし、もう少し身近な例を挙げれば、村上春樹さんの特に初期の作品では、平凡さを自ら強調する主人公に対し、いったい何人の女性たちが「あなたって変わってるわね」と刻印しただろうか。裏返せば、幾多のハードボイルド小説は、自身に刻まれた印（〝傷〟と呼ばれることが多い）を認めるのを拒みつづけてきた主人公が、一つの事件によって否応なしにそれと向き合い、乗り越えていく物語、という読み方も可能なのだ。

ならば、主人公が徹頭徹尾、無印のままでいたらどうなるか――。

そのとき、彼や彼女は、もしかしたら主人公の座を追われてしまい、物語のナレーターや狂言回しという役割に甘んじるかもしれない。いわばシャーロック・ホームズとワトスンの関係である。原作のコミック版では無印のOLが主人公だったはずの『ショムニ』が、テレビドラマ化されたときには強烈な有印の脇役たちに主人公の座を奪われたのも、そのバリエーションと言える。

さて、そこで、群ようこさんの無印シリーズである。いま見てきたように決して奇をてらったわけではない無印／有印の物語が、なぜ群ようこさんの筆にかかるとこんなにも新鮮に感じられるのだろう。

まず、群ようこさんは決して教養小説を書こうとはしていないし、はた迷惑な有印のひとびとを描きながらも単純な勧善懲悪にまとめているわけでもない。無印の「私」は、一癖も二癖もある有印の脇役に翻弄され、あきれはてたり疲れきったりすることはあっても、それによって明らかな変貌を遂げたり成長をしたりということはない。ましてや、有印の脇役が改心するなど……。いわば、主人公と脇役の間の距離を変えないのだ。ユーモアあふれる筆致に包み込まれてはいるものの、無印シリーズにはすべて、クールなまでの距離の統一感がある。思いきり俗な言葉をつかえば「あいかわらず○○さんは××なひとだ」で始まって「（いろんなことがあったけど）やっぱり、あいかわらず○○さんは××なひとなのだ」で終わる物語集なのである。

読者は群ようこさんの描き出す「××なひと」のぞくっとするようなリアリティに、そうそうそう、いるいるいる、と膝を打ってうなずくだろう。そして、それを語る「私」に大いに感情移入し、ともすればナレーターにとどまりがちな「私」をもり立てて、〝私とよく似た「私」〟という主人公像をつくりあげるだろう。かくして無印シリーズの魅力は八割方できあがるのだが、残り二割——じつは最も大きな魅力は、〝あいかわらず〟の部分にあるような気がしてならない。世の中や人間は、そう劇的に変わるものではない。OLや夫婦や恋人の毎日も、もちろん細かな出来事や葛藤はいくつもあるのだが、均《なら》してしまえばやはり〝あいかわらず〟の範疇《はんちゅう》に収まってしまう。有印の脇役たちでさえ、〝あいかわらず〟のなかにあっては無印である。

そんな〝あいかわらず〟を、群ようこさんは潔いまでに受け入れる。変わりばえしない〝あいかわらず〟の日常性を、だから退屈で取るに足らないものだと切り捨ててしまうのではなく、そのなかで繰り広げられるささやかな営みを、クールな距離感を保ちながら温もりを持った筆致で描き出す。そう、〈作家生活十五周年記念　群ようこ読本〉と銘打たれた『十五年目の玄米パン』の中で、沢木耕太郎さんが〈文章に温かな血は流れているが、体温は常に平熱に近い〉と評したように。

読者は——現実の世界で〝あいかわらず〟の強さをうんざりするほど知っているひとびとは、安易な〝あいかわらず〟からの脱却を嘘臭いと感じているからこそ、群ようこさんの作品に〝あいかわらず〟の愉しみ方とでも呼ぶべきものを読み取っているのではないだろうか。

『ヤマダ一家の辛抱』もまた、〝あいかわらず〟の面白さに満ちあふれた物語である。しかも、単行本で上下二巻におよぶ長編。無印シリーズは切れ味鋭い短編で構成されていたが、自身にとって初の二巻本の本作では、群ようこさんは、さてどんな仕掛けをほどこしているのか——。

前出の『十五年目の玄米パン』には、書評家の藤田香織さんによる示唆に富んだ群ようこ論が収められている。その中で、群ようこさんの短編小説作法について、こんな指摘がある。

〈主人公がどういう背景をしょっている人間かが、わずか数行でわかってしまうのが特徴である。どういった家庭に育ち、どういった性格で、何を煩わしく思っていて、どんな悩みがあるのか。それが文章のはじめにまとめて語られているのだ〉

なるほど、卓見である。これは主人公にかぎらず、有印の脇役についても有効な指摘だろう。

つづいて藤田さんは群ようこさんの著作をほとんど読破している愛読者ならではの目で〈その分、確かに「わかりやすい」のだが、「物足りない」と思ってしまう人がいても仕方のないことだろう〉と評する。これもまた的確な批評ではあるのだが、長編『ヤマダ一家の辛抱』を読み終えた僕は、後出しジャンケンさながらの立場で、こんなふうにも思う。

もし群ようこさんの短編小説に〈物足りない〉ものがあるとするなら、それは登場人物の人となりが〈文章のはじめにまとめて語られている〉ことに理由があるのではなく、冒頭で〈まとめて語られている〉性格づけ――いわゆるキャラクターが、物語の最後まで固定されたまま動かないためではないか。登場人物間に一定の距離を保つクールな部分が、短編の場合だとどうしても目立ってしまう。脇役に刻まれた印も、最初に提示された位置から動かない。揺らいだりずれたりする余地を、枚数の制約ゆえに見つけづらいのだ（もちろん、だからこそスパッと切れ味鋭い読後感も生まれるのだが）。

しかし、『ヤマダ一家の辛抱』は長編である。枚数の余裕はたっぷりある。エッセイや対談での発言によると群ようこさんご自身は長い小説を書くことはお嫌いのようだが、それでもやはり、ヤマダカズオさんをはじめとする多彩な登場人物の動かし方を見ていると、人物間の距離をときどき加減し、アクの強い脇役陣の印の位置や模様をずらしたり描き変えたりしているのがわかる。しかもその手つきは、少なくとも読者の目に見える範囲ではいかにも楽しげで、いたずらっぽい微笑《ほほえ》みもうっすらと透けているかのようだ。

そこに、〃あいかわらず〃の日常性の、一筋縄ではいかない面白さと奥深さがある。

たとえば、ヤマダカズオさんは、お隣のタカハシさんの善意の押しつけに辟易《へきえき》しながら、気に入らない格好で外出する次女のユカリに、〈その格好、かわいいじゃないか〉と〈誉めたつもり〉で声をかけ、ユカリをよけい不機嫌にさせてしまう。急死した社長の後継者をめぐって、あまりにも無関心な若手社員たちに〈彼らはどんな人間が社長になっても、たとえば総務のムラヤマ嬢が社長になっても納得するだろう〉とあきれるヤマダカズオさん自身、〈誰でもいい、なりたい人がなればいい。ともかく早く決めてくれ〉と、似たり寄ったりのことを独白するのである。

ヤマダ家の奥さん・サチコさんだって、編集者時代は編集長の旧弊な考え方にカリカリしているが、広告部に異動になると、今度は若手の広告部員のノリについていけない自分と直面せざるをえない。

『ヤマダ一家の辛抱』での無印／有印の構図は、決して固定されたものではなく、時に近接し、時に融和し、また時には交換する事態すら起きる。思えば、われわれは〝あいかわらず〟をそんなふうにして生きているのではないか。無印シリーズの短編に登場する「××なひと」に、そうそうそう、いるいるいる、と笑うあなただって、別の誰かから見れば「××なひと」でありうるのだし、そもそも「××なひと」は同時に「△△なひと」でもあり、また「□□なひと」でもあるはずなのだから。

そんな『ヤマダ一家の辛抱』の融通無碍《むげ》、自由自在な無印／有印の構図の柔軟さを支えているのは、言うまでもなくディテールの豊かさ。いや、その……いきなり文体がへなちょこになってしまうのだが、私事で恐縮ながら、大学の同級生と二十二歳で結婚し、妻が勤めを持ち、娘二人と毎晩夕食を共にしている男からすると、ヤマダカズオさんの愚痴や憤懣《ふんまん》はいちいち胸にズンと迫ってくるのである。身につまされるのである。ヤマダカズオさんにユカリが放つ〈お父さん、手がいつも脂っぽいんだもん。汚れるからやだ〉の一言に、ついページを繰るのを止めて、自分の掌をじっと見つめてしまったりもするのである。

だからこそ、「辛抱」という、いささか古風な言葉がじつに新鮮に感じられる。

「ヤマダ一家の憂鬱」でもなければ「ヤマダ一家の災難」でもなく、「ヤマダ一家の被害」とも違う、グッと踏ん張る「辛抱」。はた迷惑な有印の面々に振り回されながら文句の言えない「我慢」にとどまらず、もう少し深くに根差した、無印の意地――〝あいかわらず〟の強さが、そこには確かにある。

その強さは、むろんカズオさん、サチコさん、ナオコさん、ユカリさんというヤマダ一家のメンバーがそれぞれ担っているのだが、個人的には、どうしてもカズオさんに肩入れしたくなる。ヤマダ一家の「辛抱」ならぬ「心棒」は、やはりお父さんなのだ、と。もっとも、カズオさんが娘たちから揺るぎない「信望」を得るには、もう少し物語が必要になりそうなのだけれど……。

未読の方のために詳述は差し控えておくが、この物語、万事解決の大団円を迎える、というわけではない。ヤマダ家の四人はもちろん、四人の〝あいかわらず〟を心地よくひっかきまわしてくれた脇役の面々にも、どうやらまだ一波乱二波乱ありそうな雲行きである。

とりわけ、ラストの少し前、物語中最強の存在感を発揮する有印の脇役・二代目社長が、ふと見せた印の位置と模様の変化は、お人好しのヤマダカズオさんを悩ませるにじゅうぶんなものである。

さあ、カズオさん、どうする、どうする、どうする、どうする……。

群ようこさんは、しかしお仕着せのハッピーエンドやカタルシスへは物語を導かない。潔く——そう、潔くとしか表現しようのない手際で物語を〝あいかわらず〟の大海原へと放つ。それが決して無責任にも突き放したようにも感じられないのは、エッセイや短編小説で数えきれないほど描いてきた〝あいかわらず〟への信頼、いや、畏怖とさえ呼びたい思いが、ここでもきちんと貫かれているからだろう。

本書の単行本版の帯にある惹句《じゃっく》を借りよう。

「そして、人生は続いていく——。」

そう、ヤマダ一家は今日もどこかで——たとえばあなたの胸の中で、山あり谷ありの〝あいかわらず〟の日々を送っている。カズオさんはきっと今日も我が家における自分の扱いの低さにぶつくさ言い、サチコさんはタカハシさんちのお嫁さんの動向に興味津々だろう。ナオコのほのかな恋はどうなっただろうか。ユカリはワタナベくんをどう思っているのだろう。カズオのファッション指南役だった若手社員は服のローンをどうしているのだろう、意外と今後は冷徹な面も見せそうなナンバー2さんとカズオはうまくやっていけるのだろうか、愛すべきお調子者のナンバー3さんは、さて、どうなるだろう。オオキド一家は、社長さん一家は、堅物の編集長は……。

物語はひとまず閉じたが、登場人物の人生はまだまだつづく。

続編を、とはあえて言うまい。

いまはただ、物語のスクリーンの真ん中にぽつんと記された〝life is going on〟の潔さと重みを噛みしめたい。

そのときに胸にこみあげてくる熱いものをなんと名付けるか。

それはたぶん、解説の小文の仕事では、ない。

宮部みゆき
『理由』
朝日文庫　二〇〇二年

この重厚な小説とともに至福の時を過ごしてきたばかりのひとに、ここでなにを語ればいいのか――と、半ばふてくされつつ、思う。

あるいは、いままさに『理由』を読みはじめようとしているひとに対しては、物語の冒頭はあちらです、とただ黙って掌で指し示すにまさる前口上があるのだろうか――へっぽこな解説の担当者は自らの任を放擲《ほうてき》したくてたまらない気分なのである。

無理やり言葉を探してみようか。

すごかったでしょ？

めちゃくちゃ面白かったですよね。

やっぱ、宮部みゆきさんって、もう、最高ですよねーっ。

……バカみたいである。

それでもしかし、この幼い感想こそが僕の本音中の本音であり、読者の皆さんと分かち合いたいのも、まさにそこなのだ、ということを大前提に、しばらく解説文にお付き合いいただきたい。

屋上屋を架すだけにすぎないプロットや題材についての解説は、割愛する。

恣意的なメモ書きをしておきたいのは、ただ一点――宮部みゆきさんが現代文学の最前線に躍り出るのと入れ替わるように世を去った一人の小説家が遺した作品と、『理由』との関係について、である。

全二十一章で構成された本作の、第三章「片倉ハウス」の冒頭を引こう。

〈磁石が砂鉄を集めるように、「事件」は多くの人びとを吸い寄せる。爆心地にいる被害者と加害者を除く、周囲の人びとすべて――それぞれの家族、友人知人、近隣の住人、学校や会社などの同僚、さらには目撃者、警察から聞き込みを受けた人びと、事件現場に出入りしていた集金人、新聞配達、出前持ち――数え上げれば、ひとつの事件にいかに大勢の人びとが関わっているか、今さらのように驚かされるほどだ〉

無人称の話者によって語られたこの一文、決してストーリーに直接からんでくるわけではないのだが、特に本作を読了後に解説文をお読みになったひとには、ひときわの感慨を与えてくれるのではないだろうか。

宮部みゆきさんは、〈今さらのように驚かされる〉ことを、言葉の綾にはとどめなかった。「荒川の一家四人殺し」をめぐるこの長篇小説は、いくつもの錯綜する謎を解く物語であると同時に、〈ひとつの事件にいかに大勢の人びとが関わっているか〉を明らかにする物語でもある。それも、彼らを〈大勢の人びと〉という集合名詞にとどめず、一人一人の輪郭をくっきりと、奥行きや陰翳《いんえい》をきわめて丁寧に描き出した物語だ。

引用部分は、こうつづく。

〈しかし、言うまでもなく、これらのすべての人びとが「事件」から等距離に居るわけではなく、また相互に関わり合いを持っているわけでもない。彼らの多くは、「事件」を基点に放射状に引かれた直線の先に居るのであり、すぐ横の放射線の先に居る別の「関係

者」と面識がまったくない場合も多い〉

一読明らかなとおり、本作はルポルタージュ形式をとっている。いわば〈「事件」を基点に〉した〈放射線〉を次々と引いていく作業である。

無人称の話者は、さまざまな「関係者」に会って、さまざまな〈放射線〉を引く。それはつまり彼らと「事件」との関係性を探る作業だと言い換えていいのだが……〈放射線〉が一筋引かれるごとに、その〈基点〉は大きく揺らいでいく。本来ならば揺らぐはずのない〈爆心地〉にいる主――加害者と被害者の存在が、不安定に動きつづけ、焦点がぼやけて、しまいには、〈爆心地〉という特権的な場所は空っぽになってしまう。

芥川龍之介の『藪《やぶ》の中』を思い起こす？

いや、僕は、本作を読みながら、安部公房の『燃えつきた地図』のことをずっと考えていたのだった。

一九六七年九月に書き下ろし長篇小説として発表された『燃えつきた地図』は、執筆時とほぼ重なるはずの同年二月の郊外の団地を舞台にした作品である。〈レモン色のカーテン〉の掛かった部屋に住む女性から失踪した夫の調査を依頼された興信所員の〈ぼく〉は、団地に通い詰めて調査を進めるものの、手がかりとなるものは次々と失われてしまい、最後は〈ぼく〉自身のアイデンティティさえあやふやになる。

『燃えつきた地図』のストーリーを詳述する紙幅はないが、たとえば――。

〈「彼」はやはり彼自身でなければならないのだ。他の誰かで置き替えてすませられるものではない。「彼」……どんな祭りへの期待にも、完全に背を向けてしまった、この人生の整理棚から、あえて脱出をこころみた「彼」……もしかしたら、決して実現されることのない、永遠の祝祭日に向って、旅立つつもりだったのではあるまいか。（略）ぼくは「彼」を求めて、手探りする……いや駄目だ、ぼくが探っている、この暗闇は、けっきょくぼく自身の内臓にすぎないのだ〉

〈困惑が不安に変り、不安が恐れに変り……ぼくの視線は、三号の建物の角にそって、上下に走り、振返って端から、建物の数をかぞえ……（略）無い！……レモン色の窓がないのだ！……レモン色の窓があったはずの場所には、似ても似つかぬ、白と焦茶の、縦縞のカーテンが掛っている！〉

〈誰も彼もが消えて行く。事務所の同僚たちの目から見れば、あんがいぼくだって、その消えた仲間の一人なのかもしれない。いや、ぼくばかりではない、独り言だけを相手に、ビールでやっと目を覚ましているという彼女だって、その生存を本気で証明しようとしてくれるのは、せいぜい区役所の徴税係くらいのものだろう。存在しないもの同士が、互いに相手を求めて探り合っている、こっけいな鬼ごっこ〉

いかがだろう、これらの文章は、多少の手を加えれば、さほどの違和感もなく『理由』の中に溶け込みそうではないか？

だが、あわてて付け加えておかなければならないのだが、『理由』は、『燃えつきた地図』とモティーフのある部分を共有してはいるだろうが、決して同一ではない。

最も大きな違いは、話者の位相だろう。

〈ぼく〉の一人称でものがたられる『燃えつきた地図』は、〈困惑が不安に変り、不安が恐れに変〉わったすえに、〈ぼく〉が自らの帰っていく場所を見失ってしまう物語である。当然、「事件」そのものも宙吊りにされたままである。地図には始まりも終わりもないように、〈放射線〉の〈基点〉、すなわち〈爆心地〉は、どこでもないし、また、どこでもいい——そこが〈ぼく〉自身であっても。

一方、『理由』の無人称の話者の語り口は、「事件」の〈爆心地〉が揺れ動いているにもかかわらず、きわめて安定している。単数とも複数ともつかず、性別もまた明らかではない話者は、さまざまな角度で〈放射線〉を放ち、その延長上にいるさまざまな「関係者」を自在に物語に招喚し、たとえばこんなふうに読者に語りかけさえする。

〈この文章を読み、初動捜査の段階でもまだこの推測が捜査本部のなかに根を下ろしており、その予断に沿って捜査が行われたのではないかという心配を抱く読者がおられるとするならば、それは杞憂《きゆう》である〉

ある意味では前近代的な話法が採用されているわけだが、ここで忘れてはならないのが、本作がルポルタージュの意匠をまとった小説である、ということなのだ。

ルポルタージュは、「報告」「記録」である。『燃えつきた地図』の〈ぼく〉は、リアルタイムに報告書を書き継ぎながら、物語に呑み込まれて、自らの帰る場所を見失ってしまう。だが、『理由』は、いわば全編がすでに書き上がった報告書である。話者は、物語を統べる存在である。そもそもの物語じたい、〈発生の六月二日から事件が全面的に解決される十月の半ばまで〉というふうに、すでに閉じられている。

「事件」の〈爆心地〉は揺れ動き、〈放射線〉の〈基点〉もずれつづけながら、話者が立っているのは、その不安定な状態が最終的に解決された時点なのである。

宮部みゆきさんは、なぜ話者を〝事件が解決したあと〟の地平に立たせたのか。

作品のサスペンス性を際立たせることを主眼に置くなら、より効果的な位置が、あるいは他にあったかもしれないのに――。

僕は、そこに、宮部みゆきさんの覚悟を、見る。

テクニカルな冒険に挑もうとする覚悟はもちろんのこと、もっと大きな、もっと根源的な――ご本人の意思はともかく、こちらの勝手な思い入れをそのまま言わせていただくなら、『燃えつきた地図』の描き出した世界に決してとどまるまいとする覚悟に、僕は圧倒されつつ、一読者というより一同時代人として、ありったけの賛辞を呈したいのである。

都市生活者の不安と孤独、人間性疎外の時代……

『燃えつきた地図』に冠せられてきたモティーフは、いまや我々にとっては自明の理となっている（逆に言えば、それこそが安部公房の先見性の証左である）。『燃えつきた地図』同様リアルタイムに、つまり新聞連載時と重なる一九九六年に「事件」が起きたと設定されている『理由』が、もしも『燃えつきた地図』と同じモティーフにとどまり、アイデンティティの揺らぐ話者を採用してしまったなら、残念ながら本作は、ある種の牧歌的な趣さえ感じさせるだろうし、話者はただの病的にナイーブな人物に過ぎなくなってしまうはずだ。

しかし、宮部みゆきさんは、『燃えつきた地図』の時点では充分に現代文学として先鋭的だったモティーフを、物語を成立させる大前提にした。不条理や幻想といったものに回収するのではなく、あくまでもリアルな物語として、普通のひとびとの日常生活と隣り合わせの犯罪譚として、「事件」をものがたっていったのだ。

『燃えつきた地図』の〈ぼく〉は、〈存在しないもの同士が、互いに相手を求めて探り合っている、こっけいな鬼ごっこ〉と言った。

一方、『理由』の話者は言う。

〈作り話は波及して周囲に共鳴者を生み、また別のストーリーへとふくらんでゆく。その結果、そこに居もしなかった人間が居ることになり、交わされもしなかった会話が交わされる。(略)しかし、それらの証言が語られている瞬間には、語り手にとってはそれが真実だったのだ。不在の人びとも、そのときは確かにそこにいたのである〉

明らかに、『理由』は、『燃えつきた地図』の先──要するに、『燃えつきた地図』から三十数年をへた〝いま〟のリアルに基づいて物語を構築している。〈放射線〉の〈基点〉がずれることや〈爆心地〉が空っぽになってしまうことが、物語の終着点ではなく、あくまでも通過点として描かれるところに、〝いま〟の物語としての『理由』の凄みがあり、話者の語り口のタフネスの所以《ゆえん》がある。

記憶が混乱しきった『燃えつきた地図』の〈ぼく〉は、物語の最終盤で、こんなふうに言う。

〈町は、空間的には、まぎれもなく存在していたが、時間的には、なんら真空と変らない。存在しているのに、存在していないというのは、なんという恐ろしいことだろう〉

まるでその言葉に呼応するかのように、『理由』の話者は、魅力的な少年・康隆の独白を借りて、こう言っている。

〈人を人として存在させているのは「過去」なのだと、康隆は気づいた。この「過去」は経歴や生活歴なんて表層的なものじゃない。「血」の流れだ。あなたはどこで生まれ誰に育てられたのか、誰と一緒に育ったのか。それが過去であり、それが人間を二次元から三次元にする。そこで初めて「存在」するのだ。それを切り捨てた人間は、ほとんど影と同じなのだ。本体は切り捨てられたものと一緒にどこかへ消え去ってしまう〉

「過去」を持たない満州国を原風景とする安部公房と、現代小説と並行して優れた時代小説をも書きつづけている宮部みゆきさん。この好対照からも両氏を論じる切り口は見え隠れしているようなのだが、しかし、これ以上の寄り道は、さすがに慎むべきだろう。

まとめておく。

『燃えつきた地図』は、題名どおり、地図＝アイデンティティを失ってしまう人物を描いた物語である。

それに対して、『理由』は、人物にまつわるアイデンティティ＝物語をいったん無化して〈空《くう》からつくりだされた〉存在だと措定《そてい》し、そこからさまざまな角度の〈放射線〉を引くことで、新たな――かなしくて、こっけいで、グロテスクでさえあるアイデンティティ＝理由を獲得していく物語なのだとは読めないか？

そしてさらに、『理由』の話者が立っている〝事件が解決したあと〟は、決して〝すべてが終わったあと〟と同じではない。

物語の最後の最後で、話者は一筋の〈放射線〉を放つ。ようやく〈爆心地〉に収まるべき人物が収まって、揺れ動くのをやめた〈基点〉から引かれた〈放射線〉は、物語を食い破って、読者の胸へと一直線に伸びている。

さっきから恣意的な読み方ばかりしている解説の書き手は、独断ついでに思うのだ。

宮部みゆきさんが話者を〝事件が解決したあと〟に立たせたのは、平穏な日常が戻ったときにこそひそやかに蠢動《しゅんどう》しはじめるものを、より印象的に読者に伝えたかったからかもしれない。新たな、静かな、今度は「事件」のかたちをとらないかもしれない〝なにか〟の存在を読者に知らしめる最後の〈放射線〉の強度を増すために、話者は、サッカーで言うならオフサイド・ラインぎりぎりのところで、読者が物語に乗ってたどり着くのを待ち受けていたのかもしれない……。

しかし――そう、ここまで付き合わせておいて、「しかし」なのである。

右の小文は、解説の任をもっともらしく果たすためのコジツケめいた屁理屈に過ぎない。『理由』の、というより宮部みゆきさんの作品の真の魅力が、こうした図式化には収まりきらないところにあるのは、いまさら言挙げするまでもないはずだ。

たとえば、ルポルタージュの形式をとりながらも、一章ずつの記述の臨場感や人物の存在感は、人物それぞれを主人公にした短篇小説集を読みたくなってしまうほどである。

あるいはまた、安定した語り口の話者を〝神の視点〟などと呼んでしまうと、こんなにもこまやかで、こんなにも優しいまなざしを物語の隅々にまで注ぐ神がいていいものか、とも言いたくなる。

だから、もう頭でっかちの無駄口はやめておこう。

既読の皆さんにはお気に入りの箇所をいま一度読み返していただくために、未読の皆さんには一刻も早く本文に向かっていただくために、僕の果たすべき最後の務めは、やはりただ黙って頭《こうべ》を垂れ、掌で指し示すこと以外にはないだろう。

物語の冒頭は、あちらです——。

角田《かくた》光代『キッドナップ・ツアー』

新潮文庫　二〇〇三年

父と娘のひと夏のユウカイ旅行を描いたこの物語には、二つの言葉の流れがある。

口に出した言葉と、出さなかった／出せなかった言葉——の二つ。

物語の冒頭から、それは繰り返し読者に伝えられる。

〈私はべらべらしゃべった。いつもそうなのだ。緊張すると、言葉がどんどんのどにはいあがってきて、とまらなくなる〉

〈おとうさんはいつもこんなふうにふざけている。真剣にならなくちゃいけないときも、ばかみたいなことばかり言っている〉

〈でもおとうさんがそう言ったのは、きっとほかに何を言ったらいいか思いつかなかったからなんだろう。そんなにおなかは減っていないのに私がファミリーレストランにいきたい、なんて言ったのといっしょだ〉

〈頭の中につぎつぎ浮かぶ考えは細い糸みたいにからまりあって、結局何も言うことができなくなる〉

物語の重心は、もちろん言えなかった言葉のほうに……いやむしろ、言葉をうまく口に出せないもどかしさそのものに、ある。そのもどかしさは、裏返せば、沈黙から逃げるための饒舌にもつながる。

たとえば、おとうさんの謎めいた友人・神林さんと、主人公の私・ハルはどうしても話をすることができない。

〈私を子供扱いしない人に会ったのはひさしぶりなので、どぎまぎして、ロボットみたいにぎこちない動きで頭を下げることしかできなくて、自分の名前も言えなかった〉

〈たった一言でも神林さんに何か言いたくて言葉を捜していると、ホームからアナウンスがきこえてきた。二番線に電車が参ります、白線の内側までさがってお待ちください、はきはきした女の声がやかましくくりかえし、私の舌の先にのった言葉をのみこんでしまった〉

一方、神林さんと別れたあとのおとうさんは、〈頭がおかしくなってしまったみたいにしゃべり続けている〉。

〈おとうさんは上機嫌のあまりしゃべり続けているのではなくて、困っているのだ。私がずっと口をきかなくて、不機嫌で、その理由がわからないから困っているのだ〉

ああ、わかるなあ——というつぶやきは、きっとあちこちで漏れるはずだ。ハルの沈黙に対しても、おとうさんの饒舌に対しても。『キッドナップ・ツアー』の魅力の、まず第一は、非日常的なユウカイ旅行を舞台にしながら、読者一人ひとりがふだんの生活を振返って思いあたるぎごちなさやもどかしさを、こまやかに、しかもあくまでも少女の語彙《ごい》で鮮やかに描き出しているところにある。

物語の本筋にはさほど関係ないところにも、角田光代さんのこまやかな目は行き届いている。一例を挙げるなら、ぼくはこういう箇所を読んだとき、思わず「うわわっ」とうめいてしまうほどの〝「この気持ち、わかる！」感〟に襲われた。旅の序盤、二人が海辺の旅館に泊まったときの場面だ。

〈ほかにすることがないので、色あせたカーテンを開けたり閉めたり、冷蔵庫を開けたり閉めたり、崩れ落ちそうなそなえつけのたんすを開けたり閉めたり、つまり、部屋の中で開けたり閉めたりできるものはみんなそうしてその向こうをたしかめた〉

あるいは、まだ旅が始まる前だって――。

〈何種類もの料理の写真がのったファミリーレストランのメニューは大好きだ。なんていうか、いろんなことが全部うまくいく、そんな気持ちになるのだ。こわいこととか、心配なことが、色とりどりの料理の陰にすうっと消えていってしまう感じ〉

簡単な言葉しかつかっていない。くどくもない。文章の運びはゆるやかで、やわらかで、肩にいささかも余分な力は入っていないのに、ほかに言い換えようのない強さが、確かにある。そんな角田光代さんに、ぼくは読み手として全面的に惹かれているし、同業者の端くれとして大いに憧れてもいるのだ（しかも、このファミリーレストランのメニューにまつわる美しい一節は、物語の終盤で微妙にかたちを変えて再登場するのだが……それは読んでのお楽しみ）。

もっとも、こんなふうに得々と解説文を書いていると、どこかから「おじさんのくせに」という鼻白んだ声も聞こえてくる。本書を最も愛するはずの若い読者たちの声だ、きっと。

確かに、本書は大ざっぱに言えば「児童文学」に属する作品で、ハルの一人語りで物語は進行していて、「ハルに寄り添える資格は、おまえのようなおじさん（オトナの男）にはないはずだ」と言われてしまえば、まったくもって返す言葉はない。

それでも、この作品はほんとうに〝少女の、少女による、少女のための〟、言い換えれば少女という特権性に頼った、閉じた物語なのだろうか？

違うよな、とぼくは思うのだ。

ハルが小学五年生であることは旅が始まってしばらくたつまで明らかにされないし、その学年や年齢も物語の最後まで強調されることはない。小学五年生の女の子なら、芽生えかけた〝性〟を読者に意識させてしまうものだが、ハルはクラスでいちばん背が低い子として設定されている。ここ、すごく絶妙だな、と思う。

まなざしや言葉や思いはオトナへの入り口に立っていても、体のほうは思春期にさしかかった〝性〟のなまなましさを必要以上には感じさせない。現実と寓話のバランスと呼ぼうか、『ピーターパン』のティンカー・ベルを思いだしてみようか、とにかくその絶妙な立ち位置で語られるからこそ、物語はきっぱりとした清潔感に満ちて、ハルの性や年齢は普遍へと開かれていくのだ。

もちろん、本書が優れた〝父親と娘の物語〟であることは間違いない。異性の父親と娘ならではの物語の手触りや風向きは随所で感じ取ることができるし、少女の一人語りのみずみずしさや伸びやかさ、せつなさも、本書の魅力をかたちづくる大きな要素になっている。だが、それを大前提として認めたうえで、あえて言わせてもらいたい。『キッドナップ・ツアー』は、父親と娘の旅を素材にして、「ひと」と「ひと」との関係について綴られた物語ではないか。そして、旅をつづけるにつれてハルが獲得する――角田光代さん自身もきっと信じているはずの、「ひと」と「ひと」との幸福な関係こそが、本書のキモなのではないか、と……。

二人きりの旅が、離れていた親と子の心を結びつける――そんな物語はいままでにいくらでも描かれていたし、これからだっていくらでも生み出されるだろう。そこいらの書き手なら（たとえば「重松清」でもいいんです）、旅の途中で父親に〝親子の絆〟についての台詞を吐かせるだろうし、それを再発見する挿話を安易に置いてしまうだろう。拙稿冒頭に書いた〝口に出した言葉と、出さなかった／出せなかった言葉〟の話で言うなら、〝口に出した言葉〟がいかにつまらないものであるかをことさら際立たせて、終盤の和解の瞬間へと導いていくだろう。

だが、角田光代さんは、そんな物語の予定調和の臭みをするりとかわす。ハルとおとうさんは、〝口に出せなかった言葉〟をうまく言えるようになるのか――これが物語の後半の読みどころであることは確かで、旅の終わりに交わされる二人の会話は、ぎごちなくて、もどかしくて、だから胸に深々と迫ってくるのだが、その一筋の流れだけで終わらないのが本書の最大の魅力なのだ。

おとうさんの、この、得体の知れない、わけのわからなさは、どうだ。年齢職業ともに不詳で、我が家からいなくなった理由も説明されず、甲斐性がなく間抜けな父親のシリアスな素顔をハルが垣間見る瞬間も、物語には用意されていない。もしかしたらおとうさんには〝口に出せなかった言葉〟なんてないんじゃないか、とさえ思えてくるし、だいいちユウカイがなにを目的としているかすら読者には最後の最後まで示されないのだから、まったくつかみどころがないではないか。

ないないづくしの、けれど不思議と魅力的な父親——だからこそ、苦し紛れに〝口に出した言葉〟、いわば物語の表面を流れる言葉が、決して〝口に出さなかった／出せなかった言葉〟の引き立て役になっていない。

角田光代さんは、「ひと」と「ひと」がお互いにたいせつなことを言えないぎごちなさやもどかしさを愛しながら、代わりにしゃべってしまう、どうでもいいような言葉へも愛おしさを注ぐ。「ひと」と「ひと」とのつながりには、じつはそうしたささやかな言葉のやり取りが欠かせないのだと教えてくれる。

最新エッセイ集『今、何してる?』の中に、電車の中で見かけた若いカップルについての、こんな一節がある。少し長いが引用させてもらいたい。

〈会話が筒抜けである。あれさーおいしかったよねー。厚底サンダルの女の子が言い、おーまじうまかったなー。半ケツジーンズの男の子が言う。また食べたいよねー、かなりうまい部類だぜえ。あれなら並んでもいいよねー。まじうまいもんなー。その会話のあまりの中身のなさに、私はあきれはてていたのだが、川を二本越え電車が都内に入っても彼らはまだ、てゆうかさーまた食べたいんですけど。あれなー、超うまかったもんなー。と、それだけで会話を成り立たせており、いつしか私はその、言葉の絶妙の嚙み合い具合に感動し、あんたたち、たがいを離すなよ、なんてひそやかにエールをおくりつつ降車駅で彼らを見送った〉

『キッドナップ・ツアー』の二人の〝口に出した言葉〟だって、そうだ。ハルをいらいらさせたり不機嫌にさせたりしながらも、不思議と、奇妙に、なんとなく、嚙み合っている。そんなやり取りがあるからこそ、おとうさんは〝カッコよさそうに見えて、じつは死ぬほどカッコ悪い〟決め台詞を言わずにすむのだし、物語の着地点もつまらない予定調和の〝親子の絆の再確認〟に陥らずにすんでいる。

じゃあ……と一瞬、不安そうに訊くのは、たぶん親の世代の読者だろう。

〝親子の絆の再確認〟で終わらないのなら、じゃあ、この二人はどうなっちゃうんだ?

もちろん、それをしたり顔で解説文に書き込むのは、愚の極み以外のなにものでもない。旅の中盤、夜の海に二人で浮かぶ場面や、終盤でキャンプをした夜の場面に、ヒントはある。とても美しい言葉でそこに書かれた「ひと」と「ひと」との関係についての文章は、『キッドナップ・ツアー』にかぎらず、角田光代さんの書くすべての作品の根底に流れているもので、それを思えば、本書は、親であることの窮屈さに苦しんでいるオトナにこそ必要な物語なのかもしれない。

みうらじゅん
『愛にこんがらがって』
角川文庫　二〇〇三年

一九八四年春、「ヤングマガジン」誌で奇妙なマンガとマンガ家がデビューした。雑誌の真ん中、のちに巨乳系グラビアアイドルに席巻されるカラーページに、当時の流行《は や》り言葉でいうなら「ヘタウマ」の、マンガと写真を組み合わせたような——いまならむしろ「マンガエッセイ」と呼ぶほうがふさわしいのだが、とにかくヘンなマンガがひっそりと連載されていたのだった。

作者の名前は、みうらじゅん。

氏のメジャー誌デビュー作となったその作品のタイトルは、『見ぐるしいほど愛されたい』。

同作の文庫版で、みうら氏はタイトルの由来をこんなふうに明かしている。

〈「見ぐるしいほど愛されたい」というタイトルは、糸井重里さんが当時のオレを見て考えつかれたものだ。正式には、「本当におまえは、見ぐるしいほど愛されたい奴だよなぁー（笑）」〉

それに呼応して、同文庫のゲストとしてインタビューに応えた名付け親・糸井重里氏も言う。

〈世の中でダメだと言われているもの、いや、ダメだとすら認識されなくてほっておかれたものを愛してしまって、そんなものすら愛してしまう「オレ」も愛して、っていう二重構造がみうらの中には根強くあるんだよね。一生こういう風に、ただただ愛されたがっている人なんじゃないかな、みうらは〉

糸井氏のこの言葉、すでに本書『愛にこんがらがって』を読了してから解説文をお読みの方は、ドキッとしたのではないか？

いや、本書にかぎらず、「とんまつり」「いやげもの」「カスハガ」「らくがお」など、みうらじゅん氏の仕掛ける多彩な活動の、たとえ一端でもご存じの方なら、きっと誰もが糸井氏の慧眼《けいがん》に「なるほど！」と膝を打つのではあるまいか。

僕も、その一人。糸井氏の言葉に胸をドキッとさせ、なるほどそうか、と大きくうなずいて、この一文を引用しておけば解説文なんてもう必要ないんじゃないか、とさえ（ちょっと落ち込みながら）思った。

結論を先に書いておく。

『愛にこんがらがって』の根底に流れるものは、「見ぐるしいほど愛されたい」の思想——というより性《サガ》、みうら氏のお好きな語彙を借りるなら業《カルマ》とも呼ぶべきものなのだ。


物語は、メジャーとマイナーの狭間に立つ新進ロックバンドのボーカリスト〈僕〉のもとに、真性マゾの女・M子が現れるところから始まる。「御主人様になってください」「今夜は俺の奴隷になれ」という型どおりの手続きを踏みつつ、物語はホラー的な色彩も放ちはじめ、終盤のカタルシスへと至る。

粗筋だけをたどってみると、SM小説としてはオーソドックスな展開で、ホラーとしても、ストーカー小説のお手本どおり。それに則《のっと》ってしまえば、「見ぐるしいほど愛されたい」カルマを背負っているのは、ひたすら奴隷として主人公につきまとうＭ子ということになるだろう。もしかしたら読みだす前から既視感を覚えてしまう読者もいるかもしれない。そして、勘のいい読者なら、物語の半ばを過ぎたあたりで、すでにラストシーンが――自らの築き上げた人生と引き替えに、Ｍ子の「見ぐるしいほど愛されたい」カルマを受け容れる主人公の姿が透けて見えてしまうだろう。

　もちろん、それはあくまでも、物語の表面に流れる上澄みをすくいとったものに過ぎない。本書が紛れもなくみうらじゅん以外の誰にも書き得ない小説である所以は、物語の底に澱《よど》む〈僕〉のつぶやきにある。

〈僕には昔からマトモ・コンプレックスがあった。家も中流で、不良にも優等生にもなれない中途半端な立場。高校時代、ロックを聴き始めた頃、不幸なことに不幸なことがなかった自分の環境にイライラしていた〉

　これは、『青春ノイローゼ』や『グレイト余生』でもおなじみの、みうら氏本人の煩悶《はんもん》にきれいに重なり合う。

　マトモであることに負い目を感じていた〈僕〉は、ならば、Ｍ子との出会いで解放されたのか？　もしそうだとすれば、本書は爽快な（という言葉は本来最も似つかわしくないのだが）ＳＭ小説として読めるだろう。

　だが、みうら氏は、氏自身の分身のはずの〈僕〉（ちなみに、氏は現在「小説宝石」誌に自伝的小説『文化系キング』を連載中だが、その主人公の名前は本書の〈僕〉と同じ乾クンである）を、決して安易に救済はしない。

〈結局、僕の〝Ｓ〟はサドの意味ではなく、Ｍ子に対するサービスの〝Ｓ〟。マゾが期待することを先読みしてプレイを施しているだけ。僕はノーマルなＳ、アブノーマルなＭに調教を受けているに過ぎない〉

〈僕はこんなＳＭのパターンをどこで学んできたのだろうか？　かつて見た映画や、小説のストーリーを疑似体験してるに過ぎないんじゃないか？　僕の〝御主人様〟は決してオリジナルではない。だからＭ子とセックスした後の演技が分からないのだ〉

　ＳＭにおけるＳは、言うまでもなく関係を支配する役回りである。なのに、〈僕〉はその役をこなしきれない。正確には、肉体はＳに価するふるまいをつづけていても、心がついていかない。

それどころか――。

〈今の今まで自分の性癖はサドに傾いていると信じ込んでいた。しかしその根拠はどこにも無い。（略）実は僕はマゾ男かも知れない。つまらないプライドをSと思い込んでいただけなのか？〉

Sの資質のない男がSであることを強いられる――これはつまり究極のMではないか。〈僕〉は、タイトルどおり「こんがらがって」いる。

もっとも、ここであわてて「二人の関係の真の支配者はM子だったのだ」と結論づけてしまうと、それこそ物語はSM小説の定型から一歩も踏み出せないことになってしまう。

〈僕〉の語りに導かれて進む物語は、一読、「M子をどう愛していくのか」の主題に貫かれているように見えるものの、M子は「愛」や「好き」という言葉を〈僕〉が口にすることを激しく拒む。御主人様はそんな思いを奴隷に対して寄せてはならないのだ。

ならば肉欲のみで彼女を支配していけばいい……というふうには、ならない。愛を口にできない関係に〈僕〉は困惑とためらいと自己嫌悪を覚え、それを最後の最後まで捨て去ることができない。なにしろ、物語の結末のカタルシスの最中であっても、流れてくる曲の歌詞には「愛」が登場してしまうのだ。

〈僕が今まで大切だと感じていた愛は、こんなことでこんなに脆く崩れ去ってしまうものなのか？〉

〈僕は愛を歌いながら結局、性を闇のものと考えてきた。M子の黒い下着に顔を埋め、誰にも見られたくない闇の世界で、僕は〝これは遊びなんだ〟と言い訳ばかりしてきた〉

愛を許されない肉欲の前に、愛がたちはだかる。愛は勃起するペニスに裏切られるのに、屹立しかけたペニスを萎えさせてしまうのもまた愛なのである。

この二重構造が〈僕〉を支配し、苦悶させる。〈僕〉とM子の関係――ひいては、物語を真に支配しているのは、愛を捨てきれない〈僕〉自身なのである。

だからこそ、〈僕〉がM子との背徳の行為について真に許しを請う相手も、恋人（のちに妻）の真理子ではない。自分自身である。自分自身に許されたい、自分自身に「あなたは間違っていない」と言ってもらいたい、煩悶する自分を自分自身に受け容れてもらいたい……。

ひとりよがりだと笑うひともいるだろう。ただの言い訳じゃないかと咎めるひともいるだろうし、「文学」の読み手からは「M子と真理子の描き方が薄すぎる！」と批判する声もあがるかもしれない。それでいい。みうら氏はこの物語の最初から最後まで〈僕〉しか描いていない。M子も真理子も、〈僕〉の長大なマスターベーション／思索の生んだ妄想上の人物であって、いっこうにかまわない。

　この物語で最も切実に「愛されたい（＝許されたい）」と願っているのは、他ならぬ〈僕〉であり、その願いが向かう先は、紛れもなく自分自身。〈僕〉は、〈僕〉に「見ぐるしいほど愛されたい」男なのである。

　本書は、だから、片思いの自己愛の物語――言葉遊びをさせてもらうなら、SMとは、「My　Self」が転倒した（こんがらがった）頭文字だと言ってもいいのではないか？

　それにしても、愛は目指すべき理想なのだろうか。幻想に過ぎないものなのだろうか。

　この問いを、みうら氏はさまざまに変奏して繰り返し放ちつづける。

「愛」を「ロック」に代えれば、『アイデン＆ティティ』になるだろうし、「青春」にすれば前出の『青春ノイローゼ』になるだろうし、本書とは逆に「セックス」のほうを理想／幻想の俎上《そじょう》に載せれば、それは伊集院光との共著『D．T．』にもなるだろう（「自分と語り合える奴こそ真の童貞だね」との名言とともに童貞力を訴える同書は、アブノーマルな性によって自己との対話をつづけるこの物語と好一対をなしていると思う）。

　いずれも生真面目な問いかけである。だが、みうら氏は、青臭いとも思われかねない問いを、時に笑いにまぶしながらもストレートに読者にぶつけてくる。

『D．T．』の前書きに、こんな一節がある。

〈若くからスポーツに明け暮れ、歳を取っても体力作りに余念がない〝体育会系〟と呼ばれる男たちは（略）「食う・やる・寝る」の三原則を忠実に守り、浮気がバレても「だって、したかったから」というストレートな発言をするらしい。この男たちについて、本書は扱っていない。その生態を知りたいならば動物の図鑑を見ればすむ〉

　それに対し、〈俗に〝文化系〟と呼ばれている〉男たちはどうか。〈性に対し臆病で、そのくせ理想が高く、夢想家であり〉……まさに『愛にこんがらがって』の〈僕〉である。

　本書にかぎらず、みうら氏が描くのは、一貫して、文化系の男たちの姿。二葉亭四迷が、夏目漱石が、森鷗外が、近代的自我を持った青年の苦悩を描いたように、みうら氏は、文化系的自我を持つ青年の苦悩を描きつづけているのだ。マンガで、エッセイで、そして小説で……。

　言い忘れていた。本書は、氏にとって初の長篇小説である。それはすなわち、文化系的自我を描く作家の第一作として、「文学」の側にも強く記憶されるべき事件だと思うのだ。

三浦しをん
『格闘する者に○《まる》』
新潮文庫　二〇〇五年

　もともと編集者だったという出自のせいか、フリーライターとして種々雑多な雑誌記事を書き飛ばしてきた十数年の習い性というやつなのか、ぼくには少々悪趣味な癖がある。面白い本に巡り会ったとき、ついついおせっかいにも、宣伝用の惹句を勝手に考えてしまうのだ。

　本書『格闘する者に○』のときもそうだった。二〇〇〇年、単行本版が刊行されて間もない時期に、むさぼるように読んだ。エージェントと組んで単行本デビューを果たすという、新人賞経由ではない新しいかたちで出現した作家の、二十四歳という若さとまばゆい才能に圧倒された。そして、思い浮かべた惹句は、こんなフレーズだった。

「吾輩は女子大生である。内定先はまだない」

失笑しないでいただきたい。へたくそなのは自分がいちばんよくわかっている。ここでサエた惹句が出せるような男だったら、編集者としてもフリーライターとしても、ぼくはもうちょっとはマシな人生を送っていただろう。

だから、まあ、うまいへたはさておいて、だ。

そんな古傷をあえてさらしたのには理由がある。

ぼくはその惹句を、作品の、特に序盤に顕著な、主人公・可南子の古風な語り口から連想した。われながら安直な発想ではあるのだが、単行本刊行から五年がたとうとするいま、デビュー後にめざましいペースで三浦さんが放った作品群をへて本書を再読してみると、漱石の『吾輩は猫である』をもじった惹句に新たな意味合いが付与されたような気がする。当時のぼくにはそこまでの深慮はなかったのだが、『格闘する者に○』は、名実ともに作家・三浦しをんにとっての『吾輩は猫である』――いまのぼくにはそう思えてならないのである。


「デビュー作には、その作家のすべてが詰まっている」という言葉がある。それは半分は正しく、半分は間違っている、と思う。

デビュー作は、言うまでもなく、作家の出発点である。本人が望むと望まざるとにかかわらず、作家論の際には常に参照される運命にあり、出発点と現時点での達成との距離が、作家の「成長」と呼ばれる。その意味では、なるほど確かに、デビュー作にはすべてが詰まっている。優れた作家であればあるほど作家論にデビュー作が招喚される機会が多いというのも、故なきことではない。

三浦しをんさんの場合も――これは断言のトーンで言っておきたいのだが、本書『格闘する者に○』は今後も折に触れ、さまざまな評者にさまざまなかたちで語られることになるだろう。わずか二十四歳の若さでこれだけの作品を世に問うた才能はいくつもの賛辞で彩られるはずだし、本書は青春小説のスタンダードとして読み継がれていくに違いない。

実際、伸びやかな語り口に始まって、「性」を超えた男女のつながり、世間一般の感覚では「壊れた」家族の姿、あるいは通奏低音として流れつづける寓話の調べに至るまで、のちに三浦さんが諸作品を通じて展開する世界は、本書ですでに鮮やかに示されている。社会に向けるシニカルでありながら温かいまなざしや、行間からたちのぼるユーモア、自分を笑い飛ばすサービス精神は、『人生激場』などのエッセイと相通ずるものでもある。また、くだけているように見えながら居住まいのきちんとした文章や、就職活動を縦軸にして、お家騒動や老書家との付き合いをからめていく構成の妙味は、「とても処女作とは思えない完成度の高さ」だと評される機会が少なくないだろう。

　それらを認めたうえで、しかし――と翻《ひるがえ》させてもらいたい。

　しかし、この素晴らしく魅力的なデビュー作には、三浦しをんの「すべて」が詰まっているわけではない。言い換えるなら、三浦さんはここで「すべて」を描いたわけではない。

　本書には、のちに三浦さんが作品の重要なモチーフとして繰り返し描くことになる、とてもたいせつなものが示されている。けれど、それは描かれていない。浮き彫りの技法と呼ぼうか、輪郭だけがそこにあると言おうか、塗り残した白地の部分、要するに描かないことで示した、そういう「たいせつなもの」が、ここにはある。

　あわてて言い添えておくが、三浦さんは「たいせつなもの」を力不足で描けなかったわけでは、決してない。といって、老獪《ろうかい》な技巧で塗り残しの部分をつくったのとも違う。

　一読明らかなように、本書の語り手をつとめる主人公の〈私〉＝可南子は、きわめて批評的な視線や口調の持ち主である。打ち明け話をしておくと、単行本版で本書を初めて読んだ際、ぼくは書き出しの語り口にまず魅せられたのだった。

〈そろそろここを出ねばならぬ。／今日は五時間で十八冊の漫画を読んだ。まずまずのペースと言えよう〉

　前述したように、これはそうとう古風な、年寄りじみた語り口である。女子大生の一人称とは思えない。だからこそ、いいぞ、と感じた。書き手と語り手がべったりとくっついてしまった自意識過剰の「私語り」に敢然と背を向けた、みごとな距離感がここには確かにある。しかも、読み進めてほどなく、〈可南子は言葉が古いんだよな〉という二木君の台詞や、それを受けた砂子の〈ずっとおじいさんとつきあってるからよ〉なる一言に触れて、古風な語り口には作者／語り手の関係だけではない、物語とからんだ仕掛けがあるのだと知らされた。みごとではないか。すれっからしのオジサン読者も舌を巻かざるをえないではないか。

このような語り口を持つ〈私〉――そして、そんな〈私〉を造型する作者であるのだから、当然ながら、作品世界には〈私〉の批評眼が行き渡っている。物語の主要な登場人物はもとより、端役にさえもきちんと（律儀なまでに）ツッコミを入れ、返す刀で自分自身をも笑う〈私〉によって、この物語は女子大生の就職をめぐる社会戯画の趣を持ち得た（K談社と集A社の面接の場面は、いやー笑った笑った。S潮社が出てこなくてよかったですね）。ちょうど三浦さんが早稲田大学に通っていた頃に同じキャンパスで非常勤講師を務めていた身としては、「就職決まんないんですー」「楽しむ前にバブルが終わっちゃって、いいことなんにもありませーん」と嘆いていた教え子の誰彼の顔が浮かんで、笑いながらもふと胸が熱くなってしまったりして……。

それでも、鋭い批評眼の持ち主には、そのまなざしの鋭さ故に語れないことがある。〈私〉は愚直な告白をすることができない。「たいせつなもの」のありかはきちんとわかっていて、素直に語れば楽になれることも察しているのに、だからこそ、語らない。描かない。ユーモアにくるみ、ツッコミをまぶして、物語の中にずぶずぶにひたるのではなく、むしろ一歩ひいて距離をとる。〈私〉の含羞《がんしゅう》……いや、これは作者自身の矜持《きょうじ》と呼んでもいいかもしれない。

漱石の『吾輩は猫である』もそうだった。古風な語り口を持つ女子大生どころではない、漱石は猫というとんでもない語り手を設定することで作者自身と物語との距離を保ち、近代的知識人、ひいては近代日本の戯画を描きだした。

だが、周知のとおり、漱石は『吾輩は猫である』の語り口を封印して、もっと愚直な人間たちが物語を織りなす小説を次々に発表する。猫の批評眼では描けない「たいせつなもの」を描くために、知識人を笑うのではなく、彼らの背負った苦悩とストレートに向き合いつづけることで、作家人生をまっとうした。

三浦しをんさんの場合も、同じではないかと思うのだ。

『格闘する者に○』でありかが示され、けれどあえてまっすぐには描かれず、デビュー後の数々の小説作品――とりわけ、本書文庫化の時点での最新作『私が語りはじめた彼は』で怖いほど気高く描かれた「たいせつなもの」を、ぼくは、「孤独」と呼ぶ。

『格闘する者に○』の中で、物語の本筋に決して深くかかわるものではないのに、とても印象的な一節がある。〈私〉が就職試験で書いた寓話について、面接官に〈簡単なオチ〉で理解されてしまったあとの独白――。

〈そんな簡単なオチじゃないやい、と思ったが、／「はあ、まあ」／と言葉を濁した。よっぽど、／「『人の孤独について描かれてる』のです」／とでも言ってやりたかったのだが。有名な少女漫画の中で、殺し屋が主人公の少年に、ヘミングウェイの『海流の中の島々』を、こう説明するのだ。私はこれを大変格好良いと思い、しかし日常会話では普通は一生使わないフレーズでもあるので、半ば諦めつつも胸にしまっておいた。あの面接の時が、たぶん唯一のチャンスだったのだが、やはり少し恥ずかしくて使い損ねた〉

出典は、たぶん、吉田秋生《あきみ》の『BANANA FISH』。〝白《ブランカ》〟がアッシュに語った言葉じゃなかったっけ。

確かに〈日常会話では普通は一生使わない〉だろう。〈少し恥ずかしくて使い損ね〉てしまうことばかりの言葉だろう。

けれど――少なくともぼくは、誰かに「三浦しをんさんの小説ってどんなものなの？」と訊かれたら、こう答える以外にうまい言い方が見つけられない。

「『人の孤独について描かれてる』のです」

繰り返しておく。本書は、作家・三浦しをんの出発点である。デビューから五年をへての文庫化にあたって、「この作家はデビューの時点でこんなに高いレベルだったんだ」とあらためて驚くひとは多いだろう。だが、そのうえで、デビュー後に彼女が発表した小説作品をいま一度読み返してみようではないか。「五年間でこんなにも……」と驚嘆しつつ、作家の「青春」時代の重みを噛みしめようではないか。それが、前へ進みつづける作家に対する礼儀だとも思うのだ。

最後に、言わずもがなのことを。

本書で示された鋭い批評眼やユーモアに満ちた語り口が、この五年間で失われてしまったとすれば、それはとても寂しいことなのだが……ご心配なく、三浦さんの作家活動のもう一方の軸には、エッセイもある。シリアスな小説の読者がエッセイに触れて「うわっ」と驚き、エッセイの読者が小説を読んで息を吞む、そんな光景が、きっとこれからも数限りなく繰り返されるだろう。

そして、小説、エッセイいずれの出発点にも『格闘する者に○』があるのだと知ったとき——この一冊は、また新たな奥深さをぼくたちに見せてくれるはずなのだ。

ゲッツ板谷『ワルボロ』

幻冬舎文庫　二〇〇七年

なんて骨が太いんだろう——。

ゲッツ板谷さんの体型のことではない。小説の話である。

本書『ワルボロ』を通読したのは、つごう三度になる。

最初は板谷さんへのインタビューのために単行本版のゲラ刷りで読んだ。一気呵成だった。二〇〇五年九月。取材場所に派手なアロハシャツにサングラス姿であらわれた板谷さんは、雑誌で見ていたときの印象どおりにコワモテで、『ワルボロ』を読んだときに心の片隅でちらっと感じた予感どおりにシャイな笑顔を見せるひとだった。初対面である。あの日の記憶にでーんと居座る板谷さんは、僕のへたくそな質問にも決して怒らず、殴らず、蹴りを入れず、「そうっスねえ……なんつーか……」と照れながら、しきりに首をかしげているのだった。

インタビューの数日後、できあがったばかりの単行本が版元から送られてきた。帯に出ていた「ワルボロ時代」の板谷さんと仲間たちの姿にビビりまくりながら、また読んだ。ストーリーはすっかり頭に入っているので軽く目を通すだけのつもりだったのに、気がつくと物語の中にずぶずぶと沈み込んでいた。再び一気呵成である。読み終えたあと、もう一度、帯の写真を見た。やっぱ、怖え。でも、不思議と、読む前よりも目が優しそうに見える。ほんのちょっとだけ、気弱そうな翳《かげ》りも宿っている、ように見える、ような気もする、けど、本人に言ったらシバかれるだろうな、と思ったから黙っておいた。

そして三度目。二〇〇七年六月。この解説の小文を書くために文庫版のゲラ刷りを読んだ。細かなところでの改稿はあるものの、物語の大筋は変わらない。だから、約二年ぶりの『ワルボロ』は、ちょっとした同窓会気分を味わわせてくれた。懐かしい脇役が登場するたびに「そうそうそう、いたいたいた」と大きくうなずき、名場面にさしかかる手前で「そろそろアレじゃないか?」と予想を立てて、その予想が当たると「よっしゃ!」とオヤジくさい声も出る。二年たってもストーリーや人物をほとんど覚えていることに、ちょっと驚いた。たいして記憶力が優れているわけではない僕のアタマに——いや、たぶんココロに、『ワルボロ』はくっきりと刻み込まれているのだ。

だが、それ以上に驚いたのは——オレ、ストーリーも人物も覚えてるのに、なんでこんなに夢中になって読んでるんだ……?

三度目の読書にして、三度目の一気呵成。冒頭に掲げた「骨の太い小説」というのは、つまり、そこのところなのである。一度読んでおしまいではない。再読にも三読にも耐えられる。おそらく四読だろうが五読だろうが、イケる。断言してもいいが、僕はこの文庫版ができあがって版元から送ってもらったら、すぐに目を通してみるだろう。そしてまた、気がつけば、むさぼるようにページをめくっているはずなのだ。

なんなのだろう、これ。

＊

単行本版の帯には、こんな惹句が掲げられている。

〈みんなワルくてボロかった〉

だから、ワルボロ。

〈でもそれがオレたちの〝永遠〟だった〉

みごとなフレーズである――ハッタリとして。板谷さん、担当編集の方、どうか怒らないでいただきたい。だって嘘っぱちじゃないか。コーちゃんもキャームもヤッコも、ヤブもフィーバーも……要するに、この物語に出てくるみんな、誰一人として、将来のことなんて考えてもいない。アタマの中にあるのは目先のケンカのことだけ。まったくもって刹那的で、結局のところ「瞬間」をひたすら繰り返しているだけで、どう考えてもヤツらが「永遠」なんていう概念を持っているはずがなくて……。

だからこそ、「永遠」なのだ。せつないぐらいほんとうの、ほんものの、たいせつなハッタリなのだ、このフレーズは。

打ち明けておくと、僕は「永遠」の一言を帯に見つけたとき、背筋がぞくっとした。これはただのヤンチャな痛快ケンカ小説ではないな、と思った。その予感がみごとに的中したことは、あらためて言うまでもない。

今日を生きるのに夢中なコーちゃんたちは誰も気づいていない。ケンカに明け暮れて仲間たちとうだうだする日々が、ほんとうはあっけないほど短いことに。そして、あっけなく終わってしまうからこそ永遠なんだということにも。もしかしたら、いや、きっと、コーちゃんたちは、自分が生きているのが「青春」と呼ばれるかけがえのない季節なんだということにさえ気づいていないんだろうな。

オトナになった板谷さんは、もちろん、そのことを知っている。だが、物語の中のコーちゃんたちにはあえて伝えない。笑って、怒って、ビビって、悔やんで、悩んで、いらついて、でも最後はやっぱり笑う彼らの「瞬間」だけを、ひたすらまっすぐに描く。分別くさいことは彼らに言わせせない。先回りした解釈もさせない。それが、「瞬間」を必死こいて生きているかつての自分への友情の証なのだ、とでも言うように。

永遠なんてキザなことを決して描かなかったからこそ、永遠を得た――僕は、その言葉を矛盾だとは思っていない。荒っぽくて不器用であればあるほど、コーちゃんの山田規久子への思いが純度を増すのと同じだ。オフクロの悪口を書けば書くほど、オフクロを愛し、オフクロに愛されている息子の姿が浮かび上がるのと同じだ。青春は永遠にはつづかない。いつか、意外とあっけなく終わる。だが、終わってから、真の意味での「永遠」になる。たとえばそれは、優れた青春小説によって、尽きることのない命を与えられるわけだ。

板谷さんご自身がコラムなどで公表しているので書いてしまうが、本書の単行本版刊行から文庫化までの二年間で、オトナの板谷さん自身に大きな変化があった。脳出血を起こして長期の療養生活を送り、また、板谷さんがこよなく愛し愛されたお母さんもお亡くなりになってしまった。永遠につづく今日などありえない。それは悲しいけれど事実だ。だが、本書の巻頭に掲げられた献辞〈大好きなオフクロに捧ぐ——〉は、今日を超え、明日を越えて、「永遠」にのこる。モノを書く意味とはそういうことなのだと僕は思うし、その他さまざまな意味付けはできたとしても、物語の「肉」をとりはらって「骨」のレベルにまでしてしまえば、結局のところそれ以外にはありえないんじゃないか、とも思っているのだ。板谷さんは二年前のご自身が書いたその献辞を、いま、どんな思いで読み返しているのだろう。中学時代の自分と仲間たちのワルでボロな物語を、いまも、これからも、どんな思いで読み返すのだろう。勝手な想像はしたくない。怖いし。でも、なんとなく、サングラスの奥の目は、せつなさを含んだ優しさに満ちているんじゃないかと思うのだ。同業者の端くれとして言わせてください、板谷さん。僕のほうが一歳だけ年上だから、いばった物言いになっても許してください。

板谷さん、これ書いて、ほんとうによかったね——。

＊

自叙伝や自伝的小説の中には「ヤンチャな青春グラフィティ」というジャンルが確固としてある。たとえば……と指を折るまでもなく、ベストセラーを含む何冊もの作品がたちどころに思い浮かぶだろう。『ワルボロ』も、おそらく、そのジャンルの代表的な一作として挙げられる機会が多いはずだ。

しかし、はたしてそうなのか——？

もしも本書が「立川の不良たちの笑えて泣けるグラ

フィティ」にとどまっていたとしたら、あるいは「あのゲッツ板谷さんが初めて書いたヤンキー時代の回想」で終わっていたとしたら、たぶん僕は、二度目に読んだときには「ふんふんふん」と軽くうなずきながらページをめくっただろうし、三読目以降は、なかったかもしれない。

昔、オレ（板谷ブシなら「ボキ」という言葉のほうがふさわしいだろうか）、こんなことやってたんだ。オレの昔のダチって、こんな奴らだったんだ。昔の立川って、こんなにとんでもない街だったんだ。そんな程度の覚悟で書かれた物語ではない。「骨の髄」という比喩をつかうなら、まさに本書は板谷さんの骨の髄から染み出てきた物語だし、同時に、骨の髄まで届くほど深く刻み込まれた物語なのだ。

優れた青春小説の条件とは、街と仲間がきっちり描かれていること——というのが、僕の持論である。「街」をもっとくわしく言うなら、物語の舞台の広さと狭さだ。田舎町で都会に憧れるガキを描く小説なら、当然、生まれ故郷の狭っ苦しさをきちんと描かなければならないし、都会に出てきた少年や青年の物語であれば、見知らぬひとばかりの雑踏の中にぽつんとたたずむオレを描かなければ始まらない。一方、「仲間」をもっとくわしく言うなら、「なんの役にも立たないうだうだしたおしゃべり」をどう描くか、になる。要するに空間と時間——文字どおり物語の骨格である。そこをあやふやにしてしまうと、物語はたちまちにして思い出話のレベルに堕してしまう。人口五千人の町と三十万人の街とでは青春のかたちもおのずと違っているはずだし、甲子園を目指す野球部の会話とコンビニの前で座り込む連中の会話は、放っておいても区別がつくはずなのだ。

板谷さんはそれをきっちり描く。仲間同士のおしゃべりの場面のうまさは、コラムやエッセイでもおなじみのものだが、なにより街の描写に圧倒された。正確な地図を描いている、という意味ではない。立川の街は、ただの舞台にとどまらない。街も重要な……いや、ことによると、この物語の真の主人公は立川という街そのものではないかとさえ思えるほど、描写が熱く、深いのだ。

〈歩けば歩くほど、みるみる粗野で味気なくなっていく両サイドの家並み。また、電灯の数も極端に減ってきて、逆に道路に転がっている空き缶やタバコの吸い

殻の数は増え、各家屋のちっぽけな庭先に生えている草木の種類も急に貧乏ったらしくなっていた〉

ここまでなら、まだ、地図の範疇の描写である。しかし板谷さんは〈そして、〉とつづける。

〈オレは生まれて初めて、立川という町には特有のニオイがあることに気づいた。国立《くにたち》の妙に乾いたような空気に比べると、立川のソレには野草の湿っぽい香りがより強く染み込んでいて、そこに中年男の蒸れた足のかかとに水で薄めた甘酢をぶっかけたような悪臭が微かに混じり込んでいた〉

すげえなあ、と同業者の端くれとして思うのだ。街の説明を超えている。風景描写をも超えている。前半の引用部分が視覚で描かれているのに対し、後半は嗅覚だ。煩雑になるのでこれ以上の引用は控えておくが、聴覚、触覚……とにかく五感を総動員して、ありったけの直喩をつかって、板谷さんは街を描く。描きつくそうとする。仲間たちと過ごす時間も同じだ。句読点のように恋愛小説や家族の物語を挟みながら、なかなか先に進まないうだうだした時間を、ときには物語のプロットのバランスをくずすのも恐れずに、端折《はしょ》ることなく描いていく。

そこにあるのは、「うまい小説」を超えた「すげえ小説」に挑む作家の執念だ。思い出話のように都合良くつまんでいくのではなく、自分の生きてきた空間と時間とを、まるごと物語の中に放り込まずにはいられない——それを作家としての「サガ」と呼ぶと、板谷さんはきっと、インタビューのときもそうだったように、「そっスかねえ……」と首をかしげて照れてしまうはずなのだが。

おそらく、本書を一読したときには、そこはあまり目立たない。ワルとボロでいうならワルの部分の鮮烈さ——たとえば殴られた痛みだけでもぞくぞくっとするほどのリアリティを持つ迫力に、圧倒されるはずだ。

だからこそ。

二度、三度と読み返してもらえないだろうか。再読のときにはボロの部分のせつなさがたちのぼってくるかもしれない。三読目では、これは悪ガキたちの家族の物語でもあるんじゃないかとも思うだろう。四読目で街を味わうのも「あり」だし、五読目では比喩の一つひとつに笑い転げてもいい。そして、その頃には気づくだろう。コーちゃんたちとはほど遠い青春の日々を送ってきた（送っている）僕たち読者の胸の中にも、ほんとうは、同じにおいを持った「永遠」がひっそりと息づいているんだ、と。「瞬間」を生きているときにはわからなかった「永遠」が、いつのまにか胸に宿って、それが自分のいまの支えにもなっているんじゃないか、と。

板谷さんの描く物語には、いや、もっと「骨」の部分の言葉には、物語そのものをたっぷり愉しませてくれたうえで、読者自身の物語をも呼び起こす力がある。そうだ、言い忘れていた。優れた青春小説には、もう一つの条件がある。それが——読み手の青春の記憶を刺激してくれること。

*

本書は単行本版刊行時から大きな話題を呼んで、コミック化もされ、また、この文庫版が世に出るのと前後して映画も公開されるらしい。それぞれのジャンルで表現されたコーちゃんたちの物語も、きっと、とびきりの魅力にあふれているだろう。

それでも、あえて最後に言っておく。

本書は、決してマンガの「原作小説」ではない。映画の「原作小説」でもない。

これは、紛れもなく、ゲッツ板谷という新人作家による「小説」なのである。長く付き合えるぜ。この作品も、この作家も。

朱川湊人《しゅかわみなと》
『花まんま』

文春文庫　二〇〇八年

静かなメロディーが聞こえてくる。どこかロシア民謡を思わせる短調の寂しげな調べが、読了後いつまでも耳の奥に残っている。

その正体について話すことから、解説の小文を始めたいと思う。

せつないメロディーなのである。それでいて、悲しいようなうれしいような、なんともいえない温もり——たとえば、母親に叱られて泣き疲れた幼子が、当の母親の膝に抱き取られ、最初はすねていても、やがてしゃくりあげながら寝入ってしまうときにも似た温もりが、その旋律には確かに宿ってもいる。

種明かしをしよう。僕の耳の奥で静かに鳴り響いているのは、巻頭の「トカビの夜」で印象的につかわれているパルナスのCMソングである。朱川さんと同じ一九六三年、昭和でいえば三十八年の三月に生まれた僕は、その「現実のホンモノ」のメロディーも知っている。パルナス製菓、確かにあった。ピロシキやクレーモフといったロシアのパン、ロシアのお菓子をつくっていた。テレビCMもあった。そこで流れていたのは、そう、確かに〈お菓子屋さんの宣伝とは思えないほどマイナーな曲〉で、「トカビの夜」のチェンホが胸をさすりながら言うとおり〈聞いとったら、このへんがシクシクするような気がする〉曲だった。ああ、あったあった、わかるわかる……「トカビの夜」のそのくだりを読みながら大きくうなずくひとは、同世代の、特に関西地方で少年少女時代を過ごしたひとたちを中心に、きっと少なくないはずだ。

「トカビの夜」だけではない。パルナスのCMソングのみの話ではない。「妖精生物」の国電の高架下、「摩訶不思議」の横丁の将棋屋、「送りん婆」の舞台となる、コンクリートを直接流し込んで路面を固めた横丁……朱川さんの作品に寄せられる幾多の高い評価が繰り返し説いているとおり、一編一編の物語には濃密な懐かしさがある。朱川さんご自身の少年時代にも重なる、高度経済成長期からオイルショックあたりまでの昭和四十年代の空気が、時には前景に出て物語を彩り、あるいはまた遠景から物語を支えながら、読者を郷愁の旅へといざなってくれる。それは間違いなく、朱川さんの小説の大きな魅力の一つだろう。

もっとも、その懐かしさが単純に「あったあった、わかるわかる」で終わってしまうのなら、それは同世代の記憶を心地よくくすぐってはくれても、サークルのように世界が閉じてしまう。パルナスのCMソング一つとっても、もしも朱川さんが「時代を示すアイテム」としてのみ、さらには「ノスタルジアへの目配せ」という意識のみで物語に招喚していたとするなら、くだんの曲を知らない読者はそこをただ読み流してしまうだけだろう。もしかしたら、知らないことで物語からはじき出されてしまったと感じてしまうひとだっているかもしれない。くだけた譬《たと》え話を用いるなら、飲み会で「あったあった、わかるわかる」の話で盛り上がるオヤジたちが、若手から冷ややかに見られてしまうようなものである。

もちろん、朱川さんはそんな愚は犯さない。朱川さんの描く懐かしさは、決して「知っている／知らない」「体験している／していない」で分けられるような単純なものではないのだ。

なるほど確かに本書のどの作品をとっても、「昭和」の懐かしさは濃密に漂っている。ところが、あらためて読み返してみると、時代や場所を特定する固有名詞は意外なほど少ないことに気づかされる。たとえつかわれていても、それをことさら強調するのではなく、あくまでもさりげなく、である。

テレビ番組や流行歌、ファッション、大きな事故や事件など、その時代と直線的につながる固有名詞――勝手に名付けるなら「時代名詞」を物語にちりばめれば、浅いレベルでのノスタルジアは容易に確保できる。しかし、朱川さんは「時代名詞」に頼ることなく、懐かしさを物語の土台にまで染み込ませた。パルナスのCMソングという「時代名詞」を用いるときも、ただの彩りとしてではなく、子どもたちの心が通い合った瞬間を描く挿話に欠くべからざるものとして、そして胸が〈シクシクする〉という、まさに朱川さんの作品すべてに敷衍できるせつない感情の基調音として、いわば有機的に物語に組み込まれている。

ならば、朱川さんはどこで濃密な懐かしさをつくりあげているのか。

禁欲的な「時代名詞」の用い方と同時に、一読明らかなのは、語りの話法である。「トカビの夜」で見ていくと、〈ずいぶん昔のことなので〉〈実を言うと〉〈なぜ誰とも遊ばずにいたのかは思い出せないが〉〈何年が過ぎても、あの日のことは忘れられない〉〈今でもはっきりと耳に残っている〉〈今から思えば〉〈まったく記憶にはないが〉〈後に私が読んだ本によると〉〈あれから、三十余年の時が流れた〉……物語る〈今〉と物語られる〈ずいぶん昔〉との間を、朱川さんの語りは自在に往還する。もちろん、それは「トカビの夜」にかぎった話ではない。本書所載のすべての、いや、朱川さんがお書きになるすべての作品の大きな特長として、そのナラティブの伸びやかさがあることは、いまさら言挙げするまでもないだろう。

それでもあえてもう一言。ここであらためて強調しておきたいのは、朱川さんは記憶の濃淡をきちんと語り分け、描き分けている、ということである。「時代名詞」の助けを借りなければいつの時代の話なのかさっぱりわからない、のっぺりとパンフォーカスされた作品とは対照的な遠近感が、朱川さんの作品には常に息づいている。

懐かしさは、暗記した英単語や歴史の年号を思いだすのとは違う。濃淡があり、甘酸っぱさからほろ苦さまでさまざまな味わいの違いがあり、時に記憶のひだに隠れてしまったり、あるいは時にひょいと思いがけないところから顔を覗かせたりしてこそ沸き上がってくる感情である。朱川さんの語りは、スーラやピサロの点描画のように一つひとつの挿話や場面に、明度や彩度の差を緻密に（けれど決して頭でっかちな計算によってではなく）つけていく。だからこそ、そこから生まれる記憶の濃淡は、人間ドラマの陰影へと昇華する。とりわけ、陰の部分の微妙な色合いを繊細にとらえるところに、この優れた作家の最も大きな美点がありはしないだろうか。

先回りしてしまうと、本書の懐かしさを静かに、しかし確かに支えているものは、古き良き時代への郷愁ではなく、むしろ逆――差別や偏見をも含む、時代に落ちた翳りなのではないか。

じつは朱川さんが本作で第百三十三回直木賞を受賞

された直後、僕は『オール讀物』(二〇〇五年九月号)で朱川さんにお話をうかがう機会をいただいた。その際、朱川さんはご自身が少年時代を過ごした昭和四十年代という時代について、こんなふうにおっしゃっていた。

〈決していいことばかりじゃなかったですよ。僕らが子供の頃、社会的な問題も山積していましたから。公害病が問題になりましたが、あの問題はどうなったのかな……みたいなことが、気になってしょうがないです〉

〈僕は子供の頃に見た、公害であったり差別のような問題を、いつまでたっても他人事みたいに思えないんですよ。大人な態度というと変ですけど、「おれとは関係ない話だ」みたいな割り切りができなくて、ひと言いいたい気持ちが、いつまでも抜けない〉

しかしそれは、昭和四十年代という特定の時代の、たとえば大阪の下町という特定の場所に限られたものではないだろう。どんな時代のどんな街にも、そしてどの世代にも、〈子供の頃〉に垣間見たり自らが当事者になったりした翳りはある。初恋の甘酸っぱさが普遍であるように、大小さまざまな後悔や申し訳なさのほろ苦さも、また不思議なものに出会った子どもの抱く畏《おそ》れや胸の高鳴りもまた、すべてのひとに共有されているものだろう。朱川さんが語り、描く懐かしさは、時代や世代、地域に閉ざされているのではない。いわば人間であることのよろこびやかなしみ、人間同士が生きる世の中の哀歓に通じる、限りない広がりを持っているのだ。

だからこそ、これは断言してもいいのだが、「現実のホンモノ」のパルナスのCMソングを知らない読者にも、〈このへんがシクシクする〉ものがなしいメロディーは確かに聞こえているはずなのだ。むろん、そのメロディーは「現実のホンモノ」とは異なっている。それでいい。いや、そのほうが、むしろ、いい。パルナスのCMソングを知らない読者は、知らないがゆえに、自分自身の記憶、自分自身の暮らしの中から、〈このへんがシクシクする〉メロディーを取り出して鳴り響かせることができる。別のひとと「あったあった、わかるわかる」で分かち合うことはできなくとも、自分自身の胸の奥から湧いてくるメロディーは、きっと「現実のホンモノ」のCMソング以上に美しくせつなく〈このへんがシクシクする〉、「真実のホンモノ」

になっているだろう。

懐かしさの「懐」とは、「ふところ」である。頭の知識や記憶ではなく、そのひとのふところに深く根差した——まさに〈このへんがシクシクする〉懐かしさを、朱川さんの小説はそっと取り出してくれるのだ。

『オール讀物』での話のつづきを、最後に。

対談の締めくくりに、朱川さんは、当時小学六年生だった息子さんが本書を読んで涙したという話を聞かせてくださった。

〈思わず「え、おまえ、わかるのか？」とか言ったら「ウウウッ」とか泣いて〉

〈やっぱり、小学生の子が泣いてくれたというのは、僕もうれしかったですね〉

そのときの朱川さんの笑顔はほんとうにうれしそうだった。

それはきっと、父親としてだけではなく、物語の書き手として、少年のふところの奥深くにまで言葉が届いたよろこびからの笑顔だったのだろう。とてもカッコいい笑顔だったことを、最後の最後に付け加えておく。

中場利一《りいち》
『シックスポケッツ・チルドレン』
集英社文庫　二〇一〇年

カタカナのタイトルである。

それも、新語の部類に属する、ちょっといまどきの言葉である。

シックスポケッツ・チルドレン——作品中での説明を借りれば〈一人っ子は、父親と母親、そして両方の祖父母、合計六人のポケットをあてに出来る〉。

意味は正しい。この場合のポケットとは財布のことである。要するに、一人っ子はお金に困らないわけである。

ただし、言葉としての意味は確かに正解でも、それが本作のタイトルになってしまうと、一言文句をつけずにはいられない。

全然違うやないけ――。

ポケット、底に穴が空いて、ボロボロやないか――。

作品の舞台は、岸和田からほど近い漁師町。主人公は小学五年生の悪ガキ・ヤンチ。お父《と》んの一夫はろくに働きもせずに博打と喧嘩に明け暮れ、お母《か》んの静子は家出を繰り返し、一人っ子のヤンチはけなげにも牛乳配達のアルバイトをしながら学校に通う……という家庭環境である。

ヤンチだけではない。物語に出てくるガキどもを取り巻くおとなたちは、みーんな、ろくなポケットを持っていない。同じ一人っ子のヨコワケくんだって複雑な家庭に育っているし、きょうだいのいる連中もみんな貧しく、親に問題がなければきょうだいがろくでなしだし、きょうだい仲良く暮らしている家庭にかぎって親がろくでなし……。

シックスポケッツ・チルドレンなんて、どこにもいない。

どこにもいないのに、中場利一さんはその言葉を作品に冠した。嘘つきである。ひどい作家である。もしや、中場さん、テレビかなにかでたまたまその言葉を知って、ちょっとガクのあるところを見せようと思って適当にタイトルにしたんじゃないか、とさえ思ってしまう。文庫の解説だからといって遠慮はしないぞオレ。言うべきことはきちんと言わなきゃな。本人、目の前にいないんだし。

だから読者諸賢におかれては、ひとまず、このタイトル、忘れていただきたい。

で、本人のいないところでは強気な解説の小文に、ちょっと付き合ってもらえないか。

「正しさ」とはなんだろう。

中場さんの小説を読むたびに、そのことを考えてしまう。

『岸和田少年愚連隊』シリーズをはじめとする中場さんの小説には、まじめに働いているおとなはほとんど出てこない。まじめに勉学や部活にいそしむ子どもも同様である。おとなたちは酒を呑み、博打を打ち、喧嘩をする。子どもたちはそんなおとなの姿に「かなわんなぁ」と嘆息しつつも、イタズラをして、ヤンチャをして、やっぱり喧嘩をする。おとなも子どもも基本的には常にぶらぶらしていて、暇つぶしのネタをいつも探していて、それが見つかったときに物語が動きはじめる。

ろくでもない奴らばかりだ。まったくもって困った連中なのである。

彼らはみな世間一般でいう「正しさ」から大きくはずれ、好き勝手に暴れまわる。その痛快さが中場さんの小説の魅力の一つであることは間違いない。窮屈な「正しさ」に取り囲まれている僕たちの心は、河内言葉の痛快なリズムに乗せられて、気持ちよく解きほぐされていく。

だが、ここからが肝心、中場さんは決して「正しさ」の殻を打ち破る心地よさだけを作品の主題にしているわけではない。もしもそうだとしたら、デビュー作『岸和田少年愚連隊』の一作だけで事足りる。あとはその繰り返しに過ぎなくなってしまうだろう。

一九九四年のデビューから十五年、おそらく、いや絶対に勤勉ではないはずの中場さんは、なぜ小説を書きつづけているのか。そして、僕たちはなぜ、中場さんの新作を読みつづけているのか。

そのヒントが、本作にある。

物語の設定は、前述したとおり、中場さんお得意、愛読者にとってもお馴染みのものである。だが、それはあくまでも「器」にすぎない。荒くれた「器」に盛られた作品の世界には、ビシッと一本、スジが通っている。しかも、そのスジは、『ジャックと豆の木』の豆の木よろしく、世間一般の「正しさ」の壁を突き破ったあとも、ぐんぐん伸びていく。元気なスジだ。まっすぐなスジだ。それを僕は「成長」と名付ける。

ヤンチは小学五年生。まだまだガキである。しかし、一人っ子のヤンチは〈親のちょっとした気持ちの流れがダイレクトに伝わる〉。おまけに、なにしろああいう親だから〈一人っ子だからと甘やかされた記憶はない〉ものの、〈可愛がられるのは独り占めできる〉。要するに親との関係が濃密なわけだ。物語は、そんなヤンチの学校生活（ただしほとんどは放課後）を軸に綴られていくのだが、お父んの一夫がなにかといえば顔を出す。頼まれてもいないのに暇つぶしで首をつっこんでくる。当然、騒動は起きる。話はますますややこしくなり、「正しさ」に基づいた解決など望むべくもない。だが、全十一章のどの話をとっても、ラストシーンでは胸にあたたかいものが残る。ヤンチたちガキどもを取り巻く状況はシビアなままでも、それを正面から受け止めて前へ一歩進む「成長」が、僕たちの胸をほんのりと熱くさせてくれるのだ。

そして、「成長」しながらまっすぐに伸びていくヤンチたちのスジは、世間一般の「正しさ」の壁を突き破ったあと、もっと大きな、もっと大切な「まっとうさ」へと向かう。

「正しさ」は間違いを許さない。だが、「まっとうさ」は違う。間違っていても、まっとうきわまりないこと──というのはある。絶対にある。たとえ現実の社会ではなかなかお目にかかれなくても、本書にはいくらでもある。売るほどある。だから定価をつけて売られているのだ。

〈好かれたい好かれたいなんてド厚かましい。嫌われてみろ。もしヨコワケがヤンチのことを友達だと思っているなら、ヤンチの嫌いなところもまとめて好きになる〉

〈十人相手に一人でケンカしに行くんが不良で、一人相手に十人で行くんが非行〉

〈親は子供に干渉するもの。干渉して何が悪い。そのかわり世界中が敵になっても守ってやる〉

……作品中からお気に入りのフレーズを抜き書きしていったらキリがない。これらの言葉、正しいかどうかと訊かれたら、よくわからない。だが、まっとうかどうかなら、どう考えたってまっとうじゃないか。しかも、それをヤンチに教えてくれるのがろくでなしのお父んというところが、うれしいじゃないか、ほんとうに。

個人的には「まっとうさ」を「倫理」と呼び換えてみたいのが本音なのだが……たぶん、中場さんは「なんやねん、リンチの兄弟分かい、チンチンのイトコかい、おうコラ」と照れて、いや、たんに腹を立ててしまいそうなので、言いません(本人が目の前にいなくても、だんだん怖くなってきた)。

とにかく、この作品には「まっとうさ」が満ちている。

ヤンチはハタ迷惑なお父んから、優しいお母んから、近所のおとなたちから、友だちから、その「まっとうさ」をしっかりと学び取っていく。

いいぞ、ヤンチ。おまえ、高校生ぐらいになったら、きっとガラは悪くてもいい男になってるだろうな……と思わず声をかけたとき、ようやく気づいたのだ。

ヤンチが大きくなったら、『岸和田少年愚連隊』のチュンバみたいなヤツになるじゃないか——。

　そうなんだ。うん。いまさらながら、自分がなぜ中場さんの小説に惹かれつづけているか、わかった。中場さんの作品すべてを下から支えているものは「まっとうさ」だったのだ。だからこそ、どんなに血なまぐさい喧嘩の連続でも、不思議なほどすがすがしかったのだ。チュンバもまた、さまざまな「まっとうさ」を学んでいた。小学五年生のヤンチの世界に比べてチュンバはよりおとなに近い世界を生きている。そのぶん見えづらかった「悪ガキが『まっとうさ』を学ぶ成長小説」としての側面が、ここでグッと浮かび上がってきたわけである。

　となると……そろそろ、先ほど封印した「シックスポケッツ・チルドレン」という言葉を思いだしたほうがよさそうだ。

　ヤンチたち悪ガキを取り巻くおとなたちは、お小遣いの出てくるポケットはなに一つ持っていない。コウコと白いごはんだけの夕食にオカズの一品をつけることすらできない。

　だが、間違いなく、ヤンチたちはシックスポケッツ・チルドレンである。漁師町のろくでなしのおとなたちが、乱暴な手つきでポケットから出して、ぶっきらぼうに差し出すものは「まっとうさ」と、そして——。

　そこから先を言うとヤボになる。


　最後に一つだけ、中場さんが目の前に現れないうちに自慢話をさせていただきたい。

　この物語には、ヨコワケという魅力的な脇役が出てくる。転校生である。おとなしくて、孤独で、しかし〈泣いてから強い〉少年である。

　単行本版の刊行に合わせて、シゲマツ、中場さんに本作についてのインタビューをさせてもらったのだが、そのときに中場さんはこんなことをおっしゃっていた。

〈今日は正直にゆうときますけど、ヨコワケはね、重松さんからのパクリのつもりで書いたんです（笑）〉

〈ヨコワケってのはね、ぼくの考える重松さんのなかの登場人物なんですよ〉（『青春と読書』二〇〇七年一月号）

　つたない聞き手に対する中場さん流のリップサービスだとは承知していても、うれしかった。ほんとうに。

　確かにヨコワケは、いかにも僕の書くお話に出てきそうなヤツなのだ。ヤンチたちとさえ出会わなければ、おそらく、世間一般でいう「正しさ」をきちんと守りつづけていたはずの少年なのだ。

そんなヨコワケが、変わった。友だちのつくり方がわからなかった少年が、ヤンチたちの正真正銘のツレになった。本作の真ん中にいるのはヤンチでも、ヨコワケのサブストーリーが、物語をよりいっそう重層的にしてくれているのだ。

ヨコワケ、よかったなあ。シゲマツの世界から中場さんの世界へとさらわれていった少年の成長を、心から喜びたい。

でも、おい、ヨコワケ、そろそろオレの世界に帰ってこいよ。だって、「正しさ」の中にいないと、将来苦労するに決まってるじゃないか。ヨコワケ、おまえはさ、オレの世界の住人なんだから、もっとこう、まじめに勉強して、喧嘩なんかしないで、ヤンチと過ごした日々は忘れて、おまえならだいじょうぶ、まだ間に合う……。

ヨコワケを手招くシゲマツの姿が、くっきりと想像できる。

ヨコワケも、きっと、ちょっとだけ迷ってくれるだろう。

でも、あいつは遠くからヤンチに呼ばれると、僕にぺこりと頭を下げて、ダッシュで駆けだしてしまうのだ。

あーあ……行っちゃったよ……。

その場に取り残された僕は、寂しさとともにヨコワケの背中を見送るだろう。

でも、やがて僕の顔には微笑みが浮かんでくる。

がんばれよ、ヨコワケ。おまえが「まっとうさ」をいっぱい学んで、一丁前の若者になった頃、また会おう。

ヤンチ、そして中場さん、ヨコワケのことをくれぐれもよろしく頼んだぜ。

吉田篤弘

『小さな男＊静かな声』

中公文庫　二〇一一年

時間がかかるのである。

すでに本文を読了された方におうかがいしたい。いかがでしたか？　作品のボリュームに比して読み終えるまでの時間が、思ったより長くかかりませんでしたか？

少なくとも僕はそうだった。いつもそうだ。職業柄、小説を読み進めるスピードはそれなりに速いほうだと思っているのだが、吉田篤弘さんの作品を読むときには不思議と時間がかかる。本作も例外ではない。「短めの長編」程度のボリュームなのに、実感としては、その倍のボリュームを持つ作品を読むときと変わらないほどの時間がかかった。

ただし、この作品は決して、断じて、読みづらいわけではないのだ。むしろ逆。用いられる言葉は、漢字とひらがなのつかい分けから読点を入れるタイミングに至るまで、とても丁寧に吟味され、慎ましやかなユーモアとしての回りくどさや、もったいぶった言い方を愉しむことはあっても、読み進めるにあたってのストレスはいささかも感じないだろう。

なのに時間がかかるのは、なぜか。

簡単なことである。読み流したり読み飛ばしたりできないから、まとめて言うなら、急いで読めないからだ。

では、なぜ急いで読めないのか。ここからが本題。いや、その前に――。

そろそろ発想を変えよう。「時間がかかる」という表現じたいにネガティブなバイアスがかかっていることを認めよう。小説は家電の取扱説明書ではない。青色申告の手引き書とも違う。一編の小説を読み終えるまでにたくさんの時間を費やすというのは、かえって幸せなことではないか。「巻を措く能《あた》わず」という一気呵成の読み方ができることは、もちろん優れた小説の大切な条件の一つである。しかし逆に、読みかけの本を伏せて机に置き、ふう、と息を継ぐときの心地よさが味わえるというのもまた、優れた小説にしかできないことではないだろうか？

本作の構成はずいぶんヘンテコである。未読の方の興趣を削がない程度に先回りしてお伝えしておくと、まず、小さなものをめぐる百科事典を書きつづける小さな男の物語と、静かな声を持つラジオパーソナリティー・静香の物語が、交互に並んでいる。そこまでならさほど珍しい構成ではないのだが、それぞれの物語はさらに、一人称で語られる挿話と二人称での挿話とに分かれるのだ。つまり読者は、小さな男の内面にもぐり込んだかと思うと外に出て、一転して静香の胸の内に寄り添いながらも、ほどなくまた外から彼女を見つめることになるわけだ。

読みはじめてすぐにその構成を知ったとき、僕は思わず「うーむ……」とうなっていた。三年前、単行本版が刊行されて間もない時期のことである。

率直に言えば、あまりいいニュアンスの「うーむ……」ではない。書き手の端くれとして、「吉田さんもずいぶんヤバいことに挑戦なさったんだな」とセンエツながら感じてしまったのである。〈小さな男〉と〈静かな声〉の関係はともかく、それぞれが一人称パートと三人称パートに分かれてしまうと、「一人称で秘められていたものが三人称によってあらわになり、三人称のときには謎めいていた心理が一人称であっさり明かされる」という野暮なタネ明かしの連続になりはしないか。それ以前に、読者は気ぜわしく目を移動させることで疲れてしまって、せっかくの物語を味わえなくなってしまうのではないか。

僕が書き手なら、この構成をとるにはよほどの勇気が要るだろう。おっかなくてしかたない。吉田さんのチャレンジに対しても、期待よりもやはり不安のほうがまさっていたのだ。

ところが、いざ読み進めてみると、視点の移動はまったく忙しくない。というより、一人称から三人称へ、三人称から一人称へと切り替わるところがじつになめらかで、それを意識することすらほとんどなかったのだ。驚いた。いやほんとに。

いま僕は、そのときの自分の姿を思いだしているところなのだが、物語にぐいぐいとのめり込んだ記憶よりも、むしろ一つの挿話から次の挿話へと移るときの

「間」の心地よさの記憶のほうが強く残っている。読みながら思わずうなずいたり、クスッと笑ったり、あるいはふと物語から離れて物思いにふけることが多かったというのも、よく覚えている。

ああ、本作の魅力はここなんだなあ、と三年後のいま、あらためて思う。急いで読み進めることのできない理由も、納得がいく。

僕たちは小さなこだわりに満ちた〈小さな男〉の物語を読み、世界に対するささやかな違和感を寡黙に訴える〈静かな声〉の物語を読みながら、じつは、僕たち自身についての物語をも胸の奥で紡いでいる。〈小さな男〉や〈静かな声〉が思弁する、つくり笑いについて、「ついに」について、新聞と新聞紙の違いについて、魔が差すことについて、詩集について……僕たちもまた同じように、「なるほど、気づかなかったな」と膝を打ったり、「オレも以前からそこは気になってたんだよなあ」とうなずいたりしながら、さまざまに思いをめぐらせるわけだ。

そんな読み手の「あなた」の物語——一人称と三人称の狭間から生まれる二人称の物語を隠し持った本作には、目に見えるボリューム以上の奥行きがある。ならば、急いで読み進められないのも当然だし、逆に、少し読み進んでは止まり、しばらく間をおいてから〈小さな男〉〈静かな声〉の物語に戻っていくという読み方こそが、本作にはなによりふさわしいのかもしれない。

優れた小説とは「物語の引力で我を忘れさせてくれる」ものだけではない。「物語と読み手が絶妙の距離を保っていられる」というところが魅力の優れた小説もある。本作はまさにそのお手本のようなものなのである。

実際、本作の物語はじつにシンプルで、起伏もゆるやかである。タネ明かしは避けておきたいが、その気になればいまの何分の一かのボリュームで仕上げることも充分に可能だろう。だから、決して僕たちは物語の引力で頁《ページ》をめくっているわけではない。作品の大半を占めているのは、二人の主人公が営む暮らしのディテールである。いわば、本作は〈小さな男〉と〈静かな声〉の長い長い自己紹介——もう少し僕の好む言い方をゆるしていただくなら、彼と彼女の「たたずまい」を描く小説なのである。

そのたたずまいは、どこか僕たち自身とも似ていないだろうか？

一人暮らしの生活をそれなりに愉しみ、それなりに満たされていながら、しかし――。

一人称と三人称の物語の狭間からたちのぼってくるものは、読み手自身の二人称の物語だけではない。〈小さな男〉〈静かな声〉が一人称で語る自分のたたずまいと、それを外から三人称として見たときの微妙なずれが、二人のたたずまいを立体的にする。そして、そこから（あえて作中で用いられた最も軽い語彙をつかうなら）――彼と彼女と、それから僕たち自身の〈ロンリー・ハート〉が浮かび上がってくるのである。

孤独とは呼ばない。孤独なら、物語の筋書きで伝えられる。けれど、さびしさはどうだ。そのひとの抱えたさびしさを伝えるものは、はっきりとした出来事や事件などではない。そのひとが静かに毎日を生きているときのたたずまい、ささやかな習慣や小さな信条といったたたずまいでしか、さびしさは描ききれないのだと、僕は思っている。そしてまた、吉田篤弘さんは装幀家としての顔もお持ちである。装幀の仕事とは、すなわち一冊の本のたたずまいを決めることでもあるだろう。優れた装幀家である吉田篤弘さんの小説家としての真骨頂は、だからこそ、さびしさを描くことにあるのだと、愛読者の一人として確信もしているのだ。

物語は、そんなさびしさを抱いた二人が（あるいはミヤトウさんも含む三人が）、〈あらたまりつつある〉――少しずつ少しずつ、変わっていくところで終わる。どんなふうに、とここで明かすのは慎んでおくが、とても気持ちのよい終盤の展開であることだけは予告しておきたい。

だが、あわてるのはよそう。解説はもうすぐ（やっと？）終わる。ここから本文に戻る方は、どうか、ゆっくりと読み進めていただきたい。あせらなくていいし、どうせ急いで読み飛ばすことなんてできっこない。個人的には、眠る前の読書をお勧めしたい。幾晩もかけて読んでほしい。きりのいいところまで読んで、本を閉じ、すうっと眠りに就いて、また朝になって目を覚ます。ロンリー・ハーツ読書倶楽部のパンフレットにあった〈そして、人生はつづいてゆく〉という感覚を、何度も味わっていただきたいのだ。そうすれば終盤の〈あらたまりつつある〉感覚がいっそう深く胸に染みていくこと請け合いである。

え？　もう本文を読了してしまったひとはどうすれ

ばいいんだ――だって？
だいじょうぶ。また最初から読み返せばいい。彼と彼女とあなたのたたずまいは、たぶん、読み返すごとに微妙に変わっているはずだ。何度読み返しても汲みきれない豊かさを持っていることも、言うまでもなく、優れた小説の条件なのである。

有川 浩《ひろ》
『フリーター、家を買う。』
幻冬舎文庫 二〇一二年

ああ、このひとは「心意気」の作家なんだなあ――。有川浩さんの作品を拝読するたびに思う。

物語を前へ前へと進めていく力についての話である。それはすなわち、読者にページを繰らせる手を止めさせない力についての話にもなるだろう。

有川さんのお書きになる小説は、長いものも短いものも、シリーズものもそうでないものも、とにかくすべて、物語の強い推進力を持っている。その力の正体は、具体的には恋愛や妄想ないしは暴走、あるいは謎解きや戦闘などの形をとって、じつにバラエティー豊かに現れているわけなのだが、その根っこをあえて一語に集約するなら、「心意気」が最もふさわしいのではないか――と、僕はいつも思っているのである。

「心意気」は、たとえば「義侠心」や「正義感」と、とてもよく似ている。『三匹のおっさん』をはじめとする有川さんの作品のいくつかがすぐに思い浮かんでもくる。また、「使命感」というのもありそうだ。こちらは『県庁おもてなし課』が代表だろうか。本作『フリーター、家を買う。』だって忘れてはならないだろう。

しかし、有川さんの作品の底に流れる「心意気」を、「義侠心」「正義感」「使命感」と単純にイコールにしてしまうと、たちまち異議の声が飛んでくるだろう。

もちろん、そういうのもあるさ、あるんだけど――。

それだけじゃないんだ――。

確かに、登場人物は皆、正しさをベースにした「やらねばならぬ」という強い思いに駆られて全力疾走をつづける。だが、その思いは決して優等生的なお行儀の良いものではない。もっとヤンチャだったり、もっとヘタレだったり、理屈としての正しさよりも意地の正しさを通すことを優先したり、負けるケンカをあえて売ったり買ったり、よけいなことをしてしまったり、言葉が足りなかったり、間違えたり、悔やんだり、怒ったり怒られたり……そんな人間くささをたっぷり含んだ「やらねばならぬ」なのである。

だから、「やらねばならぬ」の前に「まいっちゃったなあ」という及び腰の本音がくっついているときもあるだろう。逆に「自分がやらなきゃ、ほかに誰がやるんだ」という状況が、ひとを強くしてくれることだってあるに違いない。「やらねばならぬ」立場から逃げてしまう奴もいるかもしれないし、その臆病者をなだめすかしながら現実に目を向けさせることだって「やらねばならぬ」……。

お察しのとおり、僕はいま『フリーター、家を買う。』の話をしているのだ。この素敵な物語の底を流れる「心意気」について語ろうとしているのである。


本書を初めて読んだのは、単行本版が刊行されて間もない二〇〇九年秋のことだった。

へなちょこな誠治クンの成長物語を堪能させてもらった。重い心の病に冒されたお母さんを救うべく一念発起した誠治クンの「心意気」に胸を熱くして、就職した誠治クンが〈何となく社会から滑り落ちてしまった、そういう奴らの気持ち〉を誰よりもわかっている採用担当者としてがんばる姿には、とりわけ痛快な思いで「よしっ、いいぞっ」と声援を送っていたのだった。

それからしばらくたった頃、新聞で書評を書くために再読をした。書評の原稿でも初読時の感興をそのまま書くつもりで、再読はあくまでも確認のために目を通しておくだけのはずだったのだが、あっという間に物語の磁力につかまった。夢中になって読みふけり、初読時にはうかつにも見逃していた、誠治クンの「心意気」を根っこで支えているものにも気づくことになった。

誠治クンの一念発起の陰には、母親の病気の発見が遅れた後悔がある。その苦みは、一見幸せだったわが家をとりまいていた現実に気づかなかった二十年近い歳月が生んだものでもある。重い。やるせない。しかし有川さんはそれを後悔の堂々巡りに終わらせなかった。苦みと重さとやるせなさとを「心意気」のバネにして、誠治クンに物語世界を全力疾走させたのだ。

僕も含む年配の読者は往々にして、若い主人公の物語に対して、その疾走感に憧れながら／憧れているからこそ、微妙な屈託を覚えてしまい、つい「だって若さの勢いがあるんだから」「青春小説なんだもんなあ」「この作家って若いひとに人気なんだろ？」と言いがちである。一足先に読了した書評担当としては、本作のスピーディーな展開が後悔の苦みに支えられていること、その苦みはむしろオトナの胸にこそ深く染みるはずだということを、書評を通じてぜひともお伝えしたかった。例によって不出来な原稿ではあったが、その思いだけはなんとか伝わったのではないかな……甘いかな？　まあいいや。文庫版でも同様に繰り返しておく。後悔の苦み、ここ、ポイントだと思います。

そして三度目の読書は、今回である。約二年半ぶり。今度も物語にたっぷり浸った。しかも、またもや新たな発見があったのだ。三度目にしてグイッと浮上してきた人物がいる。そのひとの存在にいったん気づいてしまうと、もはやそれ以前には戻れない。物語の相貌を変えてしまうほどの人物なのである。

満を持して物語に浮上してきた、そのひとの名は――誠一サン。父親である。

過去二度の読書では、誠治クンの「心意気」は一つきりだった。僕の目には「母親を救う」ことしか見えていなかった。だが、父と息子の関係に注視しつつページをめくっていくと、じつは誠治クンには「父親を救う」というミッションも与えられていたことがわかるのだ。

もっとも、本人にその意識はないだろう。あくまでも母親を救うために、父親によけいなことをされたくないし、ヘソを曲げられても困るので、なだめすかして、プライドと現実との折り合いをつけつつ……。

「やらなきゃしょうがないから、やってるだけだよ」

と誠治クンは言うだろうか。

わかるよ。親父と息子だ。お互い素直になれるはずもない。だが、誠治クンよりも誠一サンのほうに歳も立場も近く、〈結局あんたは家族なんか大事じゃないのよ。大事なのは自分、自分、自分、自分、自分の都合と世間体と楽しみだけ〉と娘の亜矢子サンが父親を責めたときにはこっちまで胸が締めつけられてしまった僕には、誠治クンが誠一サンにやってくれたことのすべてが、とにかくうれしくて、これを「心意気」と呼ばずしてなんと呼べばいい、とさえ思うのである。

誠治クンが誠一サンをどんなふうに救ったのか。誠一サンは物語の中でどんなふうに変わっていったのか。それをこの場で言うのはヤボの極みだろう。ただ一つ、若い読み手にお願い——この本、きみの親父さんに読ませてやってくれ。「ありかわ・ひろし、って誰だ？」なんてことを言う困った親父さんであればあるほど面白い。読み終えたときの横顔を、ちょっと覗いてみるといい。たぶん、きみは親父さんのことを、ほんのちょっとだけでも、いままでより好きになるはずだ。

有川さんの描く「心意気」について考えていると、こんな言葉が自然と浮かぶ。

「一寸の虫にも五分の魂」——小説の登場人物を「虫」呼ばわりすることの非礼はもちろん承知しているのだが、僕はこれこそが、有川さん流の「心意気」のテイストに最も近い言葉だと思っているのだ。

本作でも、他の作品でも、有川さんが好んで描くのは「五分の魂を持った一寸の虫」である。それぞれの存在は決して大きなものではない。社会的・世間的に強い力を持っていたり高い地位にいたりするひとは、有川さんの作品にはほとんど出てこない。たとえいたとしても、彼らは彼らで、さらに大きくて強い敵と戦う羽目になってしまうのだ。

とにかく、有川さんが描くひとたちは皆、小さな存在である。けれど誰もが、それぞれの場所でそれぞれの役目を一所懸命に果たして生きている。小さな誇りを持ち、小さな夢を持ち、小さな意地を持って、ぶっきらぼうな優しさを時に垣間見せながら、あるいは時に暴走してデカい敵と渡り合ったりしながら、身の丈いっぱいの「心意気」を僕たちに見せてくれるのだ。考えてみれば、「五分の魂を持った一寸の虫」というのは、なんと体の半分が魂なのである。気合十分なのだ(その一方で「五分の魂しか持っていない五尺の虫」……いるよね、たくさん)。

そんな彼らを描く有川さんは、だから、彼らの「心意気」を決してないがしろにはしない。物語の展開に都合良く「心意気」をコントロールするのではなく、「よし、まずはあんたの『心意気』を思う存分吐き出してみろ!」と言ってくれる(もっと優しい言い方だと思うが)。おそらく、そこには有川さんから「五分の魂を持った一寸の虫」への全面的な肯定と信頼があるはずなのだ。

本作のラストシーンも、そう。ハッピーエンドとは「登場人物を幸せにして物語を閉じること」を意味するのではない、と僕は思う。「生きることの歓びを読者の胸に響かせながら物語を閉じること」が、僕なりのハッピーエンド観なのだ。センエツながらそれに照らせば、本作のラストシーンは最高に美しく、とびきり素敵なハッピーエンドになる。

「心意気」はここにも満ちている。有川さん自身の、作品や物語を超えた、生きることそのものに対する「心意気」である。

それを思いっきり堪能するためにも——。

解説から先に読む流儀のひとは、ほら、なにをしてるんですか、早く本文へどうぞ。

すでに読了済みのひとも、もう一読いきますか。僕がそうだったように、必ずまた新たな発見があるから。

僕も近いうちに四度目に……嘘だと思ってるだろ。でも、ホントだよ。いま原稿を書きながら、豊川クンのことがじわじわと気になってきてしかたない。あいつの「心意気」を味わってみるつもりです、今度は。

『ふがいない僕は空を見た』

窪《くぼ》 美澄《みすみ》

新潮文庫　二〇一二年

初めて出会った作家の作品を読むときの楽しみは、ストーリー展開を追うことだけではない。その作家ならではの文章の息づかいを探ることもまた負けず劣らず、いや、しばしばそれ以上に心躍らせてくれるものである。

窪美澄さんとの出会いもそうだった。僕にとっての窪さんは、まずなにより、すこぶる魅力的な言葉の遣い手として目の前に現れたのだ。

本書を単行本版で読んだのは二〇一一年四月。初版刊行は二〇一〇年七月なので、読者としてはかなりの出遅れ組である。もちろん作品への高い世評はあちこちで耳にしていたし、窪美澄さんという未知の作家への興味も人並み以上に抱いていたつもりだ。だからこそ逆に、気後れがあった。なにしろ、本書の巻頭を飾るデビュー作「ミクマリ」は、『女による女のためのR－18文学賞』の大賞を受賞している。四十代終盤の男としては、はたして自分に読み手の資格があるかどうかが気になってしまい、つい敬して遠ざける格好になっていたのだった。

だから、最初は遠慮がちにページを開き、おずおずと「ミクマリ」を読み進めた。

冒頭の段落三つで心をわしづかみにされた。

いちいちの引用は控えておくが、まずは男子高校生のてらいとケレンに満ちた息の長い語りで始まり、つづく段落では一転、高校の教室からあんずの部屋に入るまでをスピーディーに見せる。さらに三段落めでは、部屋の暗さに目が慣れるまでの流れとリンクして、描写が聴覚から視覚へと移っていく。緩急のつけ方や視点の動かし方が、とてもデビュー作とは思えないほどみごとなのだ。なにより、文章のうまさをただ誇るのではなく、読み手をつかまえて物語の中に引き込む握力が強いのだ。

思わず居住まいを正した。おい、ちょっとこれ、すごいんじゃないか、とページと目の距離がぐんと縮まった。「女のための」なんて、そんなの応募した賞の名前の一部に過ぎないんだよ、と当然のことにようやく気づいた。

あとはもう一気呵成。前のめりになったままページを繰りつづけた。ときどき息継ぎのように顔を上げ、虚空をじっと見つめたり、腕組みをして目をつぶったりした。「ミクマリ」から「世界ヲ覆フ蜘蛛《クモ》ノ糸」「2035年のオーガズム」「セイタカアワダチソウの空」を経て、掉尾《ちょうび》を飾る「花粉・受粉」まで——一冊を読み終えたあと、この作家とは読み手として長い付き合いになる、と確信した。間に合ってよかった、二作目の単行本が出る前に読んでおいてよかった、と幸運も噛みしめた。「デビュー作からずっとリアルタイムで追いかける」というのは作家と同時代に生きる読み手の特権なのだから、それをぜひとも行使したいではないか。

要するに、僕は愛読者の端くれになったのである。窪美澄さんという初めて出会った作家は、たちまちにして、とても大切な作家の一人になったのである。

単行本版を読み終えた少しあと、僕は本書についてのこんな評を発表した。

〈なにより惹かれたのは、どうしようもなさをそれぞれに抱えた登場人物一人ひとりへの作者のまなざしだった。救いはしない。かばうわけでもない。彼らや彼女たちを、ただ、認める。官能が（哀しみとともに）濃厚ににおいたつ世界を描きながら、作者はきっぱりと、清潔に、登場人物の「性（せい／さが）」を受け容れ、それを「生」へと昇華するための五編の物語を重ねていくのだ。

どう生きるか、生きてなにをするのか、なんのために生きるのかという賢《さか》しさではなく、ただ生きて、ただここに在る——「ただ」の愚かしさと愛おしさとを作者は等分に見つめ、まるごと肯定する。その覚悟に満ちたまなざしの深さと強さに、それこそ、ただただ圧倒されたのである〉（第二十四回山本周五郎賞選評）

文庫版の解説を書かせていただくにあたって再読した二〇一二年夏のいまも、やはり僕は、同じことを感じ、同じように圧倒されてしまった。

その理由をあらためて探ってみることで、本書の解説に代えたい。

「ミクマリ」の中盤に、こんな一節がある。

〈男も女も、やっかいなものを体に抱えて、死ぬまで生きなくちゃいけないと思うと、なんか頭がしびれるようにだるくなった〉

やっかいなもの——。

決して新奇な言葉ではない。むしろありふれた、ごくふつうの言葉なのだが、ひっかかりがあるというか、不思議な存在感があるといえばいいか、妙に気になる。

直接には、〈女の子の場合、生まれたときから卵巣の中にはすでに卵子のもとになる数百万個の原始卵胞が詰まっている〉ということを受けての〈やっかいなものを体に抱えて〉になるのだろう。ただ、ここでの文脈だけだと〈男も女も〉のうち男のほうが見えづらいかもしれない。

その回答というわけではないが、男にとっての〈やっかいなもの〉は、作品の最終盤にあった。

〈おふくろが、へその緒がついたままの赤んぼうをあお向けに寝た女の人の胸元にのせたとき、小さな体の割りにはでかく見えるちんこが見えた。おまえ、やっかいなものをくっつけて生まれてきたね〉

なるほど、確かに〈やっかいなもの〉である、アレは。

「やっかい」は「2035年のオーガズム」にも出てきた。

〈性欲というやっかいで小さなたまごは、あたしのなかですでに孵化していて、それがたまごっちみたいに成長していくことを、あたしはそのときまだぜんぜんわかっていなかった〉

さらには、「セイタカアワダチソウの空」で、田岡さんが自らのアブノーマルな性の嗜好を告白したあとに付け加えたこんな言葉も、バリエーションの一つになるだろう。

〈そんな趣味、おれが望んだわけじゃないのに、勝手にオプションつけるよな神さまって〉

性にまつわるもろもろを、窪美澄さんは〈やっかいなもの〉〈オプション〉という言い方で描く。それはすなわち、自分でも持て余してしまう「過剰」ということである。

ああ、わかるなあ、その感じ……とうなずく読み手はきっと多いだろう。と同時に、「やっかいなもの」という平凡な一語に、じつはさまざまなニュアンスがひそんでいることにも気づくはずだ。

無理もない。この言葉には、じつは元手がたっぷりかかっている。

『女による女のためのR－18文学賞』の最終候補作の一編としてネットで全文公開された時点での「ミクマリ」のテキストは、単行本化されるにあたって細かい改稿がほどこされた。前述した、赤んぼうの性器をめぐるくだりもそうだった。ネットで公開されたテキストは、〈おまえ、やっかいなものをくっつけて生まれてきたね〉のあとに、こんなふうにつづく。

〈この世界はでも、そんなに最悪でもないんだ。多分。というかそう思いたいし〉

それを推敲《すいこう》で削ったことで、〈やっかいなもの〉に奥行きが出た。たとえ文章としては残っていなくても、作者が〈やっかいなもの〉をこの世界で生きることと拮抗《きっこう》させようとした思いは、確実に〈やっかいなもの〉に刻み込まれた。言葉に元手がかかっているというのは、そういう意味なのである。

語り手がバトンを受け渡して、らせんを描くように物語られていく五編の連作は、さまざまな〈やっかいなもの〉をめぐる物語の連なりだった。自分の中に、自分でも持て余してしまう〈やっかいなもの〉がある——それは、全編を貫いて流れる妊娠・出産というモティーフの変奏でもあるだろう。

僕は本書をそういう構図で読み、だからこそ、まいったなあ、と舌を巻いたのだ。窪美澄さんの作家としての強さに圧倒されてしまったのだ。

本書に登場するひとたちは、誰もがそれぞれに大きな「欠落」や「喪失」を抱えて生きている。とりわけ家庭については、どこもかしこも穴ぼこだらけと言ってもいい。

そんな「欠落」「喪失」を軸に据えれば、傷ついた彼や彼女たちの悲しみに満ちた物語は容易につくれるだろう。だが、そこには読む前から既視感がまとわりついていないか？　ストーリーというより、むしろ読後感を先回りして、食傷した気分にならないか？

窪さんが描き出したものは違う。まるっきり逆だった。彼や彼女たちが失ってしまったものではなく、彼や彼女たちがどうにも持て余してしまう〈やっかいなもの〉＝「過剰」を活写した。

失われたものを無視したのではない。前提なのだ。出発点なのだ。

もはや同時代小説の主題として消費され尽くした感のある「欠落」「喪失」にとどまるのではなく、その先にあるものへと、窪さんは目を向けている。それこそが、〈やっかいなものを体に抱えて、死ぬまで生きなくちゃいけない〉ということ――。

いや、こうやってまとめてしまうのは簡単でも、小説を書く立場に回ってみると、これはとんでもなく難しいことではないか。〈やっかいなもの〉を捨てろ、というのならいい。〈やっかいなもの〉を別のものに変えてしまうのなら、まだわかりやすい。だが、五編の主役たちは、その道を選んではいない。〈やっかいなもの〉をやっかいなまま（今後ますますやっかいになりそうな予感さえはらみつつ）自らの内に抱え込んで、〈死ぬまで生きなくちゃいけない〉のである。

折り合いはうまくつけられるのか。そもそも折り合いなどつけられるものなのか。わからない。主役たちは皆、若すぎる。最も年かさの卓巳くんのお母さんですら、揺れ動き、惑いつづけている。

そんな彼や彼女たちの物語を書き綴る窪さんは、〈やっかいなもの〉の処方箋を安易には示さない。ただ、〈やっかいなものを体に抱えて、死ぬまで生きなくちゃいけない〉という一人ひとりの生を、黙って見つめる。人生を賛美はしない。胸を張っての肯定でもない。苦笑交じりだろうか。ため息交じりだろうか。登場人物たちに語りかける言葉は、それこそ改稿によって消えたフレーズそのままに、〈この世界はでも、そんなに最悪でもないんだ。多分。というかそう思いたいし〉という歯切れの悪いものになるだろうか。

だが、そのへなちょこな肯定は、どこまでも優しく、じつはしなやかに強い。

「花粉・受粉」に登場する、おそらく本書全編を通じて最も安定した位相にいるリウ先生は、卓巳くんのお母さんに言う。

〈悪い出来事もなかなか手放せないのならずっと抱えていればいいんですそうすれば、〉

そうすれば、どうなる――？

つづきのフレーズは本文で。

ここで明かすヤボは断固として慎むべきなのだが、ひとつだけ、捨てられないものは無理に捨てなくてもいいというリウ先生の（すなわち作者自身の）語りかけは、きっと読み手の僕たちの胸にも優しく染みていくはずなのだ、と未読の方には予告しておくし、すでに読了された方には「でしょ?」と目配せしておこう。

なぜって、〈やっかいなもの〉のやっかいたる所以は、うまく捨てられないところにこそあるのだから。きれいに捨てられるような〈やっかいなもの〉は、そもそも最初からやっかいではない。そして、僕たちの人生は、ほんとうにうんざりするほどたくさんの〈やっかいなもの〉であふれ返っているのだ。

それでも、僕たちはいつも、愛読する作家の作品から、人生や世界の肯定のしかたを学んでいる。

僕たちが生きるこの世界は、生きるに価しないほど最悪なものではない。たぶん。おそらく。きっと。だって、そう思いたいじゃないか……と、卓巳くんなら、たぶん言う。

だから捨てられないものは無理に捨てなくていい。抱えていればいい。そうすれば……と、さっきリウ先生が言った。

二〇一一年に本書を評した文章で言い忘れていたことが一つあった。

肯定は、「いま」の賛美とは違う。たとえ「いま」がどうしようもないものでも、「いつか、きっと」を信じることができるなら、人生や世界は、そしてどうしようもないはずの「いま」もまた、肯定される。

本書の五編の小説は、どれも「いま」のやるせなさにぴったりと寄り添っている。そんな「いま」の物語の先に、まるで倍音を響かせるように、窪さんは「いつか、きっと」の光を灯《とも》してくれた。

その光に導かれて五編を読み終えた僕は、本を閉じて、顔を上げた。まぶたの裏には光の余韻がぼうっと残っている。

〈やっかいなもの〉を捨てられずにいるふがいない僕たちは、でも、その光がまぶたの裏に残っているうちは、人生や世界について少しだけ優しくなれるような気がする。それを信じて、自分で言った言葉に少し照れて、光が消えてしまわないうちに、と急いでとりかかった解説の小文を、いま書き終えた。

森 博嗣

『ブラッド・スクーパ』

中公文庫　二〇一四年

シリーズ第二作である。物語の時系列でいえば、第一作『ヴォイド・シェイパ』の「あと」になり、第三作『スカル・ブレーカ』の「まえ」にあたる。

ただし、「まえ」「あと」をオーソドックスにたどる読み方に強くこだわる必要はないだろう。まず本作『ブラッド・スクーパ』でシリーズと出会い、その「まえ」を知るべく『ヴォイド・シェイパ』に戻り、『スカル・ブレーカ』で「あと」を堪能する、という読み方だってだいじょうぶ。実際、僕自身はその順番で三作を読んでいって、なんの不都合も感じなかった（だからいま、本作の文庫化と同時に上梓《じょうし》される第四作が楽しみでしかたない）。たとえ『スカル・ブレーカ』から「まえ」へ「まえ」へと物語をさかのぼっていたとしても大きな違和感は持たなかっただろうし、それはシリーズが巻を重ねていっても変わらないはずだ、とも思う。

なぜか。個々の作品に、独立した物語としての確かな強度が備わっているから、ということは言わずもがな。加えて、本シリーズ——少なくとも、二〇一四年三月現在で僕たちが読むことのできる『ヴォイド・シェイパ』『ブラッド・スクーパ』『スカル・ブレーカ』の三作は、その連なり方じたいに、「まえ」「あと」を無化してしまう力を持っているのではないか。

第一作の達成の上に第二作があり、第二作の収穫が第三作の礎《いしずえ》になるという、いわば煉瓦をどんどん積み上げていくような構成なら、「まえ」「あと」はとても大きな意味を持つだろう。それに対して、本シリーズは、巻があらたまるごとにその達成や収穫の多くをあえて手放し、同じ問いをかたちを変えて繰り返すことで、「まえ」も「あと」もない、壮大な思索の物語をかたちづくっているように、僕には思えるのだ。

たとえば、主人公——彼はなぜ「ゼン」のままなのだろう。

「ゼンノスケ」という読みも、「禅之助」という漢字表記も、すでに『ヴォイド・シェイパ』の時点で明かされている。

ところが、その後も彼は「ゼン」と呼ばれつづける。打ち明けておくと、作中で「禅之助」が示されたとき、僕は「ここで繰り広げられる問答や思索は『禅』そのものだものな」と納得しつつ、センエツにも「種明かしがちょっと早すぎるし、意味と音が近すぎるかも」と思ってしまったのだが、「禅」の一字が登場したあとも彼が「ゼン」でありつづけているのを見て、うーむ、と腕を組み、オノレの読みの浅さを思い知らされながら、森博嗣さんの別の御作にあったこんな一節を思いだしたのだ。

〈名前というのは、固有名詞であり、名詞の中でも極めて具体的なものだけれど、それでも、最初に名前だけ聞いたときには、その人物に関する具体的な情報がないので、単に、そういう名前の人というだけの存在である。逆にいえば、その名前が示すものは、その後の情報で、どんどん変化をしていく〉(『人間はいろいろな問題についてどう考えていけば良いのか』)

ゼンには、まず「ゼン」という音の情報が与えられ、次に「ゼンノスケ」という略さない読み方、さらに「禅之助」という漢字も示された。なるほど、物語の内容に鑑みて、「禅」という漢字は主人公の名前としてまことにふさわしい。「ゼン」が「禅之助」になったことで、読み手が彼に抱くイメージはより鮮やかに、具体的になってくれるだろう。

物語は、ここで一歩前進、大きな収穫を得た——からこそ、森さんはそれをあえて、すぐさま手放したのではないか。まだ音と意味を固定しなくていい、どんどん変化させればいい、と先を急ぎたがる読み手を無言で諭したのではないか。

「ゼン」=「禅」の具体的な情報を手放すことで、読み手は再び「ゼン」にさまざまな漢字をあてはめられるようになる。「ゼン」という音が抽象的な広がりを取り戻す。

全きものとしての「全」は、どうだ。善きものとしての「善」も、悪くない。だが、それ以上に、既刊三作を読み終えたいま、僕は「ゼン」に「然」の字をあてたくてしかたないのだ。

「然」とは、『広辞苑』の語釈を借りれば〈状態を表す語をつくる助字〉——自然、泰然、敢然、偶然、必然、釈然、慄然などの「然」（呉音の「ネン」まで広げるなら、天然も）である。「状態」は移り変わる。「状態」は「変化」をおのずと孕《はら》む。若き侍として生と死の狭間に立つゼンもまた、さまざまに移り変わる自他の「状態」と向き合う。それはすなわち「変化」と向き合うことでもある。本作『ブラッド・スクーパ』の中でハヤが語った言葉を借りるなら——〈ものが変化をするから、光や熱が生じます。生きていることは、まさにこれと同じ変化の集まりで、私たちも動物たちも命の火を灯し、そして命の元となる油を使い切るまで生きます〉

「変化」と向き合うことは、「生きている」（という「状態」）と向き合うのと、そしてその果てにある「死」と向き合うことと同義にもなるのだ。

もちろん、あわてて言っておかなくてはならないのだが、「ゼン」に「然」をあてるのは僕の勝手な読み方にすぎない。あまりに恣意的だというお叱りは甘受したいし、ゼンの旅の物語の魅力はまだまだたくさんあるのだということも認める。

たとえば、既刊三冊を貫いて受け渡されるものの一つに、ゼンの出自をめぐる謎がある。すでに『ヴォイド・シェイパ』で貴種流離譚の予感を漂わせていながら、しかし、謎解きの手つきはもどかしいほどに慎重である。なにしろ当のゼンが、出自について〈最近になって、人伝に聞いた話はあった。だが、それが本当かどうか、確かめようもなく、誰にもわからない。本当でも嘘でも、もはやどうでも良い〉とさえ言い切ってしまうのだから、どうやらこの謎解きは、読み手もどっしりと腰を据えて見届ける必要がありそうではないか。

あるいはまた、剣の道に生きる者たちの活劇としての魅力も忘れるわけにはいかない。刀を当てないというスズカ流の剣が、どうにも気になるのだ。中里介山の大長編小説『大菩薩峠』の主人公・机竜之介が操る「音無しの構え」もまた、相手の刀に自分の刀を一度も当てないところから「音無し」と呼ばれるのである。となると、机竜之介の虚無（ホントにひどい奴なのだ、あいつは）とゼンの無垢とを比較したくもなるし、そこまで来れば宮本武蔵の「剣禅一如」をも招喚したくならないか。

さらにはロード・ノベルとして、忘れがたい脇役との出会いと別れ、そして不思議な因縁を味読する愉しみだって、もちろん、ある。

　そういった魅力の一つひとつを挙げていけばきりがない。

　そのうえで、僕はやはり、ゼンの「状態／変化」についての思索の深さと、研ぎ澄まされた抽象の美しさに、なにより心惹かれるのだ。

　本書の読了後も胸に残って離れないフレーズをいくつか挙げておく。

〈勝敗は運としかいいようがない。もし、僅かに差があったとすれば、それは己を信じた者の遅れと、己を疑った者の勢い。古きに縋《すが》った者と、新しきに懸けた者の差か〉

〈いずれが勝ったかなど、生き延びた者の錯覚にすぎない。／死んだ者は、一瞬にして、なにもかもすべてを手に入れるだろう。／自分がないという完璧さも。／生きた者には、それがお預けになるだけだ〉

〈戦うとは、つまり自分が変わることだ。／何故変わるのかといえば、それは一度死ぬからだ〉

　過去の記憶をほとんど持たず、世間ともかかわりを持たないまま生きてきたゼンには、処世の具体例がない。知らないことが多すぎる。ゆえに、彼の問いは、かくのごとく透きとおった抽象性を帯びる。物語はゼンの視点で語られているものの、そこに語り手の主語は一切ない。「私」という具体性すら排した文体は、どこまでも抽象を極めることで、やがて神話の類にも昇華しうるだろう。

　だから、繰り返す、本シリーズは、やはり「まえ」や「あと」という時系列の秩序をはるかに超えたところにあるのだと僕は思っているし、信じてもいるし、第四作、第五作と巻が進むにつれて、その全貌のスケールの大きさがより明瞭に見えてくるのではないかと期待してもいるのだ（ナマイキですみません）。

　言葉がいささか大きくなった。知恵熱のようなものに浮かされているのかもしれない。

　そろそろ筆を擱《お》く。拙稿冒頭あたりで申し上げたとおり、あとはもう、僕の役目は第四作の刊行を心待ちにするだけでいいだろう。

　それでも最後の最後に一つだけ。本作の各章冒頭に引用が掲げられている岡倉覚三（天心）の『茶の本』を、あらためて読み返してみたのだ。すると、引用された箇所以外にも、ゼンの思索と響き合う言葉といくつも出会うことができた。

〈茶道は道教の仮りの姿であった〉と見なす岡倉によれば、老子の説く「道」とは、〈宇宙変遷の精神、すなわち新しい形を生み出そうとして絶えずめぐり来る永遠の成長である〉。別の箇所では〈変化こそは唯一の永遠である〉ともある。

ゼンは物語の中で繰り返し自問し、思索する。強さとはなにか、生とはなにか、死とはなにか、戦いとはなにか、勝つとはなにか、負けるとはなにか、自分とはなにか。

むろん、答えにはすぐさまたどり着けるわけではない。

たどり着けないからこそ、彼は繰り返し問う。問いつづけ、歩きつづける。

その「道」——〈永遠の成長〉を綴ったものこそが、ゼンの物語なのかもしれない。

木皿 泉

『昨夜のカレー、明日のパン』

河出文庫　二〇一六年

本作『昨夜のカレー、明日のパン』の単行本版が刊行されたのは、二〇一三年四月のことだった。

それと同時期に、同じ版元から出版されたムック『文藝別冊　総特集・木皿泉』に、「夫婦脚本家、小説家になる」と題されたロングインタビューが掲載されている。取材日は同年二月二十八日、聞き手は重松清。つまり、僕。それはどうでもいい。

小説デビュー作の刊行を目前に控えた「木皿泉」のお二人（いまさら言うのもヤボだが、「木皿泉」とは和泉努さんと妻鹿《めが》年季子《ときこ》さんとの夫婦ユニットである）は、本作の手ごたえをどんなふうに感じていたのか、まずは書き手自身の発言で、確かめてみよう。

インタビュアーが話題を本作に向けたときの、お二人それぞれの第一声は――。

〈妻鹿　いやもう……〉

〈和泉　申し訳ないよねぇ〉

謝っているのである。恐縮しきりなのである。

なぜか。ボリュームとして決して大作というわけではないのに、仕上がるまでに、とにかく時間がかかった。第一話「ムムム」を書き上げてから、木皿泉の「出力担当」である妻鹿さんの筆がパタッと止まってしまったのだ。以降、妻鹿さんの発言をピックアップしていく。

〈もうとにかく嘘ばっかりつきつつ「書きます書きます」って言い逃れをして〉、完成までに九年もの時間を費やした。産みの苦しみである。〈9年前に最初に頼んできた出版社の人が社長さんになっちゃったんですよ！（笑）それも、一昨年〉。難産にもほどがある。

そもそも「ムムム」の執筆中からキツかったらしい。

〈書いた時はもうイヤでしょうがなかったんですよ。本当に「なんでこんなイヤなことを」と思いながら小説を書いてた〉

〈「小説」っていうのを見よう見まねで「こんな感じかしらん」と思って書いたから、本当によくわかんないままでしたよね〉

具体的に、どういうところがキツかったのか。

〈最初、「これは小説だ」と思って書いていたら、その後ずっと書けなくなってしまったんですが、その理由がシーンが思い浮かばなかったことなんです。テレビドラマだと、頭の中にシーンが「バーッ」と出てくるのでそれを書いておけば良いんだけど、小説はシーンが浮かばなくて〉

小説に初めて挑むことへの気負いやプレッシャーは当然あるはずだし、シナリオとは勝手が違う困惑もあっただろう。インタビューで妻鹿さんは「小説」という言葉を何度も繰り返していた。そのときの「ショウセツ」の響きには、まだ舌やくちびるに馴染んでいない微妙なぎごちなさが、確かにあった。それは、小説との距離をつかみかねていた当時の居心地の悪さの名残だったのかもしれない。

そんな悪戦苦闘の挙げ句、一時は、まったく別の内容で仕切り直しをするしかないか、という話にまでなった。

ところが、ひさびさに「ムムム」を読み返してみると——。

〈読んだら面白かったんだよねぇ（笑）。「これ、面白いじゃん」って〉

〈読み返してみたら、「自分が書きたいことってこういうことだったんだ」っていうのが結構、クリアに見えてきて、面白くなった。「あ、この感じだったら書けるんじゃゃない？」って軽く思えたので、書けたんだと思うんですけど、やっぱり「ムムム」は「小説」なんですよ。とにかく「小説」を書かないといけないと。でもその後は「宝《タカラ》」の話とか「ギフ」の話とか、具体的にこの人の話を書けばいいんだということがわかって書けたんです〉

まさに起死回生の瞬間である。「小説」はいわば「器」に過ぎないことに、妻鹿さんは気づいた。自分が書くべきものは「器」の模様ではなく、その中に容れる〈この人（たち）の話〉だったのだ、と。

インタビュアーとしての分を超えてしまうのは承知で生意気を言わせていただくと、僕はそのとき、二時間ほどの収材中で最も大きな、力強い相槌《あいづち》を打ったのだ。


記事では『昨夜のカレー、明日のパン』を未読のひとのために口に出すのは自戒しておいたのだが、取材の準備でいち早く本作を読んだ者の役得として、本音では妻鹿さんの言葉にこう応えたかった。

いまのお話、まさに『昨夜のカレー……』の登場人物それぞれの物語と、きれいに重なり合うんじゃありませんか——？

その思いは、二〇一五年晩秋のいまも変わらない。『昨夜のカレー……』とは、ひいては木皿泉ドラマ全般を貫いているのは、「発見と解放の物語」なのではありませんか——？


〈そうか、「助けて」というコトバが、今の気持ちに一番近いんだと思った〉（「パワースポット」）

〈師匠は、しばらく考えていたが、／「あっ、そうか」／と小さく叫んだ。／「なるほど、わかりました」／師匠は、しきりに一人で納得している。／（略）／「私は、誰かと生死を共にしたかったんだ〉（「山ガール」）

〈そうか、私が欲しかったのは、それだったのか。テツコは歩きながら、なんだ、そーだったのか、と思った〉（「魔法のカード」）

それから、今回の文庫化に合わせて書き下ろされた一編「ひっつき虫」にも、〈一樹が「あ、そうか」とつぶやいた〉という箇所が……むろん、せっかく書き下ろされた作品のこれ以上のディテールを明かすのは、いくらなんでも非礼に過ぎるというものだろう。

いや、しかし、やはり、文庫版は解説から先に読むという流儀のひとにには、興を殺いでしまうおせっかいだったかもしれない。

でも、だいじょうぶ。まだまだいくらでも本作には「発見」と「解放」の瞬間が用意されている。引用箇所に共通してつかわれている言葉を借りるなら、〈そうか〉の場面——そして、それを受ける言葉を作中から探すなら、〈それでいいじゃないか〉の場面である。唐突すぎる？　いいじゃないか、それで。作中のどこに、どんなふうに、〈それでいいじゃないか〉が用いられているかは、ナイショ。本文を既読の方とは「ねっ？」「だよね？」と含み笑いで目配せしたいし、未読の方は、どうぞお楽しみに。サイコーの場面で、とりわけ男子にとっては、サイコーの余韻とともにつかわれているから。

本作の、というより木皿泉さんが小説やドラマで描きだすすべての物語の愉しみは、ストーリーを追うことだけにあるのではない。物語の中にちりばめられた、大小軽重さまざまな「そうか／それでいいじゃないか」の瞬間を見つけること、そして、それを自分自身の「そうか（＝発見）」へと、さらには胸の深いところまでじんわりと染みる「それでいいじゃないか（＝解放）」のよろこびへと、繋げていくこと。僕は、そのよろこびを何度でも何度でも味わいたくて、木皿泉さんの物語を繰り返し読んで、観ているのだ。

十年以上前の妻鹿さんが「小説」というジャンルに囚われて悪戦苦闘していたように（ただし、僕は——まったく個人的な独断なのだが、和泉さんのほうは、じつは妻鹿さんの苦しみの源もちゃーんとわかっていて、だからこそ、あえて「ときちゃん、ここ、踏ん張りどころやで」と無言で励ましていらしたのではないか、と踏んでいるのだ）、僕たちはきっと皆、我知らず、さまざまなものに囚われている。たとえば自身の感情に、たとえば人間関係に、たとえば社会の常識に、たとえば過去に、たとえば未来に、たとえば目の前のいまの暮らしに、囚われて、ここから逃げだしたいのに身動きがとれなくなってしまって、キツい思いをしている。時として、そのキツさを自覚することすらできずに、気づかないまま、ひどく疲れてしまっている。

そんな僕たちは、木皿泉さんの描く物語のそこかしこに、自分と似ている登場人物を見つけることになる。プロフィールや具体的な状況が重なるのではなく、囚われ方が似ている人物である。たとえばドラマ『Q10《キュート》』のように、どんなに荒唐無稽な設定であっても、登場人物それぞれの囚われ方は、思わず「ああ、わかる……」とうめいてしまうほどリアルで、「そうか／それでいいじゃないか」の瞬間のよろこびは、僕たち自身の日々の暮らしと地続きにある。

テレビのモニターや一冊の本の中で、登場人物が「そうか」と気づき、「それでいいじゃないか」と肩の荷を下ろす瞬間、僕たちは安堵のため息をつく。しかし、それは誰のためのため息なのか。じつは、安堵も快哉も拍手も、半ば以上は、僕たち自身に捧げられているのではないか？

ただし、急いで言っておく。「発見」と「解放」を、「解決」だなんて早とちりしてしまうのは厳禁。「そうか／それでいいじゃないか」のよろこびは、あくまでもつかの間のものにすぎない。僕たちは皆、一瞬の解放で肩の荷を下ろしたあとも、また新たな肩の荷を負ってしまう。ギフがテツコさんに言うとおり、〈悲しいかな、人はいつも何かにとらわれながら生きてますからねぇ〉。まったくもって、そのとおり。僕たちもそう。本作のテツコさんやギフや宝や岩井さんだって、みんな、そう。また、なにかに囚われてしまうのだ。

だからこそ、ほんのつかの間、ほんのうたかたの「そうか／それでいいじゃないか」が、たまらなく愛おしい。

その一瞬の訪れを「奇跡」と呼ぶひともいるだろうか。そんなのありえないよ、と失笑するだけのひとも。それでも、奇跡は来る、かもしれない。

僕たちの囚われの日常は、奇跡の訪れを信じるに価する程度には、優しくあってほしいし、きっと、優しい。

そのことを、木皿泉さんはさまざまな物語で繰り返し描きつづけているのだと思う。

ところで、二〇一三年二月のインタビューで、妻鹿さんはこう言っている。

〈ほんとにこんな作品でみんな良いって言うんだったら……楽しいって言ってくれるのであれば書いてみたいですね。こういうのを求めてる人がいるならばね〉

映像化の可能性について、水を向けてみると――。

〈でもこれ絶対テレビの企画では通らないです（笑）〉

〈だって何も起こらないしね。多分無理ですね〉

まったくもって、控えめすぎる発言である。謙遜を通り越して、いささか弱気すぎませんか。いまの僕たちは誰もが、苦笑交じりに声をかけるだろう。

本作の単行本版は、二〇一五年十一月現在で約十六万部のベストセラーを記録している。〈こういうのを求めてる人〉は、妻鹿さんが思っていたよりはるかにたくさんいたわけだ。ＴＢＳテレビ『王様のブランチ』では「ＢＯＯＫアワード２０１３」の大賞に輝き、二〇一四年の山本周五郎賞の最終候補作、同年の本屋大賞でも第二位になるなど、クロウト筋の評判も高い。

さらに、同じ二〇一四年秋には、ＮＨＫ・ＢＳプレミアムで連続ドラマ化も実現した。木皿泉さんが自らシナリオを書き、仲里依紗《なかりいさ》さんがテツコさん、鹿賀丈史《たけし》さんがギフを演じたドラマ版の『昨夜のカレー……』は、〈自分より先に死んだ者たちと共に生きてみよう〉という思いや、家族が歴史を紡いだ「家」そのものの存在がグッと前面に打ち出され、よりいっそう物語の世界を広げ、深めてくれている。

そしていま、本作は文庫版というハンディな装いで〈書き下ろしの一編まで加えて！〉、また新たな読者との出会いを待つことになった。

文庫版とくれば、若い読者の出番だ。たとえば「魔法のカード」に出てきた少女の囚われているものを肌で感じ取り、「そうか／それでいいじゃないか」の瞬間のよろこびを我が事として体感できる世代の子どもたちと、木皿泉さんの物語の素晴らしさについて、いつか語り合える日が来ればうれしい――と、登場人物の中ではギフといちばん歳が近い僕は、すでにいまから、ひそかに楽しみにしているところである。

柚木《ゆずき》麻子
『ナイルパーチの女子会』
文春文庫　二〇一八年

ともに女子校出身、三十代の小説家と四十代のコラムニストが語り合っている。小説家は柚木麻子さん、コラムニストはジェーン・スーさん。先輩と後輩の「女子会」という趣である。

舞台は雑誌『ダ・ヴィンチ』二〇一五年十二月号――〈いま、一番女性の支持を集める作家〉として柚木さんの特集が組まれ、その目玉企画の一つがジェーンさんとのロング対談だったのだ。

話が佳境に差しかかった頃、柚木さんは「女子校って偏見持たれること多くないですか?」と訊いた。「ヒエラルキーがあるんだろうとか、お嬢様なんでしょう? とか」

同年の講談社エッセイ賞を受賞した『貴様いつまで女子でいるつもりだ問題』そのままに、ジェーンさんの回答は歯切れが良い。

「そういうこと言ってる人とわかり合えなくても、全然問題ないと思います」

柚木さんも、我が意を得たりと「そっか。わかり合えなくてもいいって大事ですよね」と賛意を示す。

続けてジェーンさんが曰く。「そこに絶望はないので。一瞬、胸に冷たい風が吹かなくはないけど、その人とわかり合う苦労を考えたら……」

それを受けて、柚木さんはこんな一言を返した。

「わかり合わなきゃ、共感できなきゃということから失うものって大きいですもんね」

この言葉をご紹介した時点で、拙稿――『ナイルパーチの女子会』の読書ガイドの任は、半ば以上果たしたことになるだろう。

対談の数ヶ月前、二〇一五年三月に柚木さんが上梓した本作は、まさに「わかり合わなきゃ、共感できなきゃということから失うもの」の大きさについて描かれた長編小説だったのではないか。

大手総合商社のキャリア社員の栄利子と、ダメ奥さんのブログで人気の翔子、一見対照的な、けれど栄利子の言葉を借りれば〈趣味や性格は正反対、でも根本のところで同じ〉二人は、ふとしたきっかけで友達になる。

とても美しく、幸福感に満ちた情景が、物語の序盤で描かれる。女友達ができないタイプだと自認する栄利子が〈たった一人でも女友達がいるだけで、己の色や形がくっきりとなぞられ、存在に自信が湧いてくる〉と感激にひたる一夜があった。未読の方の興趣を削ぐのは申し訳ないので詳細は省かせてもらうが、すでに本作を読了した方にはすぐに「ああ、あそこだ」とうなずいて、頰を自然とゆるめていただけるだろう。

だが、その幸福感は束の間のものだった。長い物語の中盤、そして終盤に向かって、栄利子と翔子はひたすら追い詰められていく。二人は、あの幸せな夜に確かに〈くっきりとなぞられ〉たはずの〈己の色や形〉、すなわち輪郭を見失ってしまう。

二人の関係は軋み、歪んで、罅《ひび》割れていく。違う、友達の関係が壊れるのではない、友達という関係が壊すのだ、彼女たち自身を。いや、もっと焦点を引き絞るなら、友達がいなければ、という思いこそが、彼女たちを自家中毒に陥らせ、とことんまで苦しめる。

〈人と人との繫がりの中に飛び込んで、自分の輪郭を確認したかった〉栄利子は、どんなことをしでかすのか。

〈誰かに触れ合って、自分の輪郭を確かめたい〉と希う翔子は、なにをしてしまうのか。

むろん、それをここで明かすのは野暮の極みである。代わりに、問わせてもらおう。友情の始まりにあるものは何なのか。人と人とを友達として結びつけてくれるのは、どんな思いなのか。

作中で栄利子は思う。〈この世界で何よりも価値があるのは、共感だ〉

栄利子だけではない。〈誰もが、身をよじり涙を流すほど、共感を求めている。共感するためなら、いくら金を払ってもいいと思っている。共感を求めているからこそ、誰もがネットを手放すことが出来ない〉

SNSの「いいね」やリツイートを持ち出すまでもなく、この世の中は、誰かに共感されたい思いや誰かに共感したい願いに（時に息苦しさを感じてしまうほど）充ち満ちている。

共感を、承認や肯定、さらには意訳を許していただくなら「ともにあること」と呼び換えてもいい。

栄利子は翔子と、ともにあろうとする。共感で繋がり合いたいと求めて、自分たちが〈支え合えれば無敵の二人組になれるってずっと思ってたのよ〉と翔子に訴える。〈私はあなたと二人で、おしゃべりをしたり、共通の何かを楽しんだりしてエネルギーを蓄え、大きなものへ向かっていきたいと思っているよ〉

その〈大きなもの〉とは、〈私達を競争させるものたち〉──作中の翔子と同様、本作を未読の方は、栄利子の〈意図するところが分からず〉首をかしげるだろう。それでいい。それが、いい。既読の人は、きっとうらやむはずだ。僕だってうらやましい。新しい読者は、栄利子が続けて口にする言葉をまっさらな状態で読めるのだから。〈私達を競争させるものたち〉の正体を知らされた瞬間の「そうだったのか！」という衝撃と、それでいて「ああ、自分は誰かにこう言い切ってもらえるのをずっと待ち望んでいたんだ」という安堵、その相反するものを同時に、存分に味わえるのだから。

しかし、ここからが本作の、そして柚木麻子さんという作家の真骨頂（の前半）──。

本作は決して、二人が再び〈無敵の二人組〉になって〈私達を競争させるものたち〉と闘い、あまつさえ勝利を収めるような、単純な共感バンザイの物語ではない。むしろ共感を追い求める栄利子が大きなものを失っていく様子を容赦なく描き尽くし、冷静であったはずの翔子の弱さにもよけいな斟酌《しんしゃく》を加えず、読者一人ひとりの中にある「栄利子のような部分」「翔子に似たところ」をえぐっていく。

なにしろ、女友達に最も恵まれている真織の描き方を見てもらえないか。並みの書き手なら彼女を座標の原点、誰よりも安定した、読者が共感しやすい位相に置くはずなのに、柚木さんは、なんともエキセントリックな、共感の極北にあるような人物として造型したのだ。これ、同業者の端くれとして、「ホントにすごいことなんですよ」と声を大きくして、完敗のお手上げのポーズとともに言っておきたい。

なるほど、ということは……と、あなたはうなずきかけるだろうか。いや待ってくれ、早とちりしないでいただきたい。「人間なんて、しょせん一人で生まれて一人で死んでいくんだから」という醒めた着地点を持つ物語なんだな、と誤解しないでもらいたい。

ここからが、作家と作品の真骨頂の後半になる。

栄利子と翔子は、物語の最後の最後で、共感とは違うものに根差した、「ともにあること」を打ち消したうえで成立する友情を結ぶ。あの幸せな一夜は取り戻せなくとも、二人の未来は、取り戻せない一夜の記憶にこそ支えられるはずなのだ。

既存の価値観の中では、それを「友情」とは呼べないかもしれない。しかし、柚木さんは、その価値観を激しく揺さぶって、最後はねじ伏せるように、読者に肯わせる。これは、すさまじく、素晴らしい、友情の物語なのだ——と。


打ち明けておく。

ここまでは、じつは単行本の刊行時に一読して感じたことを、ちょっと理屈を整えて語ってみただけである。「二〇一五年三月時点での『ナイルパーチの女子会』案内」とでも言えばいいだろうか。

僕は、同時代を生きる現役作家の作品を追いかける最大の愉しみは、新作と過去の作品とを結ぶ、いわば星座をつくることにあると思っている。


二〇一五年三月の時点では、『ナイルパーチの女子会』が柚木麻子さんの最新作——線を引いて結ぶ先はすべて過去の作品である。できあがった星座から浮かび上がるものは「(女性同士の) 友情」であったり、「女性同士の人間関係に向けられるステロタイプな決めつけへの (時として辛辣で、時としてユーモラスな) 異議申し立て」であったりした。実際、二〇〇八年に「オール讀物」新人賞を受賞したデビュー作「フォーゲットミー、ノットブルー」以来、それらの主題は常に柚木さんの作品群に流れていて、本作はその到達点の一つになる作品だと思っていたのだ。

だが、二〇一七年秋、拙稿執筆のために再読したときには、また違うことを感じた。もはや、本作は柚木さんの最新作ではない。当然である。柚木さんは現役の最前線、誰よりも新作が待ち望まれている作家なのだから。

そんな「『ナイルパーチの女子会』以降の作品」の中に、二〇一七年四月刊行の長編『BUTTER《バター》』がある。実際に起きた首都圏連続不審死事件（裁判では「殺人」として、木嶋佳苗被告の死刑が確定した）のディテールが見え隠れするこの作品もまた、『ナイルパーチの女子会』同様に刊行直後から大きな反響を呼んだのだが、両作品を線で結んでみると、『ナイルパーチの女子会』の見え方が、いままでとは違ってきた。単行本での初読時には小さな遠景に過ぎなかった一人の女性の存在が、急に迫り上がってきたのである。

一九九七年に起きた、東電ＯＬ殺人事件の彼女――。一流企業のキャリア社員でありながら、夜な夜な街娼を続けていたすえに何者かに殺されてしまった、未解決事件の被害者――。

作中では中盤に、二、三度〈東電ＯＬ〉として登場するだけの彼女だが、『ＢＵＴＴＥＲ』の読後に当該箇所を読み返してみると、とても通りすがりではすまない重い存在感を持っていることに気づかされる。

〈東電ＯＬにはきっと、女友達がいなかったのだろう。（略）悩みや悲しみを分かち合う同性の友達がいない、会社と家との往復だけの日々。自分が本当はどんな好みを持ちどんな鬱屈を抱えているかもよく分からず、透明人間のような気持ちで日々を生きていたのではないか。だからこそ、見知らぬ男達の中に自分の輪郭を探しに行ったのだ〉

ここにも、栄利子や翔子と同じ、輪郭という言葉が出てくる。

東電ＯＬ殺人事件と首都圏連続不審死事件という、二つの現実の事件が、優れたフィクションである両作にどこまでの影響を与えたかの考察は、この小文の任と書き手の力量を超えている。ただ、両作に共通する参考文献が『毒婦たち　東電ＯＬと木嶋佳苗のあいだ』（上野千鶴子・信田さよ子・北原みのり著）だというのを考えると、〈東電ＯＬ〉〈木嶋佳苗〉よりもむしろ、二人の〈あいだ〉にいる存在（そこには栄利子も翔子もいるし、真織もいるし、もちろん読者一人ひとりも、男性女性の別を超えて、いるのだろう）への作者のまなざしを、意識せざるをえなくなる。

そうやって両作を結んで、新たな星座を夜空に描いてみると、不思議なことに、『ナイルパーチの女子会』の読後に最も印象深く思いだすのは、『ＢＵＴＴＥＲ』のこんな箇所――。

現実の木嶋佳苗死刑囚を彷彿させる梶井真奈子、〈熟れた巨峰〉に譬えられる〈黒々とした大きな丸い瞳〉を持つ彼女（その瞳の描写は、ナイルパーチの〈大きな赤く光る目玉には何の感情も湛えられてはいないのに、すべてを見透かしているような厳しさが感じられた〉にも重なり合うだろう〉は、物語の主人公・里佳に、問いかけるのだ。

〈さあ、この世界は生きるに値するのかしらね？〉

『ナイルパーチの女子会』には、同じフレーズは登場しない。登場しないのに、なぜか、その問いかけこそが、『ナイルパーチの女子会』の、「（女性同士の）友情」よりもさらに柄の大きな主題に思えてならない。

同性の友達がいなくても。

ひとりぼっちでも。

自分の輪郭をはっきりと定められなくても。

夢見るころは過ぎ、奇跡のような美しい瞬間も過ぎ去ったあとも。

この世界は、生きるに値するのか――。

その問いかけに対して、『ＢＵＴＴＥＲ』の里佳が物語の最後の最後――ほんとうに単行本の本文最終頁で返す答えは……もちろん、それを明かすほど、僕は無粋ではない。

では、同じ問いに、栄利子と翔子なら、どう答えるのか。

こちらもまた、先回りして語るべきものではないだろう。本作を読了したときに、あなたの胸に残るもの、それがすべてである。

現役の最前線の作家の作品を追いつづける醍醐味は、「過去の作品」はもとより、「次の作品」との間に描かれる星座を堪能できることだろう。

本作『ナイルパーチの女子会』は、柚木麻子さんがデビュー以来追い求めてきた主題の一つの到達点であり、その後の柚木さんが展開する文学への結節点でもある。

その意味で（あわてて言っておかなくちゃ）――本作が第二十八回山本周五郎賞を受賞したことは慶賀にたえないが、それに負けないほど／もしかしたらそれ以上に、第三回高校生直木賞に輝いたことを言祝《ことほ》ぎたい。

若い世代の読者は、選考会の議論で、〈はじめは女子特有の関係性の物語だと思って読んでいたが、今日の議論を通じてもっと普遍的なものにつながっていると気づきました。もがいているところは男でも女でも一緒〉〈これを読むことで私の中に新しい価値観が生まれた〉などと素晴らしい評言を次々に口にした。作者より二十歳近く年長、だから高校生にとっては親父さんよりさらにオジサンの僕は、いいぞ、頼もしいぞ、と高校生たちに拍手する一方で、そうか、きみたちにも栄利子や翔子の苦しさや悲しさがわかるんだなあ、と少し胸が締めつけられて、だからこそ、もう一度、喝采とともに語りかけよう。

よかったな、きみたちには柚木麻子さんがいる。きみたちは、柚木さんが書きつづける作品群から、どんな星座を描くのだろう。それをいつか教えてほしい。

一生付き合える作家だぜ、このひとは。

Ⅲ

事実のすごみに真実が宿る

石丸元章《げんしょう》『平壌《ピョンヤン》ハイ』

文春文庫　二〇〇三年

「ジャーナリズム（journalism）」の一語は、そもそも「航海日誌（journal）」に由来する——という話を聞いたことがある。それに倣えば、ジャーナリストとは、つまり旅人。彼岸へと赴き、生還を果たした者に対してのみ冠せられる称号なのだ。

石丸元章さんは、紛うかたなき旅人。路上のひと。部屋の中に閉じこもっていたら、ろくなことをやらない。各種ドラッグにはまったすえ、一九九五年に覚醒剤不法所持で現行犯逮捕——ゴンゾー（ならず者）である。しかし、石丸さんはそこから（足元をふらつかせながらも）生還し、『SPEED　スピード』『アフター・スピード』『フラッシュバック・ダイアリー』といった極私的ルポルタージュを発表した。彼はやはりただのゴンゾーではなく、ゴンゾー・ジャーナリスト、やんちゃな旅人なのである。

本書は、そんな石丸さんが執行猶予期間中に出かけた、北朝鮮五泊六日パックツアーの記録。単行本が刊行された一九九九年の時点でも存分に刺激的だった題材は、文庫版というハンディな形に装いをあらためたいま、さらなる重みを持ってぼくたちに迫ってくる……はずなのだが……。

石丸さんはきっぱりと言う。

〈北朝鮮といえば〝餓死か暴発か〟とキャッチコピーがつくほど食糧危機が叫ばれている。（略）そうとも、オレは餓死寸前の国へ観光に行くんだ。そのことを忘れずに、飢えに苦しみ、ちょっぴりのとうもろこしの入ったドロ水みたいな粥とペンペン草と塩のスープしか飲めない人民の姿を頭に描いてすべての食物に感謝して、パクパク食い尽くすことに全力を尽くしていこう。これがオレの観光旅行の基本姿勢だ〉

取材ではなく、観光——。

およそ彼《か》の国に対して最も似合わない言葉を、石丸さんは自らの行動に課していく。

　だからこそ、〈やはり日本人たるもの、観光地に来たからにはナイフやサインペンを使って自分の名前をあちこち落書きしなければならないだろう〉とうそぶいて、ホテルに飾られた金正日《キム・ジョンイル》の写真パネルの裏の壁に、ポケットナイフで名前と日付を彫り込み、ツアー中にドラッグをキメて、うら若き女性ガイドをナンパして、あげくのはてては、金日成《イルソン》が幼い頃に相撲をとっていたという砂場に、大麻の煙草をポイ捨て……。

　ヒンシュクものの一冊である。

　もちろん個々のエピソードにどこまでの脚色がほどこされているのかはわからないし、石丸さんの行状の虚実はこの際どうでもいいんだと言い切ってしまおう。

　肝心なのは、石丸さんが確信犯的にヒンシュクを買おうとした相手について――なのだ。

　彼の国の体制を信奉するひとびとは、当然、烈火のごとく怒りだすだろう。それは、まあ、よくわかる。

　だが、本書に対するヒンシュクの矢は、おそらく別の角度からも飛んでくるだろう。石丸さんはそれを知っている。知っているから、挑発する。

　〈この本を書く上で大切にしようと思っていること、それは眉間にシワを寄せたりマジメ腐った態度で北朝鮮についてしゃべったり、論じたりしないことだ。（略）まじめな論争がその結果、生み出すのは、「オレは北朝鮮問題をまじめに考えた」という論じた人間本人のための独りよがりの自己満足と、問題は何も解決しちゃいないのに、あたかも論争が終わったことで、問題そのものもなくなったかのようにカン違いするマヌケな満足感、それだけだ〉

　日本人拉致問題に核開発問題と、北朝鮮をめぐる状況は、〈まじめな論争〉には事欠かない。その視線でひもとくかぎり、本書は不謹慎・不真面目きわまりない悪ふざけに満ちたルポである。しかし、石丸さんは路上のひとだ。路上に転がっているのは現実――ただ、それだけ。

　そして、路上の現実は、しばしば〈まじめな論争〉によってねじ曲げられてしまうんだということも、石丸さんは知っている。

　〈いつだってトラブルっていうのは、正義感とか勇気とかジャーナリズムとか志とかが引き起こすんだ。オレはそんなもん最初《ハナ》っから持ち合わせちゃいないし、だいたい〝ジャーナリズム〟ほど、本当に大切なもの

を見えにくくする色メガネはない〉

ここでトラブルを引き起こす要因として列挙されたものは、本書全体を貫いて、この一語に収斂《しゅうれん》していくはずだ。

理想――。

それは北朝鮮の現政権が掲げる理想のことでもあり、彼の国について語るときのぼくたちがつい掲げてしまう理想のことでもある。

石丸さんはツアーで金日成の故郷・万景台を訪れ、丘の上に立って、こう書きつける。

〈万景台から見る北朝鮮の国土は、日本に伝えられる北朝鮮のニュースがすべてウソに思われるくらい美しく、心の琴線に触れる力強さを持っている。（略）その昔、まだ権力抗争も粛清も権力世襲への執念も眼中になかった幼少時代の金日成主席は、この風景を見ながら掛け値なしに純真な素晴らしい理想を抱いていたんじゃないだろうか。純真な理想は時として醜悪で奇怪な現実を作り出すもんなんだな……。オレは胸が痛くなった〉

北朝鮮の〈醜悪で奇怪な現実〉を、石丸さんは決して批判しない。否定もしない。ただひたすら面白がり、ツッコミを入れ、あきれはてて、圧倒され……そして、いたたまれなさを背負いながら笑う。

石丸さんは、現実に対して、徹底してフェアでありつづける。ぼくはその一点において――彼の他の著作と同様、本書を全面的に信頼する。

〈当たり前で安全な「まじめさ」にからめとられて意味のない月並みな深刻さに満足してしまわないように、そのときそのときに見たひとつひとつの風景の滑稽さを大切にしたい。不幸や悲しみのもとになっているどうしようもないバカバカしさを笑い飛ばす勇気がオレ達には必要なのだ〉

旅の中盤に書き付けられたこの一節は、本書を超え、石丸さんのすべての著作に通じるものだ。石丸さんの描く〈オレ〉はよく笑う。ときどき激しく怒る。たまにホラも吹くし、しょっちゅうハタ迷惑な連中と知り合いになってしまい、そういう奴らとたいがいダチになって、ついついヤバい橋を渡ってしまう。けれど、〈オレ〉は深刻にはならない。理想も語らない。そこに陥りそうになったら、必ずあわててバカなことをしでかして、ヒンシュクを買いあさる。

そう――〈当たり前で安全な「まじめさ」〉から逃

れきれない男が解説文の書き手をつとめてしまったせいで、本書の魅力は半分しか伝えられていないかもしれない。だから、大急ぎで書き添えておく。本書は笑えるぞ。痛快だぞ。〈オレ〉はもとより、脇役ひとりひとりのハタ迷惑さといったら、もう……。

　波瀾万丈にして、抱腹絶倒。それは胸を張って請け合う。そして、大笑いしたあと、〈不幸や悲しみのもとになっているどうしようもないバカバカしさを笑い飛ば〉したあとに、北朝鮮をめぐる深刻さや理想とは違うなにかが、残る。これも保証する。

　そのうえで、もっと大急ぎで書いておかなければならないことがある。

　路上を疾走する石丸さんは、しかし断じて、怖いもの知らずな度胸だけが取り柄の、突撃体験ルポの書き手ではない。石丸さんの初期の仕事に、子どもたちの間に流れる噂話（「『ドラえもん』のストーリーは、交通事故で植物人間になったのび太の見た夢だった」とか人面犬とかね）を集めた『ウワサを追いこせ！』シリーズがある。石丸さんがそこで向き合った現実は、バーチャルで実体を持たないからこそリアルな――現在のインターネット上の言説空間にも通じる、一九八〇年代末期の〝目に見えない路上〟の風景だったのだから。

　タトゥーで体のあちこちを彩り、やたらと目つきの悪い、その風貌に惑わされてはいけない。真の〝路上《ストリー》の賢者《ト・ワイズ》〟は、しばしば〝路上の悪漢《ストリート・ギャング》〟を装って、街をのし歩くものなのだ。

　……と、「深刻ぶって難しげなこと言ってんじゃねーぞ、シゲマツ」と、どこかから石丸さんの声が聞こえてきそうな気がするので（ああ、怖い）、これ以上理屈を並べ立てるのはやめておく。

　ただ、本書で石丸さんが見せてくれた〈不幸や悲しみのもとになっているどうしようもないバカバカしさを笑い飛ばす勇気〉は、北朝鮮にかぎらず、ぼくたちが硬直してしまいがちな他者（たとえば〝社会的弱者〟だってそうだ）と向き合うときの大きなヒントに……「理想論をふりかざすなって言ってんだろ！」とマジに石丸さんに殴られそうなので、もうやめます。

　し、しかしですね（けっこうしぶとい）、先に本文を読んだひとには絶対にうなずいてもらえるはずなのだが、〈オレ〉はとびっきりの照れ屋である。優しい男である。そして、とことんフェアで正直な書き手である。

　だから、悪ふざけとキツいジョークの好きな〈オレ〉の旅日記を、思いきり声をあげて笑い飛ばそう。

　それが本書に対する礼儀である。

森　達也
『クォン・デ』
角川文庫　二〇〇七年

　孤独な王子の物語である。

　オスカー・ワイルドの描いた幸福の王子が、自身が身にまとった金箔をひとびとに分け与えたすえに鉛の心臓だけになってしまったように、ベトナムのグェン王朝の末裔《まつえい》たる孤独な王子は、国家の力学に運命を翻弄され、失意のうちに後半生を過ごしたすえに、現代アジア史のひだに、その生と死を——存在を、封じ込められてしまった。

　恥じ入りながら打ち明けておくと、僕はクォン・デという孤独な王子のことを、本書で初めて知った。森達也さんをクォン・デの生涯へと導いた留学生の言葉「僕らの王子は、日本に殺されたようなものなのに、どうして日本人は誰も、このことを知らないのですか」は、だから、読み手の僕自身の胸にも突き刺さる。

その意味では、本書はアジアと日本をめぐる小さな〈でも、とても大切な〉負債を返すための一冊になるだろう。ノンフィクション作品の第一の意義を「読者の知らなかったことを伝える」ことに置くならば、本書は間違いなく貴重な記録文学である。

それを存分に認めたうえで、いま一度、留学生の言葉に立ち返ってみたい。

「どうして日本人は誰も、このことを知らないのですか」――森達也さんは九年の歳月を費やして、「このこと」を克明に描きだした。しかし、本書の真骨頂は、むしろ「どうして」を探ることにあるのではないか？

クォン・デは、「どうして」現代アジア史から消えてしまったのか。四十五年の長きにわたって亡命生活をつづけ、終焉《しゅうえん》の地にもなった日本で、孤独な王子は「どうして」忘れ去られてしまったのか。真の独立と自由をめざして奔走してきたはずの祖国ベトナムで、「どうして」孤独な王子の孤独な闘いは封印されてしまったのか。いや、それを問うなら、「どうして」はもっともっとさかのぼって敷衍《ふえん》できる。クォン・デは「どうして」日本に憧れたのか。日本は「どうして」クォン・デを迎え入れたのか。クォン・デは「どうして」祖国に帰らなかった／帰れなかったのか。日本は「どうして」孤独な王子を孤独なままにしておいたのか……。

それぞれの「どうして」に対して、たとえば「歴史」の観点からの解答を与えることはできるだろう。だが、森達也さんは、ぎりぎりまでそれを拒む。「どうして」に呼応する「なぜならば……」の合理的な解答を決して安易にあてはめようとはしない。

〈大切なことは黒か白かではなく、その双方が混在することが人の営みなのだと自覚することだ。（略）人は絶えず多面的な世界で多面的な自分に揺らいでいる。／歴史を学ぶことはその視座をひとつに固定することと同義だ。それが史観なのだ。それを否定はしない。その作業を省略しては体系的には学べない。でもそもそも僕らが知ることは、事象の多面性のうちのひとつの見方なのだということは肝に銘じておきたい〉

〈善と悪とを二分法で対置することに僕は絶対に抗《あらが》いたい。人の内面や営みは、そんなにわかりやすいもの

では決してない〉

　たとえば頭山満《とうやまみつる》を、たとえば袁世凱《えんせいがい》を、たとえば犬養毅を、森達也さんは巷間《こうかん》伝わるイメージのままでは描かない。まず疑う。だから探る。一人ひとりの人物を微分し、検証して、時には大胆な仮説を立てながら、ひとつの人物像に収斂させるのではなく、むしろ揺るがせようとする。クォン・デをめぐる物語としては、いささかバランスを乱してしまうのは承知のうえで――もしかしたら据わりの良いバランスにこそ居心地の悪さを感じながら、クォン・デの近傍にいる人物を、そしてまたさらに広く視野をとったときに光芒を放つ人物を、森さんは丁寧に描いていく。

　もちろん、〈人の内面や営みは、そんなにわかりやすいものでは決してない〉のだから、どんなに筆を尽くしても、いや逆に、尽くせば尽くすほど、それぞれの人物像は揺らぐ。クォン・デにしても同様である。

　結果、本書に登場するひとびとは皆、多くの矛盾を内側に抱え込んだ姿で描かれる。物事をすっきりと、二分法のような図式で理解したい読者にとっては、本書はちょっとだけ不親切に見えてしまうかもしれない。

　だが、僕はそこにこそ森達也さんの覚悟を感じるのだ。矛盾を解消するのではなく、相反するものをひとつの心、ひとつの体、ひとつの人生の中に抱きながら生きていく人間そのものを丸ごと認め、向き合う。安易に「わかる」を得ようとするのではなく、「わからない」からこそ、見つめつづける。それが、森さん自身の語彙《ごい》で言うなら「他者への想像力」を持つということではないのか。想像力とは、「わからない」ものに対してしか放つことができないのだから。

　孤独な王子クォン・デの生涯は、国家を愛し、国家を信じ、しかしその国家に翻弄され、裏切られてしまった悲劇だったのかもしれない。いや、悲劇というジャンルに押し込めてしまうことは、それこそ安易な「わかる」にほかならない。大きな悲しみは確かにあった。その一方で、ささやかでも愛《いと》おしい喜びだって王子の生涯にはあった。森さんのまなざしは、歴史として語られてしまう悲しみとまっすぐに向き合いつつ、孤独な王子が得た友情や愛情にも――そっちのほうにより情感を込めて注がれる。それは、祈りにも似た思いなのかもしれない。

　単行本版のあとがきで、森さんは書いている。

〈僕は絶対にあきらめない〉

国家に押しつぶされたクォン・デの孤独を知ることで、そして「どうして」彼の生涯が忘れ去られてしまったのかを考えることで、明日の世界のなにかが変わる。森さんはそう信じている。二十世紀の折り返しの年に亡くなった王子が冠していた孤独のかんむりは、おそらく、いまも、この世の中のどこかにある。だからこそ——知ろうじゃないか、と森さんは繰り返す。「わからない」ものに想像力を向けようじゃないか、と訴える。

太平洋戦争末期、日本軍部との約束を信じて、ベトナムへ帰還する飛行機の到着を待ちつづけたクォン・デの姿も、還暦をとうに過ぎていながら生活に困窮してカメラマンになろうかと言いだしたクォン・デの表情も、僕たちには想像することしかできない。だが、おぼろげでもいい、それが浮かび上がって、胸が熱くなったとき——きっと森さんは「そうそう、それなんだ」と、はにかみながら、うれしそうに笑ってくれるはずなのだ。

『犯罪被害者の声が聞こえますか』

東《ひがし》大作

新潮文庫　二〇〇八年

一本の、とても優れたドキュメンタリー番組がある。オンエアは一九九八年夏。『ＮＨＫスペシャル』の枠だった。周知のとおり、ＮＨＫは毎年夏になると、戦争、特に日中・太平洋戦争に関連するドキュメンタリーや討論番組を集中的に放送する。くだんの番組も、その中の一作としてオンエアされたのだ。

タイトルは『我々はなぜ戦争をしたのか』——ただし、ここでつかわれる「我々」は、日本人ではなく、「戦争」とはヴェトナム戦争のことである。

ヴェトナム戦争はなぜ起きたのか、なぜあんなにも泥沼化してしまったのか、戦争回避や早期終結のチャンスはほんとうになかったのか、あったとするならなぜ活かせなかったのか……。

それらをめぐって、戦争終結から二十年以上の時をへた一九九七年に、戦争当時のアメリカとヴェトナム（北ヴェトナム）両国の指導者たち、つまり敵同士が一堂に会し、ともに検証と対話をおこなった。

番組は、非公開でおこなわれたその討議を通じて、戦争の根っこには、のちの世の目で見れば信じがたいほどの双方の誤解や事実誤認があるのだと明らかにした。そして、検証すらおこなわれないままの太平洋戦争の「戦後」について静かに批判し、と同時に、苦い歴史を直視することこそが平和への礎《いしずえ》になりうるのではないか、と問いかけたのだった（もっとも、かつて『なぜぼくらはヴェトナムへ行くのか？』を書いたノーマン・メイラーが、9・11以後のアメリカを『なぜわれわれは戦争をしているのか』と、やはり現在形で批判せざるをえなかったとおり、少なくともアメリカにとっては、敵との対話で得られた教訓はなにひとつ活かされなかったようである）。

ドキュメンタリーとしての素晴らしさはもとより、言葉を職業的につかって生きている者の端くれとして、なにより惹《ひ》かれたのはタイトルだった。主語の扱い方だった。アメリカとヴェトナムなら、日本人にとっては「彼ら」でいい。「彼らはなぜ戦争をしたのか」でも十分に意味は通じる。だが、「彼ら」と呼んだ瞬間、主題は僕たちから大きく遠ざかってしまうだろう。遠い国で過去に起きた遠い戦争についての番組にしかならなくなってしまうはずだ。対話をおこなった当事者の一人称を用いることで、自らの戦争責任を問われかねない対話に出席したメンバーの決意がより強く伝わる。さらに、その「我々」は、画面の中の世界を超え、番組を観ている僕たちをも示す主語にもなりうる。たとえ当事者ではなくとも問題意識を共有する「我々」の一人として番組と向き合ってほしい、という制作サイドの思いが込められた主語なのだと僕は受け止め、だからこそオンエアから十年近くたった二〇〇八年春のいまも、あの番組が忘れられないのである。

本書の著者・東大作さんは、じつは『我々はなぜ戦争をしたのか』のディレクターである。

本書の単行本版に出ていた著者略歴でそのことを知った僕は、ああ、なるほどなあ、と大いに合点して膝を打った。「彼ら」ではなく「我々」としてあの番組をつくった東さんの思いは、もちろん番組にはプロデューサーたちの判断や選択が加わるにしても、本書でもちゃんと貫かれているのだ。

本書の執筆に先立って、東さんは同じテーマのドキュメンタリー番組をつくってきた。そのタイトルは、『犯罪被害者はなぜ救われないのか』（二〇〇〇年十月）、『犯罪被害者をどう守るのか』（二〇〇二年十月）――なるほど確かに問題提起型のドキュメンタリーとしてはオーソドックスなタイトルである。だが、率直な印象としては、僕たちの暮らしからずいぶん遠い話だ、とも感じてしまう。「犯罪被害者」じたいも遠いし、「救う」「守る」主体も見えづらく、「政府がちゃんとやればいいんじゃないの？」で終わってしまいかねない。

ところが、それらの番組の取材をもとに、番組放送後の「個人」としての取材も加えて構成された本書――「ＮＨＫディレクター」ではなく「個人」名義での本書を、東さんは『犯罪被害者の声が聞こえますか』と名付けた。まるでボクサーが接近戦を挑んで距離をグッと詰めるように、主題を手元に引き寄せた。問いかけがこっちに迫ってくる。「守る」「救う」は国や政府など大きなものに責任を転嫁することができるが、「聞こえる／聞こえない」は、あくまでも僕たちが「個人」として責任を負わなければならないものなのだから。

それはタイトルだけの話ではない。東さんはじつにこまやかにディテールを描きだす。それも、ひとの感情に根差した――誰もが自分の身に置き換えることができるディテールである。

たとえば犯罪被害者やその家族が、いかに理不尽な苦しみや悲しみを負わされるか。医療費の問題、行政の対応、問題点はいくつもある。もちろんそれは法やシステムの不備が最大の原因で、だからこそ本書の主題は〈日本の戦後史、民主主義にとっても、歴史的な瞬間〉である犯罪被害者等基本法成立のドラマに置かれているのだが、東さんは決してそれを「論」としては展開しない。ていねいに、誠実に、僕たち一人ひとりが我が身に置き換えれば「ひどすぎる……」とうめかざるをえないような具体的なエピソードを積み重ねていく。

だからこそ、全国犯罪被害者の会の代表幹事・岡村勲さんの〈この国では、犯罪被害者は棄民《きみん》なんです〉という言葉が、重いリアリティをもって響く。孤独な闘いをつづけてきた被害者が初めて岡村さんに思いのたけを打ち明けたあとで〈一生懸命聞いてくれたよ。けっして馬鹿にしないで、一生懸命聞いてくれたよ〉とよろこぶ姿が、苦い共感とともにありありと浮かび上がる。

リアリティとは、事実に即していれば生まれる、というものではない。少なくとも僕がノンフィクションに求めるリアリティは、むしろ年表や地図で事実性を担保することのできないところにある。ひとのたたずまいの陰影、街に吹く風の肌ざわり、事件からたちのぼるまがまがしさ、小さな挿話の生む温もり……あるいは、声が聞こえるかどうか。

東さんは作品の中でいくつもの声を響かせた。絶望の淵から聞こえてくる悲痛な声、無思慮に言い放つ冷ややかな声、苦悶の声、法の建前だけをふりかざす抑揚のない声、ささやかな安堵の声、懸命に訴えかける声、それに応える声、打ち消す声、よろこびの声、決意の声……その一つひとつを、読者は誰もがきちんと聞き分けられるはずだ。いわゆる社会派ノンフィクションには、問題意識が強すぎるあまり、すべての登場人物がみな同じ声に聞こえてしまうことが（残念ながら）往々にしてあるものだが、本書の場合はそういった懸念は無用だ。なぜか。東さんが見つめているのは「犯罪被害者」という集合名詞ではない。「犯罪被害者になってしまった岡村勲さん」や、「犯罪被害者になってしまった岡本真寿美さん」——要するに「個人」と向き合っているのだ。そうなれば、当然、声だって一人ひとりの響きが異なることになるだろうし、孤独だった「個人」が被害者の会を通じて手をたずさえ合い、やがて国を動かして法律を成立させる、という本書のドラマの骨格もおのずとできあがるだろう。

言ってしまえば単純で、簡単なことなのだ。しかし、その単純で簡単なことのとてつもない難しさは、おそらく、テレビであれ活字であれ、取材をする立場の人間なら誰でも知っているはずである。「個人」と向き合い、「個人」の姿をきちんと描きだし、「個人」の声を作品に響かせようとするとき、どこかから聞こえてくる問いかけがあるのだ。取材するおまえの「個人」はどうなんだ——と。その問いかけに耳をふさいでしまった瞬間、取材は相手の「個人」に一方的に踏み込む暴力になる。本書でも描かれているようなマスコミによる報道被害が生まれる。あるいは逆に、「個人」の代弁者をもって任じる鼻持ちならないヒロイズムが生まれてしまう。

しかし、東さんは、自分の「個人」を問う声にきちんと応える。

〈自分に、犯罪被害者や遺族の方の悲痛な叫びを受け止める力があるのか、自信がなかった〉

〈自分の最愛の肉親を、犯罪で奪われたとき、自分はどうなるか。それはいくら想像しようとしても、想像のつかない状況でした。当時も今も、私は犯罪被害者の方々に「お気持ち分かります」と述べたことはありません。それは、あまりにも不遜に思えるからです〉

そのフェアな姿勢は、前述した『我々はなぜ戦争をしたのか』を書籍化した同題の作品でも変わっていない。

〈私は、このアメリカとベトナムの対話を本にするにあたり、どの論点に関しても、どちらが正しいかについて意見を書くつもりはない。戦争当事者が三〇年ぶりに向かい合って対話をした。その記録から、二一世紀を迎える私たちが何かを学ぶことができれば、と思う〉

優れたノンフィクション作家の最大の条件は、卓抜した文章力でも取材力でもない、と僕は考えている。なによりも求められるものは、フェアネス——それは公平さであると同時に謙虚さである。そして、その謙虚さは、描きだす「個人」への敬意から生まれる。

さきに引いた東さんの文章を借りるなら、犯罪被害者に「お気持ち分かります」と言ったことのない東さんは、きっと「かわいそう」ともおっしゃらなかったはずである。取材をした一人ひとりの「個人」の尊厳に最大限の敬意を払い、共感を寄せながらも同情は排し、決して「かわいそうな犯罪被害者をなんとかしよう」という傲慢な高みに立つことなく、彼らの闘いを描ききった本書は、だからこそ、犯罪被害者の置かれた現状をリポートするだけでなく、「個人」の持つ力強さと支え合う優しさをも伝えてくれるのだ。

本書に「天命」という言葉が出てくる。被害者の会の岡村さんの発言だ。

〈「人事を尽くして天命を待つ」という言葉がありま す。でも、本当は、「天命の中で、いかに人事を尽く

すことができるか」じゃないかと、最近私は思うんです〉

作品の中でも明かされているとおり、東さんは現在、NHKを退職して、カナダに留学中である。国際紛争やその後の平和構築活動の研究をしているのだ。書籍版の『我々はなぜ戦争をしたのか』のあとがきに〈私は、祖父母や両親が広島で被爆しており、その悲劇の体験を聞いて育ってきました。そんな私にとって、戦争と平和について何か仕事をするのは幼い頃からの夢でした〉と書いた東さんにとっては、これもまた「天命」なのだろう。

東さんのドキュメンタリー番組を観られなくなるのは寂しい。しかし、文章によるノンフィクションは――今後も書けるはずだし、書いてほしい。それは僕だけでなく、本書を読んだすべてのひとの抱く思いではないだろうか。

東さん、遠いカナダで、その声、聞こえますか――?

永瀬隼介

『19歳 一家四人惨殺犯の告白』

角川文庫　二〇〇四年

すでに本文を読了した方とは、長く尾をひくため息を分かち合おう。そして、この小文を前菜代わりに読みはじめた方へは、まず、予告しておこう。

本書は決して楽しい物語ではない。

一家四人を惨殺した十九歳の少年・関光彦をめぐるノンフィクション――ブックレビューの短評ふうに物語の骨格を紹介しただけで、背筋をゾクッとこわばらせるひとはいるだろうし、端《はな》から敬して遠ざけてしまいたくなるひともいるかもしれない。

実際、本書の前半を費やして綴られる、光彦の生い立ちから犯行に至る軌跡――いわば「叙事」の物語は、このうえなく重く、殺伐として、救いがない。

もっとも、ここまでなら、いくつかの逃げ道は残されている。読者にも、書き手にも。

先に「叙事」を展開する手法は、トランプの手持ちのカードをすべて卓に広げるようなものだ。手の内をさらしたうえで、さて、どんな役をつくっていくか。

たとえば『冷血』のトルーマン・カポーティが殺人犯ペリーに異様なまでの感情移入をしたように（そういえばペリーもまた一家四人を惨殺したのだった）、徹底的に光彦と視線を共有して、背徳的なピカレスク・ロマンを描きだすことも、著者にはできた。あるいはまた、「少年の心の闇」あたりの言葉を視野の片隅に収めつつ、これは現代社会の病理の縮図なのだと提示することもできたはずだし、そのための材料は「叙事」に十二分にちりばめられている。

しかし、本書の後半に記された、死刑判決を受けた後の光彦自身の言葉の数々——いわば「叙情」の物語は、「情」という言葉をつかうことすらためらわれるほどの冷酷さで、どこかに「感動」や「問題提起」を求めようとするぼくたちの目論見を粉々に打ち砕いてしまう。


〈すべてがなかったことになればいい——この言葉を耳にしたとき、わたしは、面会室の床にへたりこんでしまいたいような脱力感に襲われた。この期に及んで、自分の人生のすべてをなかったことにしたい、と口にする光彦の真意は、もはや理解不能だった。光彦が抱える心の闇は、わたしの想像を遥かに越えて、冥《くら》く、深く、広がっていた〉

本文がちょうど二百ページ目で終わっている単行本版の百九十九ページ目、要するに最後の最後まで来て、著者は〈理解不能〉の一言を書きつけてしまう。

正直に言おう。単行本が刊行された直後に本書を読んだとき、その克明な「叙事」の厚みに圧倒され、みぞおちに苦いものを溜めつつ光彦の身勝手で酷薄な「叙情」の言葉に打ちのめされながらも、著者が一冊の掉尾《ちょうび》まで来て〈理解不能〉と書きつけたことが残念でならなかった。

「理解せよ」「理解できるはずだ」と言いたいのではない。そんなことは最初から無理に決まっているのだし、浅はかな「わかったふり」ほど始末に負えないものはないのだし、著者もその陥穽《かんせい》におちいることを慎重かつ誠実に避けて作品を書き進めていることは確かだった。

それでも――読み手の身勝手さや甘えだと誹《そし》られてもしかたのないことなのだが、〈理解不能〉と切り捨てられてしまったのは、光彦だけではないような気がしたのだ。ここまで光彦の物語に付き合ってきたぼくたち読者の思いも一緒に、ぷつんと糸を断ち切られて、〈光彦が抱える心の闇〉に放り込まれてしまったような……。

要するに、作品はずいぶん居心地の悪い終わり方をしてしまった。著者自身、単行本版のあとがきで〈この本を書き終え、虚脱感と徒労感に支配されている自分がいる〉と認めるように、ぼくたち読者もまた、ぐったりとした重い疲れを背負い、「これが現実の苦みなんだ」「身も蓋もないところにこそリアルがあるんだ」と自分に言い聞かせながらも、やはりどこか釈然としないやりきれなさを感じていたのだった。

＊

――と、ここまでは、ノンフィクション作家・祝康《いわいやす》成《なり》名義で発表された単行本版への、ささやかなイチャモンである。


今回の文庫化にあたって、著者名は、作家・永瀬隼介にあらためられた。

ここには、「装いをあらためた」ことにはとどまらない大きな意味と収穫があるのではないか、とぼくは思っている。

それを探るためには、一編の長編小説を開かなければならない。

『デッドウォーター』――作者は、永瀬隼介である。

＊

『デッドウォーター』では、カリスマ的な魅力を持つ連続強姦殺人犯の死刑囚・穂積と、彼を取材し、その化けの皮を剝ごうとするルポライター・加瀬との闘いが描かれる。その構図は明らかに本書を想起させるし、穂積のモデルが光彦だとまでは言わないものの、物語のキーとなる強姦事件や弁護団が事件の遠因として主張する黄体《おうたい》ホルモンの影響など、随所に光彦の影が見え隠れしている。

たとえば、連続殺人の序章となった強姦事件について語る、穂積の言葉――。

〈あんなに簡単にレイプが出来るとは思ってもいなか

った。圧倒的な暴力の前に、人間がいかに無力かと思い知りました。あれで火が点《つ》いたという事実は否定できないと思います〉

一方、光彦は、一家四人惨殺の前に犯した初めての強姦について、こんなふうに書き記している。

〈傷害にしろ、強姦にしろ、他人の血を見るということは興奮するものです。とくに、しだいに相手が弱ってきて自分に従うようになり、どうにでも好きなように動かせるとなった時に見るそれは、僕の中では勝利の象徴として溜飲を下げるのに大いに役立ちました〉

〈一度強姦や強烈な傷害事件を成功させ、クリアしたことで、変な方向に自信を持ってしまい、もう一度やってみよう、出来るはずだ、出来るだろう、となっていったのです〉

そんな二人の死刑囚に対して、二つの物語はきれいな対照を見せる。

ノンフィクション作家・祝康成は、懸命に事件を追い、光彦と向き合い、しかし最後に〈理解不能〉の一言を書きつけてしまった。

しかし、作家・永瀬隼介のつくりだした主人公・加瀬は、事件を追い、穂積と向き合い、自分自身の幸福まで奪われそうになりながらも、穂積のカリスマ性の欺瞞《ぎまん》を暴くために決して目をそらさず、闘いつづけ、そして最後に勝利する。

『19歳の結末』の刊行は二〇〇〇年九月。

書き下ろし作品として発表された『デッドウォーター』の刊行は、二〇〇二年三月。

ぼくは、『デッドウォーター』は『19歳の結末』の成果と限界のうえに成り立った作品だと思っている。もっとはっきり言い切ってしまうなら——永瀬隼介さんは、『デッドウォーター』を書くことで、『19歳の結末』の落とし前をつけようとしたのではないか。

あくまでも「事実」に寄り添うしかないノンフィクション作品では追い切れなかったもの、ノンフィクション作家である祝康成のスタンスでは描ききれなかったものに、フィクションの翼を持つ作家・永瀬隼介として、いま一度向き合おうとしたのではあるまいか。

ノンフィクションとフィクションのどちらが上か、という話ではない。

祝康成さんは、ノンフィクション作家としてのベストを尽くし、「事実」のカードを使いきったうえで、最後に〈理解不能〉と書き記したのだ。そこから先に足を踏み込まないことは、決して逃避でもあきらめでもなく、むしろ逆、ノンフィクションとしての矜持《きょうじ》ゆえだったのだ。「想像力」というカードを新たに引くことができる永瀬隼介さんの小説があるからこそ、浮き彫り模様のようにそれがわかる。単行本版を読んだときのぼくのイチャモンが、結局やはり読者のワガママにすぎなかったのだ、ということも思い知らされる。

そして、永瀬隼介さんは、再び光彦の物語に帰ってきた。『デッドウォーター』を経由した文庫化のための補筆や再構成は、だから当然「作家・永瀬隼介」の筆によるものでなければならない。

＊

文庫化にあたって書き加えられた終章では、「祝康成」がノンフィクション作家としてストイックに律してきた著者自身の姿――「わたしの物語」が、「永瀬隼介」に名を変えることによって、色濃くあらわれている。

〈関光彦というモンスターと付き合うようになり、じきに心のどこかで、このままでは済まないな、と感じるようになった。手痛い代償を受けるに違いない、との確信めいた思いもあった〉

〈光彦は分からない。分からないから、取材者はより接近を試み、その黒々とした邪悪な渦に巻き込まれていく。無事で済むはずがない〉

そして、永瀬隼介さんは、〈単行本の仕上げを進めていた二〇〇〇年の初夏〉に自身を襲った自律神経失調症と、そのために負った、命の危険と隣り合わせだった重傷のエピソードを書きつける。

ぼくはそのくだりを読んだとき、永瀬隼介さんよりもむしろ祝康成さんに、たまらない敬意と畏怖を感じた。かつての自分のイチャモンを、またあらためて恥じた。

祝康成さんは、そのエピソードを単行本に組み込むことだって可能だったのだ。時間的にはじゅうぶんに間に合っていたのだし、こうした逸話一つあれば、〈理解不能〉〈虚脱感と徒労感〉にもグンと重みが加わったはずだ。しかし、祝康成さんはあえてそれをしなかった。なぜか――。作品にノンフィクションとしての則《のり》を守らせるべく、「わたしの物語」に引きつけすぎることを自らに禁じたのだ、とぼくは勝手に思っている。

思っているからこそ、この書き手はやはり信頼に価する、と痛感した。作品にケレンを与えるという意味では不器用な選択だったかもしれない。しかし、ノンフィクション作家として、それはなんと誠実な姿勢なのだろう……。

そんな祝康成さんが、作家・永瀬隼介という、より自由に「わたしの物語」を綴れる立場となって、終章を加筆したのだ。

〈いまになって分かる。わたしは塀の中の光彦に魅入られていたのだ〉

祝康成では書けなかったはずのこの一言は、もしかしたら読者の誤解を招いてしまうかもしれない。しかし、それが作家の言葉として記されることで、社会規範や道徳を超えた、文学……いや、哲学や宗教の領域にさえ足のかかったモティーフになって、ぼくたちの前に示される。

救いのない「叙事」と絶望的な「叙情」に支配された関光彦の物語を読み進めることは、冒頭にも書いたように、読者にとって決して楽しいことではない。

しかし、どうか目をそらさないでページを繰っていただきたい。

不器用で誠実なノンフィクション作家が骨組みをつくり、肉付けをして、現代社会や人間の暗部を描くことに長《た》けた小説家が仕上げたこの作品——題材は確かにショッキングでも、断じて、露悪的な興味本位で綴られたものではない。じっと目を凝らせば、そこには、ひとの世の哀《かな》しいモザイク模様が描かれているはずなのだ。

江川紹子

『人を助ける仕事』

小学館文庫　二〇〇四年

「将来、なにになりたい？」

　小学生に質問をする。公務員、サラリーマン、特になし、べつになんでもいいです……そんな回答が返ってくると、おとなは皆、あからさまに失望してしまう。「もっと夢を持ちなさい」とハッパをかけて、「お父さんの頃は」「お母さんの頃は」「先生の頃は」と昔話を始めてしまう。

　一方、同じ質問を高校生や大学生に投げかけたときは、どうだ。アーティスト、大金持ち、なんでもいいからでかいこと、ひとに使われるような人生はごめんだね……おとなは、またもや失望してしまうだろう。「夢ばかり見てないで、もっと現実を考えなさい」なんてことを言って、やっぱりそこでも昔話が出てくるはずだ。

　矛盾である。しかし、その矛盾こそが現実だということは、ぼくたち誰もが実感として理解している。

　子どもたちは十代の半ばあたりに「夢」と「現実」をめぐる転換点を迎える。文字通り、夢見る頃を過ぎてしまう。

　まだニッポンが貧しかった頃、その転換点は、たとえば「上の学校へ進める経済的な余裕があるかどうか」という形であらわれていた。もう少し時代がくだると、偏差値に象徴される受験ヒエラルキーが確立したなか、「志望校に進めるかどうか」が大きな分かれ目になっていた。「夢」は常に、ある種の外圧によって「現実」に置き換えられていたわけだ。

　その構図はいまも決して消え去ったわけではない。むしろ不況が長引くにつれて親の収入と子どもの進路の問題はいっそう深刻になりつつあるのだが、それでも、時代の大きな流れは確実に外圧を弱める方向へ進んでいる。進学率が上がり、子どもの数の減少に伴って受験によるふるい分けの力が薄れ、なにより社会全体の労働観が、「生活の糧《かて》を得るための手段」から「生きがい」へと変わっていった。

いいことじゃないか、とは思う。

だが、それは同時に、かなり怖いことなんじゃないか、という気もする。

生きがいとしての仕事——字面や響きはとてもきれいな言葉だけど、そもそも「生きがい」って、なんだ？

衣食足りた一九八〇年代以降、仕事はしばしば内向きに語られるようになった。自己実現、自己表現、自分らしさを発揮する、個性派の新人求む、自分探しのために転職……「自分」のオンパレードである。当然、「自分」はどんどん肥大する。目の前の仕事よりも「自分」のほうが大きくなってしまい、膨れあがった「自分」を収める「生きがい」を求めて、ひとは途方に暮れてしまう。怖いなあと思うのだ、ほんとうに。

働くというのは、家事労働や育児も含めて、社会の中で自分を位置づけていくことだと、ぼくは思っている。「ほんとうの自分はどこにある」ではなく、「このひと（この社会）にとっての自分はどんな存在なのか」を考えるためのもの——だからこそ、働くひとのことを「社会人」と呼ぶのではないか？

ところが、「自分」が肥大してしまうと、そういう相対的な視点を持てなくなる。絶対的な「自分」の「生きがい」への渇望を、出世や経済的な成功を目指すことで満たそうとするひとは、まだいいだろう（友だちにはなりたくないけどね）。問題は、「自分」をもてあましたすえに、生きるリアリティから乖離《かいり》した世界へといざなわれ、たとえば教祖の唱える「解脱」「人類の救済」という言葉に引き寄せられてしまった若者たち……。

江川紹子さんは、その悲劇を間近に見てきた。悲劇の内容については、もはやここでくだくだしく説明する必要はないだろう。ただひとつ、悲劇をセンセーショナルに報じるメディアのただなかにいた江川さんが、教団への批判をつづけながらも、信者の若者たち一人一人に対しては慈しみにも似たやりきれなさをにじませていたということは、あらためて強調しておきたい。そして、その姿勢はオウム以後の少年犯罪に対しても、あるいは「フツーの」若者たちに対しても、いささかも変わってはいないんだと——それはすごいことなんですよ、と机を叩きながら確認しておきたいのだ。

本書は、題名どおり「人を助ける仕事」に就いている二十代から三十代のひとびと（あえてここでは「若者」と呼ぼう）のルポルタージュである。救急救命士、被災地援助NGOスタッフ、精神科看護師、山岳警備隊員……江川さんが会ってきた三十七人の若者は、いずれも世間的に脚光を浴びているわけではない。嫌な言葉をつかうなら、3K（キツい、汚い、危険）の職場で働くプロである。

　そんな彼らの姿を、江川さんはことさら美談に仕立てようとはしない。共感を抱きながらも決して過剰には褒めたたえない。〈「人類救済」などと思い上がったキャッチコピーを掲げることはなく、派手な言動でメディアにもてはやされるわけでもなく、地道に自分の役割を果たしながら、地に足をつけて生きて〉きた三十七人の、ふと覗かせる弱音や迷い、意外と軽いノリ、そして仕事の現場での喜びを、江川さんご自身が〈地道に自分の役割を果たしながら、地に足をつけて〉、等身大に描いている。

　そこがすごくいいんだなあ、江川さんってほんとにフェアな書き手なんだなあ、と「週刊文春」連載中からずっと思っていた。こうして一冊にまとまったものを読み返しても、その感想はいささかも揺るがないし、それどころか、バラエティに満ちた個々の若者の姿を群像としてとらえると、現場からの報告を超えた一つの大きなモティーフまで行間からたちのぼってくるではないか。

　本書には『「生きがい」を見つめた37人の記録』という副題が掲げられている。この「生きがい」の主体はいったい誰なのだろう。おっちょこちょいのシゲマツ、最初は「見つめた」を「見つけた」と読み間違えてしまい、ちょっと安直な副題じゃないかなと首を傾《かし》げていたのだが、正しくは「見つめた」なんだと知ったとき、思わず快哉《かいさい》を叫んだのだった。

　おそらく、ここでの「生きがい」は二つの主体を持つ言葉だろう。一つは、彼らの仕事によって助けられたひとたちの「生きがい」、そしてもう一つは、仕事を通じて他人の「生きがい」を「見つめる」ことで得た、三十七人それぞれの「生きがい」——いわば、自他のかかわりのなかで生まれた「生きがい」なのだ。

　そう考えると、「助ける」という言葉だって意味合いがひときわ深くなる。「人を助ける」彼らだって、また誰かに助けられている。必ずしも大義名分や高邁《こうまい》な理想を胸に就いたわけではない仕事に、少しずつ手ごたえを感じ、自分の果たすべき役割を確認していくこと、それは現場でのひととのかかわりがなければ生まれ得ないはずなのだ。

カンボジアで義肢を作ってきた若者は、彼の地で最初に覚えた言葉は「オークン（ありがとう）」だったという。

〈仕事のやりがいは、やっぱり患者さんに『ありがとう』と言ってもらえること。言葉に出さなくても、喜んでくれること〉

ボランティアだとか自己犠牲だとか福祉の精神だとか、そんな頭でっかちなことは考えなくてもいい。どんなものでも仕事は誰かを「助ける」もので、ぼくたちは皆、誰かに助けられながら、また別の誰かを助けているはずなのだ。「ありがとう」は感謝の言葉だけでなく、相手の仕事を認める言葉でもある。「ありがとう」と言って、「ありがとう」と言われて……ねえ、肥大した「自分」をもてあましているきみ、最近誰かに「ありがとう」と言ったことはあるかな？　言われたことは、どう？

それにしても、三十七人の若者を描くときの江川紹子さんの姿勢の、いかに凛《りん》として、また温かいことか。彼らがそこまで魅力的だったから、だけではないと思う。本書を著す江川さんの姿勢は、オウム事件や少年犯罪を見つめるときと変わっていない。江川さんはずっと、等身大の「自分」を見失い、社会とのかかわりに背を向けてしまった若者たちと向き合ってきた。だからこそ、いま、本書を通じて、江川さんは静かに訴えかけているのではないか。等身大の「自分」が誰かとかかわっていくことの尊さを、きっと、若者以外の世代に向けても。

でも、それ、江川さんご自身の仕事ともきれいに重なり合わないか？　評論家とは決して名乗らず、呼ばせず、「論」の高みに自分を置くことなく、いつも現場にいて、誰かとかかわって、そこから言葉を紡ぐ仕事——。

本書に登場する「人を助ける」若者は三十七人。しかし、読了後、三十八人目の存在を確かに感じるのは、ぼくだけではないだろう。そのひとの名前は、表紙に書いてある。彼女を「若者」と呼べるかどうかは、ちょっとアヤういけどね。

稲泉 連

『僕らが働く理由、働かない理由、働けない理由』

文春文庫　二〇〇七年

文庫本は、通例として巻末に単行本版の刊行時期が明記され、またカバーか奥付のページに著者の略歴が載っている。おそらく本書もそうだろう。書誌的な情報として、あるいは著者を知るための手引きとしての、コンパクトな覚え書きのようなものである。解説の小文を始めるにあたって、それを、あらためて——もっと大きく、掲げておきたい。

まず、単行本版刊行の時期。

二〇〇一年八月である。

要するに、いまあなたが手に取っている本書は、五年半前の作品を文庫化したものなのである。

五年半という年月は、決して短い時間ではない。とりわけ若者を軸にして眺めた場合には、二〇〇一年は「ひと昔前」と呼んでもいいだろう。

当時は、フリーターがマスコミで盛んにとりあげられていたものの、ひきこもりは「新語」扱いの時期で、ニートは専門家以外にはまず知られていなかった。さらに言うなら、フリーターも、その頃はまだ「甘え」だの「モラトリアム」だのという精神論で語られていて、若年層の雇用問題と結びつけて論じる視点は、同年に刊行された玄田有史氏の『仕事のなかの曖昧な不安』などごくわずかな例外を除いて、ほとんど見られなかった。

そんな背景のもとで刊行された本書は、特徴的なタイトルに寄り添うなら、「働かない理由」に重心を置いて読まれることが多かったはずだ。

しかし、二〇〇七年のいま、本書はおそらく——かなりの確信を持って思う、「働けない理由」を眼目として手に取られるだろう。二〇〇一年夏から二〇〇七年春までの五年半は、フリーターをはじめとする若年層を見つめる社会のまなざしが「働かない理由」を（危機（批判的に）探るものから「働けない理由」を（危機感を抱きながら）見据えるものへとシフトしていった日々だったのだ。

　では、そのまなざしの変化を、本書は受け止めうるか――。

　アクチュアルな題材を扱ったノンフィクション作品には、残念ながら、単行本刊行時点での鮮度が文庫化の際にはすっかり失われてしまっている例が少なくない。「現役」の座から滑り落ちてしまう、とでも言えばいいか。「あの頃はこんな状況だった」と資料的に読むぶんにはよくても、文庫版に向き合う読者の「いま・ここ」の実感からはかけ離れてしまうのである。

　僕は本書を単行本版でも読んでいる。もちろん、二〇〇一年の刊行当時に、である。当時二十二歳という最若手のノンフィクション作家がひきだした「二〇〇一年の若者」の本音は、甘さや身勝手さをも含めて、とてもみずみずしかった。だからこそ、文庫化の話を聞き、解説の書き手として声をかけられたときには、正直に打ち明けると多少の不安があった。はたして、稲泉さんがリポートした「二〇〇一年の若者」の姿は、二〇〇七年の「いま・ここ」に通じるのか……。

　どきどきしながら再読のページを繰った。

　プロローグを読み終えたときには、不安は消し飛んでいた。

　だいじょうぶ。本書は「二〇〇一年の若者を描いた、二〇〇七年の新刊」である。

　具体的に言うなら、プロローグのこんなくだり――。

〈いまの若者たちにとって、社会に出ていくことが、下手《へた》をすれば乗り越えることができない、人生の大きな課題となっていることを痛感する。（略）一見普通のコースを歩み社会に出ているように見える者でも、その内面ではドロドロになった葛藤や不安を深く抱いているのではないだろうか。／当然だとされている世の流れの真ん中で、若者たちは人の渦に巻きこまれながらふと立ち止まり、ときに立ち竦んでしまっている〉

　この言葉は、二〇〇一年よりもむしろ二〇〇七年に読んだほうがしっくりとなじむ。働かない／働けない若者たちという「社会問題」を扱った本書は、二〇〇一年時点ではもちろん、二〇〇七年の「いま・ここ」でも十二分に通用するアクチュアリティーを持っているというわけだ。

*

だが、そうした安堵だけで本書の文庫化を歓迎するのは、いかにももったいない話だろう。本書が五年半の時をへて世に問われることには、もっと積極的な意義がある。

くだんの引用箇所を再読したとき、僕は安堵すると同時に、深く恥じ入っていたのだ。引用文に、そして本書全体に込められている本質的な問いかけに、初読時は気づかなかった。それが悔しく、情けなく、恥ずかしかった。

先回りして言っておくと、たとえ二〇〇八年になっても、二〇〇九年になっても、ずうっと先の「いま・ここ」に置かれても、だいじょうぶ。社会に「若者」というカテゴリーがあるかぎり、個人の人生に「若者」という時期があるかぎり、本書はアクチュアリティーを保ちつづけるだろう。

もちろん〈当然だとされている〉〈普通のコース〉の中身は、時代によって変わる。ひとによっても変わる。たとえば、『僕の高校中退マニュアル』でデビューした稲泉さん自身にとっては、高校を卒業することがそれにあたるだろうし、大宅賞受賞作『ぼくもいくさに征くのだけれど』で活写した竹内浩三の場合なら——〈だれもかれもおとこならみんな征く／ぼくも征くのだけれど　征くのだけれど〉とうたった詩人にとっては、いくさで手柄を立てることが〈当然だとされている〉〈普通のコース〉なのかもしれない。

二〇〇七年の「いま・ここ」で考えても、「社会に出ていくこと」はもとより、それを「結婚すること」「親になること」「友だちと付き合うこと」「生きること」と置き換えるのは容易なのだが、空欄に言葉をあてはめていく作業を始めればきりがない。

肝心なのは、稲泉さんが〈ふと立ち止まり、ときに立ち竦んでしまっている〉姿にこそ「若者」の本質を見ている、ということなのだ。

それぞれの時代の、それぞれの暮らしの中で、〈ふと立ち止まり、ときに立ち竦んでしまっている〉若者の姿——古今東西の青春小説とは畢竟《ひっきょう》、〈当然だとされている〉〈普通のコース〉と、そこに足を踏み出すことに逡巡する自己との葛藤のドラマだと、僕は考えている。その視点に基づいて牽強付会を許してもらえば、稲泉さんは、期せずして青春小説を書くように本書を書いたのではないか――？

＊

ここで、単行本版に載っていた稲泉さんの略歴の一部を紹介しておく。

〈95年に高校中退後、大検を経て、97年、早稲田大学第二文学部に入学する。現在も在学中〉

二〇〇一年の時点で、稲泉さんは現役の大学生だった。つまり、まだ〈社会に出て〉いなかったのだ。〈僕ら〉という人称を用いたタイトルが象徴するとおり、「二〇〇一年の若者」は取材対象であると同時に、書き手自身でもある。いわば、本書は当事者による、ありえたかもしれない／ありうるかもしれない、もう一つの自分の物語だったのだ。

プロローグには、稲泉さんが自分自身を語ったこんな一節がある。

〈次は社会への離陸を果たさなければならない。／なぜこうまで自分が不安になるのかわからない。なぜ自分にとって社会がこうまで大きな壁となって立ちはだかっているのか。それは、社会に対して感じる圧倒的な違和感と言い換えることができるのだが、そうした違和感は僕だけが抱いているものなのだろうか〉

前出の引用文と呼応するその問いを胸に、稲泉さんは〈離陸〉を果たした同世代や、まだ果たしていない同世代を訪ね歩く。取材した一人ひとりの歩んできた道や思っていることに、〈僕〉は共感したり首をかしげたり、途方に暮れたり納得したりする。文章は端正でも、稲泉さんは決して冷静なインタビュアーや報告者ではない。距離が近い。しかも、基点は常に〈僕〉――本書の取材対象者に女性が登場しないのも、だから、なのだろうか。

そのスタンスは、おそらくノンフィクション作家として〈離陸〉する前だからこそ成立するものだろうし、略歴に「大宅壮一ノンフィクション賞受賞」と記されるいまの稲泉さんなら、本書での自分の立ち位置に、もしかしたら微妙なくすぐったさを感じてしまうかもしれない。

だが、自問を繰り返し、時として無防備なまでに取材対象者に自分自身を重ね、あるいは逆に踏み込めないまま別れてしまう〈僕〉の姿は、青春小説の主人公さながらに切実で、愚直で、なにより誠実だった。働けない理由から働かない理由、そして働く理由へと移り変わる構成は、〈僕〉自身の成長物語としても読めるのだ。

そんな評言は、事実を厳密に追究するノンフィクション作家に対して礼を失している、とお叱りを受けてしまうだろうか。

ならば、いっそ叱られついでに、もう少し。

「二〇〇一年の若者と仕事」を追った本書は、テーマが「社会問題」的にアクチュアルであるがゆえに、ジャーナリスティックに読まれることとなった。しかし、自分自身の立っている「いま・ここ」に徹底してこだわり、それを貫き通した作品は、フィクションでもノンフィクションでも、逆に個人の「いま・ここ」を超えた普遍に至るのではないか。時間の腐食に耐え、古典として読み継がれている優れた青春小説がみなそうであるように、本書もまた、表面的な「社会問題」を超えた人生論や哲学にも通じる骨の太さを持っているのだと、僕には思えてならないのだ。

単行本刊行から文庫版刊行までの五年半の年月は、確かに本書を「社会問題」的にまったく古びさせてはいないのだとは言わない（たとえばインターネットによる社会とのつながりは本書には描かれていない）。しかし、だからこそ、二〇〇一年の時点では新しさの陰に隠れてしまっていた本質的なものが鮮やかに浮かび上がった。五年半の年月には大きな意味と意義があったのだ。

二〇〇七年の時点では「社会問題」を探るための一冊として十二分にアクチュアルな本書も、いつの日か、その面での耐用期限を過ぎてしまうときが来るだろう。だが、むしろそこから、本書は青春を描いた「ノンフィクション文学」としての長い生を生きるのではないだろうか。

鎌田　慧《さとし》

『新装増補版　自動車絶望工場』

講談社文庫　二〇一一年

アパートの一室で、Sさんという青年と向き合っていた。Sさんは以前の職場の勤務表のコピーを僕に見せて、ぼそぼそとした細い声で話す。勤務表は、彼が一年以上にわたって、ほとんど休みなく働きつづけてきた記録だった。勤務時間は一日十数時間があたりまえ、職場に泊まり込んで数十時間の連続勤務を強いられることも珍しくなかったという。

部屋には医師から処方された心身の薬が何種類も置いてある。調子のよくないときは万年床の布団から一日中起き上がれないことも多いんだと、Sさんは青白い顔で小さく笑う。現在は休職中のSさんを、医師は「過労が原因のうつ病」と診断した。それが、彼がコンビニエンスストアの「名ばかり店長」として働き／働かされつづけてきた代償だったのだ。

二〇〇九年初秋、僕はNHKのドキュメンタリー番組の取材でSさんと出会った。番組は同年十一月に放送された。タイトルは『作家・重松清が考える　働く人の貧困と孤立のゆくえ』――「派遣」や「貧困」「格差」「ワーキングプア」が時代のキーワードになっていた頃である。前年には小林多喜二の『蟹工船』もリバイバルでベストセラーになっていた。

Sさんは派遣社員ではない。だが、正規雇用であっても、いや、むしろ正規雇用の管理職だからこそ、苛酷な労働条件を押しつけられ、会社から使い捨てにされてしまうという現実がある。その現実の犠牲になってしまったSさんは、会社を相手取って損害賠償を求める裁判を起こしたところだったのだ。

インタビューの最後に、僕は言った。

「結局、自分は組織の歯車として働かされていただけなんだ、という感じでしょうか」

するとSさんは少し考えてから、首を横に振った。

「歯車じゃないですね」

「では、なに……？」
「歯車は、磨《す》り減って使えなくなっても、モノとしては残るでしょう。でも、私はなにも残ってないんです。だから、譬《たと》えるとすれば、会社の燃料ですよね。使い切ったら、あとはなにも残らないんです」

痛切な言葉だった。いや、哀切と呼んだほうがいいだろうか。「組織の歯車」などという哀切と呼んだほうがいい型で話をまとめようとした自分の浅薄《せんぱく》さに恥じ入りつつ、Sさんの言葉の重みと苦みを嚙みしめた。

そのとき、ふと鎌田慧さんの『自動車絶望工場』のことが浮かんだのだ。

鎌田さんならSさんの言葉をどう聞いただろう。そしてどんな言葉を返しただろう。

僕はただ「なるほど……」とうなずいたきり、あとは黙り込んでしまうだけだった。それはリポーターとしての拙《つたな》さ以前に、一人の人間としてSさんに応える言葉を持ち得ない弱さのあらわれだったのだと、ひさしぶりに『自動車絶望工場』を読み返した二〇一一年のいま、認めるしかない。

『自動車絶望工場』が単行本として刊行されたのは、一九七三年のことだった。僕が手元に持っているのは文庫版である。初版刊行は一九八三年。ちょうどSさんの世代——「貧困」や「格差」に苦しんでいる若者たちが生まれた頃だった。

その文庫版のあとがきを、鎌田さんはこんな言葉で締めくくっていた。

〈著者自身としては、十年前に書いた現実が、労働者にとって緩和され、絶望が希望に転化し、この記録そのものが否定される時代になるのを望んでいる〉

残念ながら、文庫版刊行から四半世紀以上の歳月をへても、鎌田さんの望む時代は訪れていない。それどころか、どんどん逆の方向へと進んでしまった。

鎌田さんは本書の中で、トヨタの寮の娯楽室に書いてあった「トヨタマンは人間ではない。機械にすぎない」という落書について、〈より正確にいうなら、この認識は、ぼくには誤りだと思える〉と言う。

〈労働者は機械ですらない。機械的な動きを強いられた人間であり、機械より安くて、取り換えが簡単な部品であり、もっと簡単にいえば、使い捨てられる電池なのだ。古くなれば充電もきかなくなる〉

だが、Sさんの言葉を敷衍するなら、もはや僕たちは、「使えなくなった乾電池」というモノとしての形を残すことすら叶わなくなってしまった時代を生きているのである。

そうなると、『自動車絶望工場』に描かれた工場労働の記録は――これも鎌田さんの望みとは裏腹に、いまなお否定されてはいないことになる。「絶望」の一語は、一九七三年よりも、一九八三年よりも、二〇一一年のいま、最もリアルな切実さで僕たちの胸に重く苦い問いを突きつけてくるのだから。

その意味で、本書がこのたび新装増補版となった理由は「教養として読んでおくべき名作だから」ということだけではないはずだし、増補された現在の使い捨て労働者をめぐる章も、一九七三年と二〇一一年を無理やり接《つ》ぎ木したものではないだろう。すべてはつづいている。一九七三年の「絶望」は二〇一一年の「絶望」に（増殖しつつ）つながり、一九七三年に露呈していた理不尽は、いっそう狡猾《こうかつ》さを増してしまった二〇一一年の理不尽の源の一つでもある。

だからこそ、本書はノンフィクションの古典ではあっても、決して古びてはいない。二〇一一年の若い読者たちは、間違いなく本書を「われらの時代のノンフィクション」として受け取り、憤りや共感とともにページをめくっていくことになるだろう。

もちろん、さきに引用した文庫版あとがきに込められた鎌田さんの思いを汲むなら、本書がいまなお現役の一冊であることを屈託なく喜ぶわけにはいかない。

それでもしかし、僕は思うのだ。

『自動車絶望工場』が過去のものになってくれない時代や社会は、確かに不幸である。だが、『自動車絶望工場』を手に取ることのできない時代や社会は、もっともっと不幸なのではないか。

それは、本書が優れた時代の証言だからという意味だけではない。鎌田さんは大企業の横暴を容赦なく描きだす一方で、期間工として働く同僚に対しては、じつにこまやかな優しさを見せている。人間性を否定されたようなベルトコンベア労働の現場で懸命に働きつづけるひと、職場を去ったひと、去るか残るか迷っているひと、体をこわしてお払い箱になってしまったひと……。そんな一人ひとりを見つめる鎌田さんのまなざしの優しさとあたたかさこそが、本書のメッセージをただの「告発」にとどめることなく、もう一回りも二回りも大きなものにしてくれている（だから、増補の章で綴られたエピソードの一つがひときわ胸に染みるのだが……本文未読の方のために、ここでは内緒にしておく)。

そして、そこには「絶望」を「希望」に変えるためのヒントが、静かに刻み込まれているように思えてならないのだ。

コンビニの名ばかり店長だったSさんは、じつは鎌田さんの取材も受けている。

鎌田さんは記事の中ではっきりと書いた。

〈フリーターや派遣労働者でいることを余儀なくされている若者たちは、おのずから正社員への渇望をつよめざるをえない。偽装管理職は、「正社員の夢」を逆手にとって、社員にしたかわりに、派遣労働者以上に滅茶苦茶働かせようとする策術である〉〈希望をもった若い労働者を長時間労働に縛りつけ、使い捨て要員にするだけである〉〈法の間隙《かんげき》を盗塁する姑息さである〉〈労働者の人権など、誰も考えない酷薄社会である〉(『日本の解放区を旅する』より)

厳しい言葉が連打される。

一方、Sさんを慰め、励ます言葉は、少なくとも記事の中には書かれていない。

だが、僕はSさんのシャイな表情を思いだしながら、「きっと彼は鎌田さんの文章を読んでうれしかっただろうなあ」と思ったのだ。

鎌田さんはSさんの置かれた理不尽な境遇を誰よりも深く理解しているからこそ、企業に対する怒りをいささかも隠さない。そうすることで、Sさんに「きみはひとりぼっちじゃないぞ」と伝える。企業という大きなものを相手に孤独な闘いを挑むSさんに寄り添い、連帯の意志を表明するのだ。

それは、その場かぎりの慰めや励ましよりもはるかにSさんを勇気づけただろう。Sさんの哀切な訴えに黙ってうなずくことしかできなかった僕は、鎌田さんの見せる真の意味での優しさと強さに、やはりまた無言で頭《こうべ》を垂れるしかなさそうなのだ。

しかも、鎌田さんの優しさと強さは、スジガネ入りなのである。

鎌田さんは若い頃からずっと精力的に取材の旅をつづけ、さまざまなひとに出会っている。これまで鎌田さんが発表してきた多数の作品はすべて、旅の記録だと言っていい。それはすなわち、ひとと出会ってきた記録でもある。

〈わたしはわたしのお会いした人びとの話によって励まされ、自分をきたえ、前へ前へと出て行くひとつのバネにしようと思っているのである〉〈他人の生き方に関心があるということは、自分の生き方を問いつづけることでもあるし、〝取材〟という変則的な形態でひとの話をきくことは、自分の生き方を検証することである〉（『工場と記録』より）

ひとと会うことで鍛えられ、磨かれるものがある。いや、ひとと会うことでしか鍛えられず、磨かれないものは、確かにあるのだ。

人に寄り添う優しさも、強大な相手に毅然として対峙する強さも、そう——。

それを思うと、鎌田さんがしばしば「社会派」ノンフィクション作家と呼ばれることに、僕はいささかの違和感がある。確かに、労働問題、公害問題、そして原発問題……と、鎌田さんは常に「社会」を視野に収めた大きなテーマと向き合ってきた。しかし、その根底には必ず「人間」がいることを忘れてはならない。大きなテーマに挑みつづける鎌田さんの作品は、じつは登場するひとびとの数の多さについても、当代屈指なのである。

ひとに出会わなければ作品中に出すことはできないし、ひとに出会うためには旅をして現場を歩かなければならない。そしてなにより、優しさと強さとを兼ね備えていない書き手には、いったい誰が胸襟を開いて本音を話してくれるというのだろう……。

鎌田さんは、古希を過ぎたいまも、最前線の書き手の一人である。二〇一一年前半の日々は原発事故関連の取材で忙殺されていた、とも仄聞《そくぶん》している。

この国は、悔しく情けないことに、鎌田さんの追うべきテーマについては事欠かないようである。そして、この国のひとびとは、鎌田さんの優しさと強さに満ちたペンの力を、いつだって必要としている。

そんな鎌田さんの旅は、当然ながら、さまざまな「絶望」をたどって歩くことになる。ジョン・ダワーではないが、鎌田さんは『『絶望』を抱きしめて」旅をつづけることを宿命づけられた書き手なのかもしれない。

しかし、最後にあわてて言っておく。鎌田さんは、さまざまな「絶望」に満ちた社会を変えていくことには決して絶望していない。その名もずばり『絶望社会』と題された短編ルポルタージュ集のあとがきは、読み手に向けたマニフェストでもある。

〈絶望社会からの脱出は、抵抗と連帯によるしかない。絶望もまた、希望とおなじように虚妄である、といい切ったのは魯迅だったが、絶望を通り抜けてこそ、希望の道筋がみえてくる〉

絶望のトンネルはまだつづく。けれど、そこを通り抜けなければ希望にはたどり着けないのなら、歩くしかない。長い旅になる。キツい旅でもある。それでもへたり込むわけにはいかないのだ。書き手も、読み手も。

私はこうやって歩きはじめたんですよ――『自動車絶望工場』の行間からは、鎌田さんのそんな声も聞こえてきそうな気がするのだ。

稲田耕三

『高校放浪記』

角川文庫　二〇一一年

三十年ぶりの再会だった。

二〇〇八年初頭のことである。

その年創刊六十年を迎えた角川文庫は、何人かの作家を月代わりの「編集長」として、現状では入手の難しくなっている作品の復刊を進めていた。いわば、角川文庫アーカイブス傑作選――それぞれの「編集長」が若い頃やガキの頃に読んで感銘を受けた諸作を、いまの時代によみがえらせてみよう、という試みである。

不肖シゲマツも「編集長」を仰せつかった。担当は七月。テーマは青春。前年の秋から準備に取りかかり、つかこうへい『初級革命講座　飛龍伝』や檀一雄『夕日と拳銃』など六冊を選ばせてもらった。そのラインナップにはもちろん満足しているし、復刊本を読んだ若いひとが感想を伝えてくれたときには、「だろ？　だろ？　最高だよな！」と思わず肩を叩きたくなり、世代や時代を超えて仲間を見つけたような気分にもなった。その意味では、少なくとも僕自身にとっては復刊企画は大成功だったということになる。

ただ、一つだけ心残りがあった。復刊企画の話を聞いて真っ先に「この本をぜひ！」と提案した作品が、残念ながら諸般の事情で復刊できなかったのである。最終的にラインナップからはずれることが決まったのは二〇〇七年の暮れだったのだが、年が明けて早々、特別にその本を読ませてもらう機会を得た。それが冒頭に掲げた「再会」である。

三十年前、一九七八年——高校一年生のときに、僕はその本を読んだのだ。夢中になった。同じ頃に読んだ矢沢永吉『成りあがり』とともに、ほんの一年ほどの間に何度繰り返し読んだかわからない。ただし、これは微妙な言い方になってしまうのだが、その本は決して読み手の歩む人生に寄り添うタイプの一冊ではない。むしろ逆に、読み手との一期一会の邂逅《かいこう》にこそ醍醐味がある。わかりやすく比較するなら、『成りあがり』はその後も常に僕の座右にあった。おとなになってからも折りに触れては読み返してきたし、これからもずっと手元にありつづけるだろう。しかし、その本は違う。高校一年生のときにむさぼるように読みふけったあと、中学時代の友だちに貸した。地元でいちばんガラの悪かった私立高校を入学直後に中退していた彼は、面白い面白い、と喜んでくれて、はなから高校には進まず左官の見習いをしていた別の友だちに又貸しをして……それっきり、僕のもとへは返ってこなかった。

ひどい話である。本の書き手に対して失礼な話でもあるだろう。

それでも、友だちを責める気にはならなかった。逆ギレされると怖そうだし、というのは半分ほんとうだが、残り半分の理由は、なんとなくそいつの気持ちがわかったからだ。僕が本を貸したときのように、その友だちも又貸しをするときに、きっと「絶対に気に入るから」と言ったはずだ。学校という場になじめない奴にこそ読んでほしい、オレよりももっと学校になじめないおまえに読ませたい……その本にはそう思わせる力があったのだ。

　結局、僕はその本を買い直すことなく田舎町の高校を卒業して、東京の大学生になり、おとなになって、夫になって、父親になって、いま文章を書いて生計を立てている。その本を思いだすことは、正直に打ち明ければ、ほとんどなかった。たぶんそれは、僕自身が学校に象徴される世の中というものとの折り合いのつけ方を覚えてしまったからなのだろう、といまにして思う。

　だから、とにかく、復刊企画があってこその再会だった。どきどきしながらページをめくった。

　三十年の歳月を隔てて向き合った物語は、あの頃と同じようには読めなかった。当然のことだろう。僕はもうじゅうぶんにおとなで、僕の上の子どもはすでに三十年前の僕の年齢を超えている。

　少々居心地の悪い苦笑いを何度も浮かべた。途中で天を仰いで嘆息もした。そして、読了後にあらためて、心から思ったのだ。

　復刊したかったなあ、これ……。

　若い世代にぶつけてみたかった。かつて若かった世代の感想も聞いてみたかった。

　その望みが、ようやく、いま、叶えられた。

　復刊企画が終わったあとも、編集部の末安慶子さんがねばり強く諸般の事情の一つひとつを取り除いていってくれた。その結果、前後編の二冊本のうち前編部分が、再び世に出ることとなった。

　それが、本書『高校放浪記』なのである。

　すでに本文をお読みになったひとは大きくうなずいてくれると思うのだが、この物語、決して読んで楽しいものではない。

　文章は荒く、のたうつような足踏みを繰り返したかと思えば、肝心なところをすっとばして次の挿話へと進んでしまう。ずいぶん身勝手なところも少なからず見受けられるし、他人の立場に自分を置いてみる想像力にも欠ける。言い訳めいたことを並べ立てながら、相手の言いぶんには一切耳を貸そうとしない。自己愛が強い。いや、強すぎる。ただし、自己嫌悪もそれに負けずに強すぎる。だから、物語の中で自己肯定と自己否定とが何度も何度もぶつかってしまって、出口がなかなか見つからない。

　読み進めるのがキツい、と感じるひとは、きっといるだろう。

語り手の「私」に腹を立ててしまうひとも、おそらくいるに違いない。

もとよりこれは「文学作品」ではなく、もっとなまなましい「手記」なのだから、完成度云々《うんぬん》を問うのはスジが違う。それは認めても、しかし……という声は、やはり、どこかから聞こえてくるかもしれない。

そんなマイナスの感想や評価をまるごと受け止めたうえで、僕は胸を張って、本書を若い連中に差し出したい。かつて若かった皆さんに、いいから読んでみてくださいよ、と渡したい。

ここには、身勝手に語ることでしか伝えられない、青春のどろどろとした熱がある。出口のない物語でなければ描けない、青春のごつごつした手ざわりがある。それは、なめらかに語ってしまったとたん、あるいは理知的なバランスを取ってしまった瞬間、あっさりと消え失せてしまい、二度とは取り戻せなくなるものなのだ。

著者の稲田耕三さんが、いつどういう経緯で本書を書くことになったのかは、知らない。時をへて、本書を読み返すことがあったのか、ないままなのかも、わからない。

ただ、もしもおとなになった稲田さんが本書を読み返していたら、きっと僕が再会したときと同じように――いや、書いた本人なのだから、もっともっと、居心地の悪い思いをしてしまっただろう。しかし、おとなの目で読み返した本書を、削ったり書き直したりすることは、どうしてもできなかったはずだ。想像にすることは、どうしてもできなかったはずだ。想像に想像を重ねる物言いで恐縮なのだが、僕はそう確信している し、万が一、稲田さんが今回の復刊にあたって「書き直したい」とおっしゃったなら、僕はそれを思いとどまっていただくよう必死に説得しただろう。上手《うま》い下手ではない。正しいか正しくないかでもない。本書にある言葉はすべて、一言一句たりとも差し替えの利かない、まさに一期一会のものなのだから。

いやしくも言葉で表現することをなりわいとしている者として、「奇跡」という言葉を軽々しくつかいたくはない。

それでも、こと本書にかんしては、僕にはその言葉以外の言い表し方が見つからない。

まるはだかの青春を描いた、奇跡の一冊――。

これ以上言葉や物語の構成が巧みになったら、とても大切ななにかが失われてしまう。逆に、これ以上荒っぽく自己中心的になると、愚痴や泣き言や文句の羅列のレベルに堕して、読むに価しないものになってしまう。そのぎりぎりのところに、本書はある。それを、僕は奇跡と呼びたいのだ。

高校一年生の僕には、もちろん、そんな理屈などわからなかった。ただ、いわゆる「青春文学」と本書は明らかに違っていた。言葉がひりついていた。とがっていた。殺伐としたケンカの場面の連続なのに、なぜか読んでいると、「私」の悲しみが胸に迫ってきた。感想文など書けるわけがない。友だちに「どんな本?」と訊かれても、「不良がケンカばかりして高校を流れ歩く話」以外に説明はできなかった。

それでも、違う、だからこそ、高校一年生の僕は本書をむさぼるように読んだのだ。僕の友だちの中でいちばん「私」に似ている奴に、読ませたい、と思ったのだ。そして、本書に夢中になった嵐のような日々が過ぎ去ってしまうと、ぱたっと忘れてしまった。そんな出会いと別れもまた、一つの奇跡だったのかもしれない。

その奇跡を、二〇一〇年代を生きるあなたとも分かち合いたい。若くても、そうでなくても、男でも女でも、要するにすべてのひとに、届けたい。

青春のざらついた熱いかたまりを、どうか、わしづかみしてほしい。指先や手のひらを灼《や》く熱さが胸の奥にまで届いたとき、あなたは青春の奇跡の物語との、あなた自身の奇跡の出会いを果たしているはずである。

西岡研介『「噂の眞相」トップ屋稼業』

河出文庫　二〇〇九年

その夜、会場には、もやもやとしたものが澱《よど》んでいた。

二〇〇八年九月五日、東京會舘。第三十回講談社ノンフィクション賞の授賞式およびパーティーである。本来なら、一年に一度の晴れやかな場――ステージに立つ主役の面々も、それを眺めるひとたちも、みんな笑顔でいるはずの夕べなのである。

ところが、空気が重い。選考委員の一人としてステージの脇に座った僕は、会場を埋めたひとたちと向き合う格好になるので、その表情の固さがわかってしまう。隣近所で耳打ちし合うグループがいくつもある。話し声は聞こえなくても、なにを話しているかは見当がついてしまう。

講談社ノンフィクション賞の発表媒体でもある『月刊現代』の休刊が、つい数日前に明らかになったばかりだった。出版不況だということはわかっていても、まさか『月刊現代』が……と誰もが思っていた。にわかには事態を呑み込めないひともいただろうし、裏切られたという思いに包まれたひともいただろう。ノンフィクションの未来はどうなるのか。雑誌ジャーナリズムは経営の論理に呑み込まれてしまうのか。いや、そういった筋道立った問いが出てくるのは、もっとあとになってからのことだ。あの時点では、ただ呆然としていたひとのほうが多かったと思う。少なくとも、僕の目には、そう見えていた。

そんななか、西岡研介さんは受賞者としてステージに立った。金髪である。派手なストライプのスーツ姿である。

えらくガラの悪そうなひとだなあ……と思う間もなく西岡さんの挨拶が始まり、いきなり会場はどよめいた。

西岡さんは関西なまりのデカい声で、僕たち選考委員を怒りはじめたのである。

驚いた。めんくらった。確かに、西岡さんの受賞は満場一致というわけではなかった。ちなみに僕は受賞作『マングローブ』をこんなふうに評している。〈JR東日本の暗部という大きな禁忌に果敢に挑んだ『マングローブ』からは、構成・文章の粗さを忘れさせてしまうほどのジャーナリストの勇気と志が伝わってくる〉——トータルでは褒めているつもりなのだ。しかし、西岡さんには〈構成・文章の粗さ〉のくだりがカチンと来たようである。ほかの選考委員諸氏の選評もまた同様に、作品の力を評価しつつも構成や文章に注文をつけていて、同様に西岡さんに噛みつかれてしまったのである。

西岡さんは言うのだ。

「なんで賞を獲って『アホや、ヘタくそや』言われなアカンねん」

確かにまったくそのとおりなのだが、ずいぶんな狼藉である。笑いながらの発言とはいっても、一歩間違ったら座は白けきってしまうだろう。選考委員としても決して愉快な事態ではない。「なんで賞を差し上げたワシらが公衆の面前で『無礼やないか』言われなアカンねん」と言い返したいところでもある。

だが、西岡さんの話を聞いていると、あははっ、と笑えた。肩の力が抜けた。まいったなあ……と困惑しながら、不思議と、その困惑が心地よかった。まっすぐな意地の張り方が爽やかだった。気分のいい悪ガキに仕掛けられたイタズラにまんまとハマってしまったときのように、やるじゃないか、と苦笑交じりに言いたくもなる。

よく見てみると、会場に居並ぶひとたちも皆、そんな表情をしていた。全員がもともと西岡さんと知り合いだったわけではないだろう。最初は金髪にストライプのスーツといういでたちにギョッとしたひともいたはずだし、鼻白んだひともいたかもしれない。それでも、いつのまにか、会場の空気はなごんでいる。西岡さんの放つ自虐的なギャグにドッと沸く場面も増えた。『月刊現代』の休刊騒ぎで冷え冷えとしていた会場が、ズケズケと言いたい放題の西岡さんのおかげで、ようやくほんのりと温もってくれたようだった。

愛すべき憎まれっ子——という言葉が、ふと浮かんだ。いかにもヤンチャないでたちが、人気者の悪役レスラーに重なった。

本書は、そんな西岡さんが神戸新聞から『噂の眞相』をへて独立するまでを振り返った自叙伝である。数々のスクープの内幕や『噂の眞相』編集部の舞台裏など、書店の棚で分類するなら、本書は間違いなく〈マスコミ〉〈ジャーナリズム〉のコーナーに、それも終盤の森元首相のど真ん中に並べられるはずだ。特に終盤の森元首相の在任中に『噂の眞相』が追及した買春問題など、特ににスリリングで読みごたえがある。〈「現役首相がなんぼのもんじゃい。民事でも、刑事でもかかってこんかい」と徹底した強気の姿勢で臨んでいた〉なんていうヤンキー台詞《ぜりふ》をほんのちょっとだけ改めれば、権力とマスコミとの対決の物語として膝を正して読み進めることも……なんてことを言うと、また西岡さんに嚙みつかれてしまいそうなのだが……。

いや、本書には、このヤンチャな語り口が必要だった。〈マスコミ〉〈ジャーナリズム〉のコーナーの真ん中に並べられるはずの本書を、僕は、〈青春〉のコーナーにも置いてほしくてしかたがないのである。そういうコーナーはない？　なければつくればいい。河出書房新社の営業サン、がんばれ。本書にはそれだけの、青春文学としての面白さがある。

ヤンチャで元気でひたすらアツい西岡記者が、先輩たちに助けられ、時にはぶつかりながら、「事実」を追い求め、その裏にひそむ「真実」を探り当てようとする物語――それはそのまま、一人の青年の成長の物語にもなるはずなのだ。

あるいは、〈コテコテの関西人〉だった西岡さんが、右も左もわからない東京に出てきて少しずつ世界と人脈を広げていく物語は、上京物語のスタンダードでもある。さらに言えば、〈日本中の新聞が標榜する「不偏不党の立場」というものに、私はどうしようもない居心地の悪さを感じ〉てしまった西岡さんが、より自由な取材・執筆の場を求めて『噂の眞相』に移籍する過程は、転職の物語としても読めるし、タイトルだけでなく本文中の随所に登場する「稼業」というキーワードを丁寧に読みほどけば、本書は「仕事」「働くということ」そのものを描いた物語でもあるのだと気づくに違いない。

おそらく、本書は多くのマスコミ関係者の興味を惹くだろう。それを認めたうえで、しかし、と言っておく。しかし――本書が最も出会いを待ちわびている読者は、じつはマスコミとはなんの関係もない、ヤンチャで元気を持て余したワカゾーたちではないか。金髪にストライプのスーツを着たガラの悪い若い記者が「西岡さんの本を読んで、自分、この稼業に就きました」と挨拶してくるのを、西岡さんは心待ちにしているのではあるまいか。

そのワカゾーに西岡さんは言うのだ。「憎まれるだけじゃアカンのやで、トップ屋稼業は愛されてナンボやねん」なんて、ほれほれ、お手本はワシやワシ、と自分を指差しながら。

そして、ちょっと頭でっかちなワカゾー記者がジャーナリズム論をぶちかけたら、きっと西岡さんは「四の五の言わんと走らんかい！」と一喝するだろう。まさに文庫版のあとがきどおり〈そんな悠長な話に付き合ってる暇はない〉のである。

それを思うと、あの日、講談社ノンフィクション賞の受賞挨拶に立った西岡さんは、会場に澱む重い空気に気づいていたのかもしれない。ジャーナリズムの危機を憂う同業者や関係者にハッパをかけるべく、「文章のウマいヘタを言うとる場合か！」とガツンとかましてくれたのかもしれない。

愛すべき憎まれっ子は、優しい。

挨拶を終えて一礼した西岡さんは、会場の拍手に照れて、頭を下げたまま、へへッと笑った。いい笑顔だったな、といまでも思う。

最相《さいしょう》葉月

『なんといふ空』

中公文庫　二〇〇四年

ささやかで間の抜けた勘違いの話を、ひとつ。最相葉月さんが星新一のショートショートをテクストに科学と人間について綴った『あのころの未来』を読んだときのことである。もう一年ほど前になるだろうか。本文をとても楽しく、懐かしく、そして多少の甘酸っぱさとほろ苦さとともに読了したぼくは、あとがきに記されたこんな一節に目を奪われたのだ。

〈言葉にしようがないもの、どんなに言葉をつくしてもこぼれてしまうもの、言葉よりずっと前からあって、いまも未来も言葉の外側であり続けるもの。星は、それをすくいあげようとしていた〉

ここでの〈星〉は、言うまでもなく星新一の〈星〉──たったいままで夢中で読みふけっていた本文の主役である。読み間違いなどできるはずもないのに、ぼくは一瞬、夜空に瞬く星を思い浮かべてしまった。ああ、いいなあ、なんかわかるなあ……と一人で勝手に感慨にひたりながらつづく文章を読み進め、すぐに勘違いに気づいて赤面してしまったのだった。

まったく情けない話である。恥ずかしいばかりでなく、著者と作品に対してひどく礼を失した話でもあるだろう。ごめんなさい。

それでも、一年後のいま──本書『なんといふ空』に添えるパセリのような小文を書かせていただくにあたって、ぼくは自分の間抜けなミスを「あんがい悪くないんじゃないかな」と肯定している。もうちょっと図々しく言うなら、「『なんといふ空』を語る言葉は、その勘違いに尽きるじゃないか」とも。

なんといふ空。最相さんご自身も〈なんとも言葉では表現しがたい〉〈英訳はどうも無理のよう〉と認める空は、おそらく夜空ではないだろう。だが、昼間の空にだって、あたりまえのことなのだが、星はちりばめられている。なんといふ空で光り輝く星の数は、ぜんぶで四十八。それぞれが決して理に落ちたつながりを持っているわけではない四十八編のエッセイは、しかし、いにしえびとが夜空に星座図を描き、星ものがたりを語り継いだように、最相葉月さんというしなやかな表現者の自叙伝としても読めるし、最相さん個人を超えた同世代史、同時代史のスケッチ集としても編み直すことができるはずだ。

そして、四十八の星をたどっていくぼくたちは、やがて気づくことになる。

最相さんはすべてのエッセイで、場面の一つひとつが鮮やかに読者の眼前にたちのぼる言葉の力を惜しみなく注ぎ込みながらも、ぎりぎりのところで〈言葉にしようがないもの、どんなに言葉をつくしてもこぼれてしまうもの、言葉よりずっと前からあって、いまも未来も言葉の外側であり続けるもの〉へと思いを放つ。それはなにか。追憶、思慕、後悔、せつなさ、哀歓、ぬくもり、慈しみ……いや、だから、言葉を尽くした果てにある、常にその先の世界なんだから……。

＊

要は「読めばわかります」ですませてしまうのが一番だと思うのだ。それができないのは、中途半端に言葉で飯を食っている者のつまらない弱みなのかもしれない。ずいぶん分の悪い仕事を引き受けてしまった。一年前の失礼な勘違いの報いなのだろうか。

だが、言葉とは、これでなかなかたいしたものだ。〈言葉にしようがないもの、どんなに言葉をつくしてもこぼれてしまうもの、言葉よりずっと前からあって、いまも未来も言葉の外側であり続けるもの〉を伝えるための言葉も、じつは、ちゃんとある。

感動——。

ぼくは本書の一編ずつを「感動」しながら読み進めた。初読のときはもちろん、何度読み返しても「感動」は減じるどころか、ますます深まっていく。

〈人間の目に見える星という星は、全部ここにある。何億光年という時の流れもここにある。なのに、まだ何が足りないというのだろう。何をさびしがってるんだろう〉

本書でこんなフレーズに出会うたびに、ぼくは目をつぶる。言葉の余韻と、言葉を超えたものの重みを自分なりに精一杯に味わい、最相葉月さんという書き手への信頼と憧れとをあらためて確認してから、ページをさらに繰っていく。

ほんとうですよね、最相さん。ぼくたちはみんな、いつも、なにかが足りないと思っていて、なにかに寂しさを感じてしまう。でも、そんなぼくたちのためにこそ、「感動」という正体不明の胸の震えはあるのだとも思うし、ぼくはその胸の震えを『なんといふ空』を続みながら何度も何度も感じたのです――拙文をお読みの皆さんも、きっと大きくうなずいてくれると思うけれど。

本書の中には、こういう一節がある。

〈人は結局一人であること、それが出発点であることと〉

その一方で、最相さんはこうも書いている。

〈つながっている。だから、自分は生きているのだと思う〉

矛盾などであるはずがない。

二つの極を胸に持っている書き手を、ぼくは読み手として、また同業者の端くれとして、全面的に信頼し、憧れる。

さらに、そもそも、ものを書くということは――とりわけノンフィクションにおいては、畢竟、この二つの極を往還することなのではないか。その過程でなにかを受け取る。それがノンフィクションの、きわめてシンプルな構図である。エッセイ集であるはずの『なんといふ空』にも、じつはその構図はきれいにあてはまり、本書がただの身辺雑記や回想録にとどまらない理由も、そこにある。

ひとと出会い、別れる。その過程でなにかを受け取る。ひとと出会う。なにかを受け取る。別れる。最相さんはそれをひたすら繰り返す。

他者とつながる自分と一人になった自分との往還の狭間で、自分はなにを受け取ったのか――。

一冊を貫く主題が、浮かび上がる。

*

〈職業病なのだろう、私は外から偶然飛び込んできたものはとりあえず受け取ってみることにしている〉

本書所収の「あなたはだあれ?」の中の一節である。もっとも、ここでの〈職業病〉はある種の謙遜だろう。最相さんはノンフィクション作家だからそうしているのではない。〈外から偶然飛び込んできたもの〉に対してきわめて鋭敏で、かつしなやかな受け取り方をする――いや、「せざるをえない」ひとだからこそ、彼女はノンフィクションの世界に進んだのではあるまいか。

本書の過半を占めているのは、ノンフィクション作家になる前の最相さんご自身のエピソードである。家族との会話、友人との会話、垣間見た横顔、ふと目にした情景、突然かかってきた電話……日常の中のさまざまな場面から、最相さんは有形無形の数多くのものを受け取っている。それこそ「読めばわかります」としか言いようのない豊饒《ほうじょう》な贈り物の数々は、決して特別なものばかりではない。ぼくたちの日々の暮らしの中にごくあたりまえにひそんでいて、だからこそつい見逃してしまうものも、最相さんはちゃんと受け取っている。もしかしたら最相さんが受け取った最大のものは、ＧＩＦＴのダブルミーニング――「贈り物」と「天賦《てんぷ》の才」にひっかけるわけではないが、「贈り物を受け取る才能」なのかもしれないのだ。

だが、ならば本書は、最相さんが人生の折々に手にしてきた贈り物を披露する一冊なのだろうか？　もしもそうだとすれば、本書はとんでもなく鼻持ちならない、そしてとんでもなく教訓めいた、押しつけがましい本として仕上がってしまったはずである。

そうではない。

自らの受け取ってきたものを読者にそっと差し出す最相さんの手つきは、いつも――上質なユーモアをまぶしてはあっても、どこか寂しげだ。その寂しさに気づき、一編一編をあらためて読み返してみると、ぼくたちは、もう一つの、とてもたいせつなことにも気づくだろう。

もはや二度と会えないひとや、再び立ち戻ることの決してかなわない場所、いつまでもとどまることのできない時間……最相さんに贈り物を渡した手をずっとたどっていくと、そこには常に「別れ」がある。

産卵を終えて生を閉じる魚や虫を思いだしてみてもいい。いや、それとも、贈り物を手にしてしまったからこそ、「別れ」の寂しさやせつなさがきわだってしまうのだろうか。もっと鈍感で、贈り物に気づかないひとであれば、「別れ」はただの人生の通過点にすぎない。贈り物を受け取ってしまったからこそ、「別れ」がくっきりとした輪郭を持つ。

ぼくたちだってそうでしょう？　贈り物を思い出と言い換えればよくわかる。思い出がなければ、「別れ」

を意識することはない。記憶が消えうせてくれれば、ぼくたちは後ろを振り返ることなく生きていける。けれど、そんな人生を幸せだと——あなたなら、言いますか？

最相さんは、自らの過去を本書でていねいに再訪している。懐かしさばかりでなく、せつなさや苦みも、そこにはある。けれど、目をそらさない。自己弁護のレトリックでごまかそうともしない。過去に受け取ってきた贈り物の一つひとつが、いまの自分をつくってきたのだと知っているから。贈り物をPRESENTと訳せば、そこには「現在」という意味も浮かんでくるのだから。

そして、最相さんは、贈り物の珠玉を胸の内でころころと転がしながら、〈なんといふ空〉としか名付けられない空を見上げて、こうつぶやくのだ。

〈こんなんやけど、まだ生きててええんやろか〉

過去からの答えは——それをこの場で書いてしまうほど、添え物のパセリは野暮ではない。読めばわかります。ほんとうに。ぼくが「感動」という言葉で本書を評したかった理由も、そこにあります。間違いなく。

＊

それにしても、本というのはいいなあ。あらためて、つくづく思う。

二度と帰れない過去から受け取ったものが、言葉によって文章に紡がれ、一冊の本に編まれたおかげで、永遠の命を持つ。人生の時間をさかのぼることはできなくても、本は何度でも読み返せる。

文庫版というハンディな装いになった本書を、特に若い読者の皆さんには、ずっと手元に持っていてほしいな、と思う。繰り返し読むといい。そのたびに、あなたは、その折々のあなたにふさわしい贈り物を本書から受け取るだろう。優れた青春詩集がどれもそうであるように。

なんといふ空にちりばめられた四十八の星たちを、あなたはどんなふうにつないで、あなただけの星座をつくっていくのだろう。

小松成美《なるみ》
『中田英寿　鼓動』

幻冬舎文庫　二〇〇〇年

一人の不運な女性の話から始めたい。

小松成美《なるみ》さんは、本書『中田英寿　鼓動』に先立って、『アストリット・Kの存在』という作品を上梓している。ザ・ビートルズと親交を結び、数多くの貴重な写真を撮影するだけでなく、独特のビートルズ・カットやトレードマークとなった襟なしスーツを考案したことでも知られる、アストリット・キルヒヘアの半生を描いたノンフィクションである。

女流カメラマンの卵だったアストリットは、一九六〇年のハンブルクで、デビュー前のビートルズと出会う。メンバーと交流を深めるなか、のちに〝五番目のビートルズ〟と呼ばれることになるスチュワート・サトクリフと婚約したものの、バンドを脱退して美術の道に進んだスチュは、二十一歳の若さで夭折。アストリットも、ほどなくカメラを捨てる。

アストリット本人への百五十時間にわたるインタビューをはじめ、綿密にして子細な周辺取材をおこなった小松成美さんは、カメラマンの道を断念したときのアストリットの心情を、こう書いている。

〈ビートルズの髪を切った人、デビュー前のビートルズの写真を撮った人、ビートルズの服をデザインした人――。人々が注目し、讃美する彼女は必ずビートルズの添え物だった。アストリットは「ビートルズの友人」という肩書なしでは、評価される価値もない自分が悔しかった。／アストリットに芽生えていたフォトジャーナリストへの憧れは無惨に踏みつぶされた〉

光と影とまでコントラストを強めるのは、少し言いすぎかもしれない。しかし、強烈な発光体のそばにあるものは、その距離が近ければ近いほど、輪郭が光に溶け、厚みがまばゆさに紛れてしまい、しばしばこんな言葉で切り捨てられてしまうものである。――「ああ、あのスーパースターのそばにくっついてる奴だろう?」

アストリットもその例外ではなかった。むろん彼女にビートルズと出会ったことへの後悔は微塵もなくとも、写真家としての自身が正当に評価される機会を失ったという点においては、やはり彼女は不運だった。それはビートルズのせいでもなければ、彼女のせいでもない。スーパースターのまばゆさが恣意的に増幅され、あるいはねじ曲げられたすえに生まれる偶像(アイドル)の物語が、アストリットを、そしてビートルズじたいをも呑み込んでしまったのだ。

だからこそ、小松成美さんはあとがきに一言、著者の願いを、いや祈りを、書きつけた。

〈拙著がビートルズの本ではなく、アストリットの本として認めていただけることを望んでやまない〉

『アストリット・Kの存在』の刊行は、一九九五年十月である。小松成美さんが中田英寿選手に初めてのインタビューをおこなったのは、一九九六年八月のアトランタ五輪の直前だったという。つまり、中田選手に出会ったときの彼女は、すでにアストリットの半生を描ききっていた、ということになる。

この時系列は、たんなる時期的な前後の関係を超えて、本書の成り立ちに、そして魅力にかんして、大きな意味を持っているのではないだろうか。

ぼくは、『アストリット・Kの存在』のあとがきと同様のことを、いまこの本を手にしているあなたに伝えたくてしかたないのだ。

本書が中田選手の本ではなく、小松成美さんの本として認めていただけることを望んでやまない——と。

誤解のないようあわてて言い添えておくが、本書が〝中田選手の本〟であることは確かなのである。だが、それはあくまでも本書が〝中田選手(について)の本〟であり、〝中田選手(を描いたノンフィクション)の本〟である、という意味にすぎない。

じゃあ、描いたのは誰だ?

誰がどんな視点に立って描いているんだ?

描かれた対象がスーパースターであるがゆえに、また単行本版の刊行された一九九九年一月が、まさに中田選手をめぐる言説が最も過熱していた時期だったがゆえに、ひとびとの目は〝なにが描かれているか〟のみに向けられてしまいがちだった。

しかし、ここであらためて考えてみないか。

臨場感たっぷりの、まるで中田選手と彼の周辺の人物それぞれに密着しているかのような光景が、じつはたった一人の書き手の取材力と筆力によって再構成されたものだという事実の意味するものについて。

ノンフィクション作品における、描かれる者／描く者の関係について。

ひいては、ノンフィクションの作品の語り手の位置について。


一読して明らかなとおり、本書は徹底して、ストイックなまでに語り手の存在を消している。アトランタ五輪後からセリエAデビューまでの中田選手の行動や心理は克明に描かれていても、それを取材し、文章に書き起こす小松成美さん自身のことは、ただの一言も描かれていない。

ノンフィクション作品には三つの位相がある。本書の内容に即して整理すれば、こんなふうになるだろう。

中田選手（描かれる者）／取材（描かれる者と描く者との接点）／執筆する小松成美さん（描く者）

ニュージャーナリズムの歴史をひもとくまでもなく、近年（といっても一九六〇年代後半からのスパンになるのだが）のノンフィクション作品は、描く者の姿を明示し、取材や執筆の過程をも作品内にとりこむことで、描かれる者／描く者の関係に遠近感を持たせるものが数多い。取材開始時点では見えなかった描かれる者の素顔なり真実なりが、取材を進めるにつれて明らかになるという、いわばミステリー的手法と呼んでもいいだろう。また、それはノンフィクションを書くことのノンフィクション、というメタ機能をも持つことになり、おのずとそこには描かれる者に対する批評が、さらにはその対象を描くことじたいに対する批評が生まれることになる。……と、理屈を並べるよりも、もっとわかりやすい言い方がある。要するに、それは、〝メイキング・オブ・〇〇〟の世界なのだ。

一方、本書を（表面的に）成り立たせている要素は、三つの位相のうちのたった一つ――描かれる者の姿だけである。〝メイキング・オブ・『鼓動』〟に属する記述は、いっさいない。

正直に告白しよう。単行本版で初めて本書を読んだときのぼくは、過ぎ去った事実や光景を鮮やかに再現した小松成美さんの取材力と筆力とに圧倒され、舌を巻きながらも、そこに彼女の姿が見えないことに対して、ほんのわずかのもどかしさも感じていたのだった。

取材の過程が知りたい、というわけではない。執筆の苦労話を読みたかったのとも違う。ぼくは小松成美さんの姿勢を見たかったのだ。中田英寿というスーパースターに対して、どんな位置から、どんな角度で語ろうとしているのかを読みとりたかったのだ。

小松成美さん、あなたはどこにいるのですか――？

読了後も胸に残っていたその問いは、しかし、『アストリット・Kの存在』を読むことで、みごとに消えていったのである。

『アストリット・Kの存在』は、本書と同様に、描く者の存在をいっさい消し去ったノンフィクション作品である。

〝メイキング・オブ・『アストリット・Kの存在』〟にあたる唯一の記述は、あとがきに記されたこんな文章だった。

〈インタビューは緊張を極めた。／取材の中で彼女が幾度か繰り返した言葉がある。／「クリエイター同士に甘えや妥協は許されない。私は、私とビートルズの真実だけは曲げないつもりよ。あなたがそれを描けるまで、とことん、つきあう覚悟はできてるのよ」／今となっては、アストリットに感謝するしかない。彼女は1500枚にも及んだ原稿のすべてに目を通し、真実が真実として描かれるまで何度でも私の推敲《すいこう》作業につき合ってくれたのだ〉

真実が真実として描かれるまで――。

この言葉と、本書に赤裸々に描かれた中田選手とマスコミとの確執とは、裏返しになってきれいに重なり合う。

〈事実でない記事を「笑ってやり過ごしてしまえばいい」と、彼に助言する者もいたが、中田はそれができなかった。（略）中田は、自分についての誤った記事が氾濫している限り、信頼のおけるいくつかのメディアを除いて、頑に取材を避けることを決めていた〉

〈状況の断片を切り取り、あたかも真実のすべてと決めつけるマスコミには嫌気が差していた〉

〈どうして、自分が虚飾の的になるのか。明らかに、中田英寿という人間について、ストーリーを捏造《ねつぞう》する人間がいるのだ。中田にとっては、その嘘がおぞましく、見逃すことができなかった〉

〈中田は、先行し、過熱する報道合戦に嫌気が差していた。ペルージャへの移籍に関する質問が飛ぶと、中

田は挑戦的に「事実でない」と言って、連日の報道をなじった〉

本書は、サクセス・ストーリーと呼んでしまうにはあまりにも苦いエピソードがあふれている。その最たるものが、『君が代』にまつわる恣意的な新聞記事が端緒となった思想団体の抗議行動だろう。

本書の終盤近く、こんな悲痛な叫びが、中田選手自身の言葉として記されている。

〈「もう、嫌なんだ。息苦しいんだよ、日本にいると。誰かに守られなきゃ、暮らせない毎日が耐えられない。恐怖に縛られて生きるのが、もう、嫌なんだ」〉

『アストリット・Kの存在』では、ジョン・レノンが似たような言葉をアストリットに語っている。――〈「僕たちは鎖につながれた囚人と同じさ」〉

アストリット自身も〈ビートルズを商売にしようと算段する執拗な人々の群れ〉に翻弄され、欺かれて、〈やがて、次々に「アストリットはビートルズの愛人だった」という下劣な記事ができ上がっていった〉。

さらに、プロ野球のイチロー選手が〝総監督〟をつとめたムック『インパクト!』では、小松成美さんはインタビュアーとして、イチロー選手からこんな一言を引き出している。

〈新聞や週刊誌は、読者の興味をそそるような見出しを付けて当然ですけど、中には、明らかに事実が歪められて伝えられることがある。僕もそういう経験をしています。真実でない記事を読んだ人が僕の知り合いで、いちいち説明できるならいいんですよ。でも、パ・リーグの試合の中継がなく、近くに球場がない人たちは、イチローという人間をその記事でだけ知るわけです。(略)活字を凶器だと思うことは何度もありました〉

スーパースター(とその周辺にいるひと)の宿命――と言ってしまえば、それまでである。

しかし、中田選手も、アストリットも、そしておそらくイチロー選手もジョン・レノンも、生身の人間としてその運命に抗おうとする。偶像の物語を拒み、〈真実が真実として描かれる〉ことを求めて、抗議し、口を閉ざす。結果としてマスコミとの間にさらなる亀裂を生じさせてしまうことも、やむなく受け入れながら。

『アストリット・Kの存在』も『中田英寿　鼓動』も、表面的な物語の底に、〈真実が真実として描かれる〉ことを求めてやまない彼らの叫びが流れている。

アストリットが口にした〈私は、私とビートルズの真実だけは曲げないつもりよ。あなたがそれを描けるまで、とことん、つきあう覚悟はできてるのよ〉は、中田選手の取材を進めるときにも、常に小松成美さんの胸の中にあったはずだ。

だからこそ、彼女は、中田選手を描くためのすべての言葉を〈真実〉に対してのみ奉仕させたのではないか。描く者の存在を消し去ることで、描かれる者との間のよけいな距離感を排し、恣意的な要素をとことんまで追い払って、描かれる者の〈真実〉を、ただただ、まっすぐに読者に届けようとしたのではないだろうか……。

そのとき、もしかしたら彼女は〝小松成美の作品〟を書いているという意識すら消していたのかもしれない。中田選手の〈真実〉を伝えること、その一点が、四百字詰原稿用紙にして九百枚近くに及ぶ本書を書き進める最大の原動力だったような気がしてならない。

そう考えてみると、前述したぼくの身勝手な疑問の答えは、なんのことはない、ちゃんと本書の中に刻み込まれていたのだ。

小松成美さんは、どこにもいない。どこにもいないということで、本書のあらゆるところに彼女はいる。彼女は中田選手の〈真実〉を〝探る〟ために本書を書いたのではなく、徹底した取材でそれを探ったうえで、〈真実〉を混じりけなしのかたちで〝伝える〟ために目の前に光景がたちのぼってくるような文章を紡いでいった。そのひとつひとつの場面の後ろ側に、彼女はいる。文字どおりの黒子《くろご》として、〈真実〉を少しでも読者に近づけるべく、ぐい、と踏ん張って、綿密な取材の裏付けと筆圧の高い文章の力とで場面のリアリティを支えているのだ。

そんな本書に対して、描く者の〝姿勢〟だの〝位置〟だの〝角度〟だのを問うのは無意味だし、小手先の分析など非礼ですらあるだろう。本書には、ただ、〈真実〉に殉じようとする小松成美さんの〝覚悟〟だけがある。強い覚悟だ。偶像の物語の主人公の役目を押しつけられてきた中田選手の〈真実〉をなんとかして伝えようとする、それは義侠心とも呼ぶべきものだったのかもしれない。

さらに言えば——解説のほうはどんどん恣意的になっていくのだが、彼女のその義侠心は、ひとり中田選手にのみ捧げられているわけではないだろう。『アストリット・Kの存在』と本書の人物配置は、きれいな相似をなしている。

ビートルズに対しては、中田選手。

アストリットに比すべき存在は、中田選手のマネジメントや海外移籍をめぐって奔走する所属事務所の次原悦子社長やサッカーエージェント。『アストリット・Kの存在』があくまでも〈ビートルズの本〉ではなく、アストリットの本〉だったことに倣えば、本書『中田英寿　鼓動』の真の主人公は次原社長たちなのである——という読み方も、じゅうぶんに可能なのだ。

スーパースターのごく近い周辺にいる二人、特に次原社長は、アストリットがそうだったように、さまざまな局面で誤解を強いられ、また中田選手をめぐる無責任な憶測や悪意とも闘わなければならなかった。敵は日本のマスコミだけではない。中田選手をビジネスに利用しようとする海千山千のエージェントやクラブも、偶像の物語という情緒すらない冷徹で悪辣なトラップを仕掛けてくる。小松成美さんは、中田選手の〈真実〉を守り抜くための二人の闘いの過程を、ときとして中田選手のそれ以上に克明に描きだした。その情熱の背景には、〈「ビートルズの友人」という肩書〉に押しつぶされてしまったアストリットの無念がひそんでいるように思えてならないのだ。

そして、本書は、次原社長たちの苦闘という軸が加わったことで、マスコミと中田選手の確執をも包括する、いわば〝システム対個人〟というモティーフを持ったのではないか。スポーツ・ジャーナリズムというシステム、スポーツ・ビジネスというシステム、日本というシステム、ヨーロッパというシステム……それはアストリットが呑み込まれてしまったフォト・ジャーナリズム、ロック・ビジネスのシステムにも近接しているだろうし、アストリットと次原社長を決して無理に重ねるつもりはないのだが、二人がともに女性であることで、男社会というシステムの重圧がより鮮明に見えてきたのは確かだろう。

さらに言えば、本書を読んでようやく中田選手の〈真実〉に触れたあなただって、安閑とページをめくっていられるわけではない。フランスW杯クロアチア戦後に中田選手がホームページの掲示板を閉鎖した一件が示すように、マスコミによってもたらされる情報を鵜呑みにする、中田選手自身の言葉を借りれば〈流されちゃう部分〉こそが、もしかしたら最も強固でやっかいなシステムをかたちづくっているかもしれないのだから。

繰り返す。本書は中田選手（について）の書物であると同時に、次原社長たち（について）の書物でもあり、なにより小松成美さん（が描いた作品として）の書物なのである。

そうであるからこそ、ひとつだけ、ささやかなイチャモンを。

本書の副題は〈HEART BEAT of an innocent man〉となっているのだが、これ、個人的にはちょっぴり不満である。

なぜ複数形の〈innocent people〉にしなかったのだろう。無垢《むく》なるひとたちの鼓動――。読者には、中田選手だけでなく、次原社長たちの鼓動も、ちゃんと聞こえているのに。そして本書には、〈真実が真実として描かれる〉ことだけを希求し、自らに言い聞かせて、語り手の存在をいっさい消し去ってしまうという覚悟を決めた小松成美さん自身の鼓動が、静かに、しかし確かに響きわたっているのに……。

最後に、『アストリット・Kの存在』のプロローグにも名前が出ていて、きっと小松成美さんもお好きに違いない〈アメリカで「フリーク」を撮りつづけた女性写真家ダイアン・アーバス〉について、写真評論家の伊藤俊治氏が論じた文章を引用しておこう。

〈写真は肉体行動だった。写真は勇敢さを常に伴う冒険でなければならなかった。一枚一枚の写真は、ひとつひとつの出来事であり、挑戦であり、経験であった。写真とは表現ではなく、行為であった〉（「シティ・オブスキュラ」より）

ここに記された「写真」を「文章」に置き換えると、小松成美さんの覚悟の重みがよりくっきりと伝わってくるのではないだろうか。

だからやはり、本書の副題は、無垢なるひとたちの鼓動。

聞こえてこないか？　中田選手という強烈な発光体の陰から、張り巡らされたシステムの隙間から、〈真実〉を求める書き手の鼓動が。

とくん、とくん、とくん……と。

酒井順子

『金閣寺の燃やし方』

講談社文庫　二〇一四年

酒井順子さんには、姪《めい》っ子がいる。その姪っ子が三歳だった頃の小さなエピソードが、二〇一二年に刊行された著書『下に見る人』に綴られている。お絵描き遊びで線をぐるぐる描いたり、覚えたての丸を描いたりする姪っ子を見て、酒井さんはふと、こんなことを思うのだ。

〈姪っ子が描いた、一本の縦線。それは紙の中に、線の右側と左側という世界を、作り出します。そして、姪っ子が描いた、一つの丸。それは丸の内側と外側を、分けるのです。分類も区別も差別も、こんな線と丸とが、実はスタートなのではないのかしらん〉

幼い頃の酒井さんご自身は、お絵描きをするときに〈最初はかならず輪郭を描いてから、その中に色を塗っていた〉子どもだったという。〈輪郭が存在すると、「ここまでは色を塗っていいのだ」と思うことができて、少し安心したのでした〉

もっとも、酒井さんはそのことを決して肯定的には振り返っていない。そもそも、僕たちの中にひそむ「他人を下に見たい」という思いの正体を探り、いじめや排除、差別の源へと論を進める『下に見る人』は、酒井さんの数多い著作の中でも異色の、とても苦くて重い（だからこそ日本人論として出色の）一冊である。お絵描きのエピソードも、子どもたちの世界に仲良しグループができあがっていく過程、そこから異物として排除される子が生まれてしまう構造、「フケツ」「エンガチョ」という穢《けが》れの観念へと論は展開し、締めくくりは――。

〈無心にお絵描きごっこを続ける姪っ子を見ていると、この子には丸の外側に出されてしまう疎外感も、誰かを丸の外側に弾き出すような傲慢さも持ってほしくないものだと、叔母は思うのです。／が、既に線を引き、丸を描くことを覚えてしまった彼女も、いずれはそんな感覚を味わわなくてはならない日がくるのでしょう。その日が一日でも遠くであるように、そして、輪郭など描かなくとも絵が描けるような子になれるように……。と、既に人生という紙の中で線を引きまくり、丸を描きまくっている叔母としては、祈っているのです〉

ああ、ここなんだな、と思った。ここに酒井さんのエッセイの魅力が凝縮されているんだな、と得心した。

姪っ子への愛情あふれる、ほんとうに優しくあたたかい文章である。と同時に、現実の厳しさから目を逸らさず、自らを安全圏に置くこともない、凜とした文章でもある。さらに加えて、酒井さんはこのくだりで、期せずしてご自身の仕事の要諦についても語っているのではないか？

優れたエッセイやコラム、批評は、この混沌とした（あるいはまた、のっぺりとしてつかみどころのない）世界に記された〈線〉や〈丸〉なのだと、僕は考えている。

胸の中でモヤモヤしていたものが、愛読するエッセイやコラム、批評によって「なるほど、これはそういうことだったのか」「そうそうそう、うまいこと言うなあ」と、霧がすっきりと晴れるように明らかになる。そんな体験はきっと誰にもあるだろう。どう手をつければいいかわからずにいた幾何《きか》の難問に、ほんの一本の補助線を書き入れるだけで、たちまち正解への道筋が見えてくる。無数の星がただちりばめられただけだった夜空が、星座をつくったとたん、神話や物語のキャンバスになる。同様に、エッセイやコラム、批評は、価値や面白さの物差しを示したり、多くのひとが見逃していたものの存在を「ほら、これ」と教えたり、まだ呼び名のなかったものに名前を与えたりすることで、世界の風景を変えてくれる。それは、真っ白な紙に〈線〉を引き、〈丸〉を描くことと、よく似ていないだろうか。

エッセイやコラム、批評の書き手にとっての個性とは、すなわち、〈線〉や〈丸〉の個性である。真っ白な紙＝世界のどこに、どんな〈線〉を引き、どんな〈丸〉を描くか。位置はもちろん、形も問われる。長さやサイズも決めなくてはならない。世間一般の〈線〉や〈丸〉に寄り添いすぎると、読者の共感を通り越して、ごくあたりまえの正論や、凡庸な身辺雑記にとどまってしまう。しかし、奇をてらいすぎた

〈線〉や〈丸〉は、そのぶん飽きられるのも早いだろう。まっすぐな〈線〉と歪みのない〈丸〉には反発が少ない代わりに、物足りなさを感じる読者もいるはずだし、たいした覚悟もないまま〈線〉や〈丸〉をトゲトゲしくするコツだけを覚えた書き手は、最初のうちこそ「辛口」「毒舌」と評価されても、やがて自縄自縛に陥って、「悪く言うこと」が目的になってしまいかねない。

まったくもって難しくて、面白い。

酒井さんは、高校時代の雑誌デビューからずっと、そんなジャンルの最前線にいる書き手なのである。僕の書架にある単行本で最も初期のものは一九八八年刊行の『お年頃　乙女の開花前線』（昭和の本！）なので、すでにして四半世紀以上の歳月が流れたことになる。その間、酒井さんは数え切れないほどの〈線〉を引き、〈丸〉を描いてきた。難しさも、面白さも、身に染みてわかっている。

それだけではない。同時代の誰にもまして魅力的な〈線〉や〈丸〉を自在に操る酒井さんは、だからこそ、そのことに対する畏れを胸に刻んでいるのではないか。そして、その畏れは、キャリアを積むにつれてより強く、より深くなって、いまでは「覚悟」にさえなっているように思えるのだ。

前述の『下に見る人』の引用部分にもあるとおり、〈線〉や〈丸〉は、おのずと世界を二分する境界線になる。分けられた世界の「こちら／あちら」「内／外」の対比は、「右／左」「東／西」「上／下」「南／北」「男／女」「親／子」「夫／妻」「日本人／外国人」「自／他」と、さまざまなアレンジが可能である。そんな二分法は、最もシンプルでわかりやすい世界のとらえ方だろう。わかりやすいからこそ強いし、一刀両断して白黒つけることの心地よさも味わえる。しかし、それが「優／劣」になってしまうとどうだ。「美／醜」はどうだ。「好き／嫌い」ならどうだ。「勝ち／負け」「正／誤」「善／悪」「敵／味方」……。

世界を境界線で二分するという行為は、時として、書き手の意思とは裏腹に、〈丸の外側に出されてしまう疎外感〉や〈誰かを丸の外側に弾き出すような傲慢さ〉を読者に感じさせてしまうことがある。二分法はシンプルでわかりやすいぶん、そのインデックスの強さが誤解を生みやすいのである。

たとえば、二〇〇三年に刊行されて大ベストセラーになった『負け犬の遠吠え』で、酒井さんは三十代以上で子どもを持たない未婚女性を〈負け犬〉と名付けた。「勝ち／負け」という身も蓋もない二分法である。「よくぞ言ってくれました」の賛辞も、「それはいくらなんでも」の批判も、〈負け犬〉の持つインパクトの強さがあってこそのものだろう。

　しかし、酒井さんの引いた「勝ち／負け」の境界線は、字面のような単純なものではない。文字どおり一筋縄ではいかないのだ。

　それを早くから看破していた一人、小倉千加子さんは、『先達の御意見』に収められた酒井さんとの対談で、『負け犬の遠吠え』について〈酒井さんが独身で子供のいない自分をあえて「負け犬」と自嘲したことで、これまでの勝ち組と負け組の間の線を引き直してしまった。これはすごいことです〉と絶賛した。それを承《う》けて、酒井さんは——。

〈私も負け犬とは書いたけど、それで不幸だ、とは書いてない。自分のことを負け犬って聞いただけでガーって怒ってしまう人は、「負け＝不幸」と思いこんでいるからだと思うんですよ。勝ち犬と負け犬は上下関係でなく、並列関係なのだと思う〉

「勝ち／負け」の境界線は、一見すると横に引いているように思わせながら、じつは縦だった、というわけである。

　さらに小倉さんが〈結婚しているという勝ち負けと、その人が幸せかどうかが別の次元になったものだから、女性の中で優越感と劣等感が交錯して、自分がなんなのかがわからなくなってしまった〉と指摘すると、酒井さんも同意して、いわく——。

〈私自身、結婚している人からも、「私はこんな負け感をもっている」という声を多くもらって、複雑化した社会の中での痛い部分がそれぞれ違うんだなっていうことが、初めてわかりましたね〉

　負け犬の「内／外」を分けて描いた〈丸〉は、じつはクラインの壺のように境界を持たないものだったのだ。

　そこまでの奥深さを持っていながら、しかし、〈負け犬〉の言葉そのもののインパクトは、微妙な屈折をかき消してしまいかねない。「勝ち／負け」のシンプルなわかりやすさは、キャッチーであるのと引き替えに、「負け犬って、結婚できなくてかわいそうなオンナのことでしょ?」といった類の誤解も生んでしまいやすいだろう(実際、流行語としてあまりにも浅くお手軽に消費されてしまった憾《うら》みが、僕にはあるのだが——もちろん、それはよけいなお世話)。

二分法は強い。強いからこそ怖い。

酒井さんが姪っ子にそっと語りかける〈輪郭など描かなくとも絵が描けるような子になれるように〉という希望は、輪郭=境界線を引くことの怖さに対する、ほろ苦い自嘲でもあるだろうか。

しかし、酒井さんはエッセイストである。それが単純化されて受け取られてしまう怖さも引き受けたうえで、世界に〈線〉を引き、〈丸〉を描きつづける。自分を安全圏に置くわけにはいかない。自らの引いた境界線を常に疑っていなくてはいけない。「世界は簡単に二つに分けられるほど単純なものではない」と自戒しながらも、複雑な世界を複雑なまま提示するだけでは、エッセイストの名折れではないか……。

僕が酒井さんの仕事からいつも(勝手に)感じている「覚悟」とは、そういうものなのである。

本書『金閣寺の燃やし方』にも、「覚悟」は息づいている。若い修行僧・林養賢による金閣寺への放火という事件と、それに触発された二人の作家——『金閣寺』を書いた三島由紀夫と、『五番町夕霧楼』『金閣炎上』の水上勉が織りなす世界に、酒井さんは畏れを持ちつつも伸びやかに〈線〉を引き、位置や形を慎重に見定めたうえで軽やかな〈丸〉を描いた。

最初に打ち明けておくと、金閣寺放火事件を「三島由紀夫/水上勉」の二分法でとらえるなら、僕は水上勉派である。というより、林養賢派と呼んだほうがいいか。少年時代の一時期を鳥取県という「裏日本」で過ごし、吃音で悩んでいた僕にとって、若狭から金閣寺に来た吃音の修行僧・林養賢は、「同じだ」「似ている」とまでは言わないものの、ずっと気になる存在だった。そんな僕の目には、水上勉のほうが、とりわけノンフィクションの趣を持つ『金閣炎上』で描かれた林養賢(『五番町』では櫟田《くぬぎだ》正順)の姿が、胸を締めつけられるほどリアルに感じられたのだ。

一方、酒井さんは本書の冒頭で〈かねて三島由紀夫ファンである私にとって、「金閣寺」は最も好きな作品の一つ〉だったのに対し、水上勉については〈ある時期まで、水上勉が金閣寺放火事件について書いていたことを、知りませんでした〉と告白する。もともとは三島由紀夫派だった、と言ってもいいだろう。水上勉派にとっては、ずいぶん分の悪い話である。万が一にも水上勉が三島由紀夫の引き立て役に貶《おとし》められてはなるものか。かくなるうえは読み手として「水上・シゲマツ」の裏日本連合を結成し、「三島・酒井」の東京連合に対抗して、なるべく三島と酒井さんに意地悪に読んでやるからなあ、とさえ考えたのだった。

ところが、論が始まるとすぐに、それはばかげた杞《き》憂《ゆう》だったことを思い知らされた。

酒井さんは、動くのだ。「三島由紀夫」と「水上勉」とを、じつにフットワーク良く往還するのだ。

三島由紀夫に寄り添って思考を巡らせたかと思えば、水上勉の故郷の寒村を歩き、それぞれの作品を精読し、資料を渉猟《しょうりょう》して、また取材の旅に出る。

生い立ち、両親や故郷との関係、戦争とのかかわり、裏日本と表日本、上昇志向の有無、死生観など、酒井さんは二人の作家を対照させる小さな境界線をいくつも設定して、それをどんどん跳び越えることで、論を展開する。「三島由紀夫」から「水上勉」へ、「水上勉」から「三島由紀夫」へ、「三島由紀夫」から「林養賢」を経由して「水上勉」へ……。

動きつづけ、探りつづける酒井さんは、ときには堂々巡りの迷い道にさまよいかけながらも、足を止めない。一本の小さな境界線を跳び越えると、その境界線をはずし、また新たな場所に新たな境界線を引いて跳び越えていく。

そうやって「三島由紀夫／水上勉」の二分法は、「勝ち／負け」「優／劣」のシンプルな傲慢さに陥ることなく、〈日本人の中の二つの感覚〉の発見へと至る。互いに対峙していて、おそらく同じ根っこを持ち、けれど交わることのない二つの感覚――。

解説の小文から先に読む流儀の皆さんのために、ここでのヤボな詳述は控えておくが、酒井さんが提示した結論に、僕は大いに納得させられ、圧倒もされた。だがそれ以上に、本書の眼目は、結論にたどり着くまでに酒井さんが（まるで熟練の板前が入れる隠し包丁のように）引いてきた境界線のきめ細やかさを堪能することではないか、と思うのだ。

スポーツにたとえるなら、それは、テニスやバレーボールではなく、サッカーやバスケットボール――固定されたネットで陣営が分けられているのではなく、サイドは分かれていても、ボールの動きと一緒にプレイする場所も移動しつづける競技と似ている。

境界線も、臨機応変に、小さいサイズで動く。ラグビーがフィールドのそこここでスクラムを組み、ラインアウトをおこなうのと同じだ。

そのときに引かれる小さな境界線は、世界を二つに「分かつもの」ではあっても「隔てるもの」ではないだろう。「越えるためのもの」「やり取りをするためのもの」「運動のエネルギーを生み出すためのもの」……。

小さな境界線のつくる小さな違いの一つずつを確かめていくことで、意外と大きな共通点が見えてくるかもしれない。その大きな共通点をあらためて検証してみると、もっと大きな境界線を引かざるをえない違いが明らかになるかもしれない。本書で酒井さんが「三島由紀夫」と「水上勉」の間を行き来したすえに見つけた〈日本人の中の二つの感覚〉も、そう。〈私の中にも、二人は存在しています〉と酒井さん自身も認め、〈しかし二つの部分は私の中で、決して交わることがないのです〉と言い切る両者の間には、論の掉尾になって一本の太い境界線があらためて引かれてしまったことになる。

ふりだしに戻っただけ？　いや、違う。この境界線には、ずいぶんな思索の元手がかかっている。論の最初に世界の見晴らしを良くするための手がかりとして引かれたものではなく、さまざまに考察を重ねたすえに結論として浮かびあがってきたものである。

これは本質的な意味で強い。生半可な早とちりの誤解など撥ねとばしてしまうだろうし、キャッチーな流行語として消費されるには歯ごたえがありすぎるだろう。

だからこそ、本書を読了したときに思った。この境界線に挑むことは、酒井さんの大きな主題になるのではないか？　なにしろ、ここで酒井さんが発見したのは〈日本人の中の二つの感覚〉なのである。一年がかり、いやいや、五年、十年を費やして取り組むに値する（ゆえに、あせりは禁物の）大きなテーマだと思うのだ。

なにより、酒井さんは本書の取材や執筆だけで、この主題と巡り会ったわけではない、と僕は見ている。『負け犬の遠吠え』から『儒教と負け犬』、『枕草子REMIX』『紫式部の欲望』『徒然草REMIX』、『都と京』『おばあさんの魂』、そして拙文でも引用させてもらった『下に見る人』に、本稿執筆時点での最新刊『ユーミンの罪』……この十年ほどの酒井さんの執筆活動のベースには、常に「日本人にとっての〇〇とは」の問いがあるように思えてならない。しかも、リアルタイムの時代観察・世代観察と並行して、平安時代までスパンを広げているのだ。本書で見いだした〈日本人の中の二つの感覚〉の境界線も、その文脈の中でとらえられないか（僕は個人的には、本書と『下に見る人』との間に強い親和性を感じている）。だとすれば、酒井さん、「文学」とのお付き合いを、ぜひ、これからも、さらに——。

最後はなんだか愛読者のおねだりのような格好になってしまった。だが、本書はのちの世に「とてもユニークで刺激的な文芸評論」としてだけでなく、「『酒井民俗学』の二〇一〇年代の収穫の一つ」として評価されるのも「あり」だぞ、と僕はひそかに思っているのだ。

『儒教と負け犬』の文庫版解説では上野千鶴子さんが〈これで博士論文を書いてもらいたいくらいです。社会学者、酒井順子博士が誕生することでしょうに〉とおっしゃっている。なるほど。さらに言うならば、近年の酒井さんの視野には柳田國男の背中も入っているような気がするのだが……それはまた、別の話になるだろう。

永田和宏

『歌に私は泣くだらう』

新潮文庫　二〇一五年

家族とは、なにか。

その問いに、永田和宏さんは『家族の歌』の中で、こんなふうに答えている。

〈私には家族とは時間の記憶を共有する者の謂《い》いであるという思いが強い。「あの時の…」と言えば、すぐに誰かがその《時》を取り出して相槌《あいづち》を打つ。それが家族なのかも知れない。家族の記憶の中では、時間はいつまでも、そしていつでも取り出すことができる〉（「時間の記憶を携えて」）

永田和宏さんの伴侶は、河野裕子《かわのゆうこ》さん。ともに歌壇を代表する歌人の夫妻である。お二人の息子の永田淳《じゅん》さんと娘の永田紅《こう》さんもまた、気鋭の歌人。さらには淳さんの夫人・植田裕子さんも、奇しくも同じ名前の義母に触発されて歌を詠んでいる。そんな歌人一家が歌仙を巻くようにリレー形式でエッセイを綴り、歌を詠んで、『家族の歌』が編まれた。いわば、これは「歌の家族」の「家族の歌」なのだ。

……という紹介だけでまとめると、同書と「歌の家族」についての、とても大切なことがこぼれ落ちてしまう。引用した永田和宏さんの言葉も、家族の甘やかな幸せをのみ語ったものだと誤解されかねないだろう。

だが、『家族の歌』には副題が付いている。

〈河野裕子の死を見つめて〉

それを念頭に引用文を読み返すと、おのずと背筋が伸びる。一つひとつの言葉の強度が増し、奥行きが深まって、〈時間の記憶を共有する者〉――とりわけ〈共有〉の一語に胸を衝《つ》かれる。

本書『歌に私は泣くだらう』に克明に記されている河野裕子さんの闘病の経緯を、ここであらためて年譜風に整理しておこう。

二〇〇〇年九月二十二日　乳がんの診断を受ける。

同年十月十一日　左乳房の温存手術を受ける。腋窩《えきか》リンパ節郭清《かくせい》。

二〇〇八年七月十六日　がん転移・再発の診断。

二〇一〇年八月十二日、六十四歳で逝去。

『家族の歌』の連載が産経新聞夕刊（大阪本社発行）で始まったのは、二〇〇九年九月二日のこと。逝去の約一年前である。まえがきで、永田さんはこう書いている。

〈再発癌の治療がむずかしいことは私がいちばんよく知っている。時間の問題であることも承知しているが、それならば最後まで全力疾走させてやりたかった。そして、私たち家族にできることは、河野の最期の時間を、最後まで彼女と一緒に走りつづけること以外ではなかった〉

さきに引いた「時間の記憶を携えて」の一文は、連載を開始して間もない九月十六日付の紙面に掲載された。永田さんはリレーの順番が最初に回ってきたときに、まず「家族とはなにか」を自らに問いかけて、答えた。早すぎる晩年を生きる河野裕子さんと〈時間の記憶を共有する〉ことの、これは誓いの言葉でもあったはずだ。

もとより、その誓いは、のこされる側の哀切な覚悟とともにある。〈最後まで彼女と一緒に走りつづけること〉はできたとしても、それを〈共有〉しておくことは叶わない。思い出を語り合うべき相手は、もう、そこにはいないのだから。

＊

河野裕子さんが世を去る約二ヶ月前、二〇一〇年六月十四日付の日本経済新聞に寄稿したエッセイ「もうすぐ夏至だ」の中で、永田さんは再び「家族とはなにか」の問いを自らに投げかける。答えは「時間の記憶を携えて」で語られたのと同じだった。ただし、伴侶にのこされた時間が残りわずかになった時期に綴られた「もうすぐ夏至だ」は、こんなふうに締めくくられる。

〈共有してきた時間は、二人で話題にしてこそ意味がある。半身を失ったようなという表現で伴侶を失う悲しみを言うことがあるが、それは、二人で共有した時間を強引に捥《も》ぎ取られてしまうことによるのだろう。確かに思い出すことのできる時間の記憶を、もはや誰とも共有することのできなくなる寂しさは、想像がつかない〉

二週間後、六月二十八日付の同紙に寄せたエッセイ「歌は遺《のこ》り歌に私は」では、永訣の時を間近に見据えて、永田さんの言葉はさらに哀切さを増してくる。

〈歌を残せるのは、何ものにも換えがたい財産だと思ってきたが、しかし、遺された連れ合いの歌を読むのは、また何ものにも換えがたい切なさと悲しみ以外のものではないことを知って愕然とする〉

そして、永田さんは歌を詠む。


歌は遺り歌に私は泣くだらういつか来る日のいつかを怖る

本書『歌に私は泣くだらう』の題名の由来となった絶唱である。

〈それら悲しみの歌、二度と還らない二人の時間を痛切に思い知らされるこれらの歌を、ふたたび以前のように自分の財産だと思える日は来るのだろうか〉

その自問への答えを探るように、本書は綴られた。初出誌は「波」。二〇一一年六月号から翌年五月号にかけての一年間の連載――河野裕子さんの一周忌の前に書き起こされたことになる。

「もうすぐ夏至だ」の時点では〈想像がつかない〉ものだった寂しさは、本書の執筆中には現実として、永田さんの胸中にあったはずだ。怖れていた〈いつか来る日〉の〈いつか〉はすでに訪れてしまい、〈共有〉する相手をうしなった夫婦の〈時間の記憶〉と、河野裕子さんの詠んだ歌がのこされた。

永田さんは、河野裕子さんが乳がんの診断を受けてから亡くなるまでの〈時間の記憶〉を、静かに、ていねいに、掘り起こしていく。と同時に、伴侶がこの世にのこした歌を読み返すことで、歌にこめられた、いや、歌でしか言い表せなかった折々の思いを、そっとすくい上げていく。

そうやって、挽歌と相聞歌《そうもんか》が溶け合ったかのような、切なくも美しい長編エッセイができあがったのだ。

＊

河野裕子さんは、乳がんの手術から六年が過ぎた二〇〇六年十二月三日付の西日本新聞に、「追われて生きる人へ」と題したエッセイを発表している。

〈自分は何者なのか。それは誰にもわからない。けれど、歌をつくっているうちに、どうにも言い表しようのないものと思っていた自分の不安に輪郭がついてくるのがわかる。自分という人間の輪郭が見えかけてくる。わたしとはこのようなこころの形をしていたのか〉

〈先日二晩ほど徹夜をして溢れるように歌をつくりながら、あ、わたしはわたしを治していると、ふと気づく瞬間があった〉

『家族の歌』での永田さんも、「書くということ」（二〇一一年一月二十二日付に掲載）で、まるで亡き伴侶の言葉に呼応するかのような一文を記している。

〈いまの私は、エッセーなり歌なりで、河野のことを書いているときがもっとも心安らかにいられるような気がしている。河野に関わる仕事をすることによって、なんとか精神の平衡《へいこう》をとり、書くことの中で自分を《治して》いるというのが実感である〉

ならば、「書くということ」の数ヶ月後——河野裕子さんの一周忌を前に連載が始まった本書での永田さんは、どうだったか。〈河野のことを書いているときがもっとも心安らか〉だったのだろうか？

すでに本文を読了された方は、無言で、粛然とした面持ちで、小さくかぶりを振るはずである。〈書く〉ことのほんとうの意味での凄みと美しさ、〈治して〉いくことの真の難しさと尊さとを、あらためて嚙みしめながら。

＊

夫婦で過ごした最後の十年間の〈時間の記憶〉から、美しい場面や幸せな情景だけを選んで取り出すこともできただろう。

だが、永田さんは、そうしなかった。

第一歌集『森のやうに獣のやうに』のあとがきで〈これは私の青春の証である。他にも生き方があったのではなく、このようにしか私には生きられなかったのである〉と書いた河野裕子さんの、まさに〈このようにしか私には生きられなかった〉最後の十年間の姿を、まっすぐに見据え、文章に写し取っていった。

夫婦の悲壮な諍《いさか》いからも、家族の苦悩からも、いくつもの後悔や慚愧《ざんき》の念からも、決して目を逸らさなかった。のこされた歌を読み返し、そこに刻み込まれたものはすべて、自身への恨みごとであろうとも、受け止めた。

河野裕子さんの歌に親しんできた数多くのひとびと

が抱いているはずの「河野裕子像」が壊れかねないのも承知のうえで、である。

なぜ——？

永田さんもまた〈このようにしか〉書けなかったのではないか。一周忌を迎える伴侶を〈このようにしか〉悼むことができなかったのではないか。

悼むことは、痛むことでもあるだろう。いまはもう、夫婦の〈時間の記憶〉に相槌を打つひとも、反論をするひともいない。〈時間の記憶〉は独語にしかなりえない。だからこそ、永田さんは追憶や感傷の甘さに逃れることを潔しとせず、書き手自らの胸を掻きむしるようにして、その痛みと引き替えにしか得られない夫婦の姿を描こうとしたのではあるまいか。

あわててお伝えしておく。本書は、二〇一三年に第二十九回講談社エッセイ賞を受賞している。その受賞に際して永田さんが寄せた文章の一部を、ここでお借りする。

〈『歌に私は泣くだらう』は、河野裕子が乳がんの宣告を受けてから、亡くなるまでの十年、私にとっても河野にとっても、もっとも辛く厳しい時期のことを書いたものである。／書くことには初め大きなためらいがあった。河野が精神的に不安定な時期が続き、その攻撃性の発作のために家のなかがある種地獄のような様相を呈した時期に触れざるを得ないからである。中途半端なものに終ってしまえば、河野を傷つけるだけにしかならないのではないか〉

それでも、書いた。もちろん覚悟が要る。その「覚悟」を別の言葉で言い換えたのが、同賞の選考委員をつとめる酒井順子さんだった。酒井さんは選評で、永田さんが〈相手と自分とを徹底的に見つめて〉いることを讃え、つづけてこう書いているのだ。

〈その視線の奥にある残酷さのようなものは、またの名を「覚悟」、そして「愛」とも言うのだと思います〉

*

これから長い時間をかけて読み継がれるはずの本書は、どんな読者と出会っていくのだろう。

まずなにより、講談社エッセイ賞で高い評価を受けた夫婦愛の物語として、幅広い読み手の胸に、ずしりと持ち重りのするなにかを残してくれるに違いない。

また、永田さんがエッセイ賞の受賞の言葉で〈河野裕子が最期の日々をどのような思いで過ごしてきたのか、それを辿ることで私自身にもようやく見えてきたことがあり、いまはやってよかったと思っている〉と書いているとおり、本書は河野裕子さんの晩年のドキュメントであると同時に、「歌人・河野裕子論」でもあり、今後とも河野裕子さんを論じるにあたって必携の文献になるはずだ。

さらに、本書は、「歌人・永田和宏論」にも、とても重要なキモを与えてくれるのではないか。

周知のとおり、永田さんは歌人と細胞生物学者の二つの顔を持っている。本書で河野裕子さんを〈徹底的に見つめて〉いるまなざしも、だから、重層的になる。長年連れ添った夫としての目、歌の世界の盟友としての目、そして科学者としての目……。まだある。生身の河野裕子さんを見つめる目と、河野裕子さんのこした歌を読む目とは、どこが重なり合い、どこでずれるのか。エッセイを書くときの目と、歌を詠むときの目はどうだ。

詩歌の素人が知ったふうな口をきくのは慎むべきだろうが、まなざしが重層的であることは、優れた表現者の持つ強みの一つであるはずだ。そう考えると、本書での（まるでミルフィーユのような）永田さんのまなざしについてだけでも、もう一編の解説が必要になるのではないか？

もう一つ。永田さんは生母を三歳のときに亡くし、母親の記憶がまったくないという。二〇〇〇年に発表したエッセイ「鳰《にお》の海」（『もうすぐ夏至だ』所収）から引く。

〈死者を悼む、想起する歌を挽歌と言う。しかし、死者の記憶のないものに挽歌はできない。改めて見直してみると、母を歌った私の歌は、結局のところ、母を持たないで過ごしてきた《私の時間》《そののちの時間》への想いなのだということに気づく〉

〈あるところで生を絶たれた存在も悲しいが、最初から《死》という時間のなかでしか存在しない存在もまた悲しい〉

母親と妻——二人の女性の〈存在〉の対照は、河野裕子さんを亡くしてからの永田さんが生きる〈そののちの時間〉が積み重なるにつれて、主題としての重みをじわじわと増していくのではないだろうか。

だとすれば、あえて言う、夫婦の過ごした日々の終わりを描いた本書は、〈そののちの時間〉の始まりを描いた一冊でもあるのだ。それは、不在の妻と〈共有〉するはずの〈時間の記憶〉の始まりでもある。

永田さんの〈そののちの時間〉は、どんなふうに刻まれていくのか。永田さんより年若の、とはいっても齢《よわい》五十を過ぎた読み手として、僕はそれを姿勢を正して振り仰ぎたいと思っているのだ。

河野裕子さんの第一歌集『森のやうに獣のやうに』に収められた一首を、最後に――。


短針のちぎれしのちも刻みゐる時計をポケットににぎりて歩めり

Ⅳ

これぞマスターピース

中上健次
『中上健次選集11』十九歳の地図・蛇淫他
小学館文庫　二〇〇〇年

1

大学生協の地下にある書籍売場に着いたのは、ポスターで告知されていた時間の一時間前だった。行列の先頭に立ってやる、と決めていた。

一九八三年。四月か五月。晴れ。土曜日だった、と思う。ぼくは三月に二十歳になったばかりの大学三年生だった。中上健次を、一方的に待っていた。

作家のサイン会に出かけるのは、生まれて初めてだった。ファンなのかと訊かれれば、うまく答えられない。ぼくは中上健次の本を短篇集一冊しか持っていなかったし、読んでいたのはその中の一篇だけだったし、そもそもそれは近所の古本屋の百円均一コーナーで見つけた本だったのだから。

『十九歳の地図』――表題作だけ読んでいたその本を、持ってきた。サインを貰うというより、仏像に僧侶が魂を入れるように、中上健次が表紙を開き、ぼくの名前と作家の名前とを並んで書き記すことで、繰り返し繰り返し読んできた一篇に、これはおまえの物語でもあるのだというなにかを刻みつけてもらいたかった。

若かった。青かった。二十歳のぼくは自意識過剰のそうとううっとうしい若造で、なにより世間知らずだった。

サイン会の時間が近づき、そろそろ行列らしきものができかけた頃、中上健次の著作が平積みされたコーナーがあることに気づいた。ふと不安になって通りかかった生協の職員に尋ねると、手持ちの本にサインはできない、という。整理券が必要だったかどうかはもう忘れたが、とにかく、本を買わなければサインはしてもらえないというのだ。

あわてた。いや、その前に、むっとした。ケチくさいことを言いやがると思いながら、しかたなく紙バッグを置いて列から離れ、棚から文庫本を一冊抜き取った。

『十八歳、海へ』――定価二百二十円。サイン会が『地の果て　至上の時』の発刊記念のものだとは知っていたが、ぼくはその日、三百円しか金を持っていなかったのである。

やがて、生協の職員や出版社の編集者に先導されて、中上健次が入ってきた。堂々たる体軀は写真で見ていたとおりだったが、動かない写真から感じるずしりとした重みは、あまりなかった。むしろ、ゆらり――と肩だけ重みが抜けて左右に傾ぐようなしぐさで、少し怒ったような面持ちで、『十九歳の地図』の作者はぼくの目の前のテーブルに腰をおろしたのだった。

『十八歳、海へ』の文庫本を差し出すと、中上健次は一瞬、怪訝《けげん》そうな顔になった。

そして、くぐもった低い声で「なつかしいな」とつぶやき、小さく、小さく、苦笑した。

サインは筆ペンだった。予想していたよりずっと字は上手かった。のちに知った集計用紙に書きつける原稿の文字のように丸っこくはない、むしろ鋭角的な、正しい楷書、という趣の文字だった。

ぼくの名前を書き、自分の名前を書きながら、中上健次は「文庫本は書きにくいんだよなあ……」と傍らで落款《らっかん》する編集者にこぼすように言った。

それを聞いて、頭に血が昇った。恥ずかしさなのか申し訳なさなのか怒りなのか、わからない。とにかくぼくはサインの終わった本を受け取るのもそこそこに生協を飛び出したのだ。学部のキャンパスを駆けずりまわって、同級生の女の子を見つけて金を借り、生協にとって返して、『地の果て　至上の時』以外の本にしてやろうとつまらない意地を張って、『水の女』の単行本を買って行列の尻尾に並び直したのである。

順番が来ると、どうだ、という感じで本を差し出した。

もちろん――中上健次はぼくのことなど覚えてはいなかった。

一方的な初対面の記憶をたどると、いまでも頰が熱くなり、頭を抱え込んでしまいたくなる。それでも、恥ずかしさと情けなさが重なった奥に、「なつかしいな」とつぶやいた中上健次の声は確かに残っている。

『十八歳、海へ』は、十九歳から二十三歳までの作品を収めた短篇集である。サイン会のときの中上健次は三十六歳。十数年前の初期作品を「なつかしいな」と言い、小さく苦笑したのは、『地の果て　至上の時』を上梓《じょうし》した作家の、ある種の自負もあったのだろうか。

もしもそのとき差し出した本が『十九歳の地図』だったら、中上健次はどんな言葉をつぶやき、どんな表情を浮かべただろう……。

2

本書に収められた短篇は、『十八歳、海へ』以後から選ばれている。「一番はじめの出来事」が二十三歳、「十九歳の地図」が二十六歳、「鳩どもの家」と「浄徳寺ツアー」が二十八歳で、「蛇淫」が二十九歳、そして「水の女」が三十二歳の作品である（いずれも雑誌初出時）。

単行本でいえば五冊にまたがる、ほぼ十年の作家の軌跡が、本書には凝縮されているわけだ。その軌跡はむろん一条にとどまるものではないはずだが、たとえばぼくは、中上健次が青春小説から脱皮していくダイナミックな軌跡を本書から感じ取った。

『十八歳、海へ』のあとがきで、中上健次はこう書いている。

〈秩序など無意味だ、破壊へ、混乱へ。この年若い作家と今の私をつなぐのは、その想いである〉

『十九歳の地図』のあとがきは、こうだ。

〈作家とはくり返して同じことを書くのかと、あきらめ、いやそれがまっとうな道だと、居なおり、決意をあらたにする〉

ならば、〈破壊〉と〈混乱〉は、中上健次の十年間の中でどう繰り返され、そして（作家の決意表明にかかわらず）どう姿を変えていったのか。そのヒントが、本書にはくっきりと刻まれているような気がするのである。

第一エッセイ集を『鳥のように獣のように』と題したことに象徴されるように、中上健次の作品には、動物や植物（拙文では、まとめて〝生きもの〟と呼ぶことにする）が多数、それも重要な意味を背負って登場している。

本書の巻頭に置かれた「一番はじめの出来事」でも、「～のよう」「～みたい」に気をつけて読んでいくと、生きものになぞらえた表現の多さに気づくはずだ。

目についたものだけ拾い上げても、〈赤い象のようにもみえるし、赤いライオンのようにもみえる〉〈まるで山羊《やぎ》のように〉〈怠惰な犬になったみたいに〉〈鋭い聴覚をもったシェパードのように耳をすませる〉〈眩暈《めまい》して水の上に浮びあがっとる鮒《ふな》みたいなもんやだ〉〈臆病もののトカゲみたいだ〉〈きっと四羽のおおきな鳥みたいにみえるだろう〉〈動物の舌のように〉〈僕は仔犬のように鼻で強い息をして〉〈蛇のようにからみつき〉〈怠惰な動物のように〉……「一番はじめの出来事」という作品じたい、おびただしい数の直喩に埋め尽くされているのだが、それにしても多い。

なにより、自殺する兄の家は〈養鶏場みたい〉と呼ばれ、兄の亡骸《なきがら》と対面した〈僕〉は、我が家をいつか〈犬の集団によって占領〉してやろうと思いをめぐらせている。まさに、鳥のように、獣のように——。

だが、〈僕〉の願いは夢想に過ぎない。〈実際、僕は唯一人になってしまうと、ほんとうに弱虫なのだ〉から。地形から蛇島と名付けられている河原に向かうときも、〈そこに行くまでの間にほんものの蛇に出あうことを僕は恐れていた〉。

しつこいぐらいに次々と直喩を繰り出す語り手の〈僕〉は、しかし、〈ほんもの〉には弱い。似ていることを強調する修辞の「〜のよう」「〜みたい」は、「ほんとうは〜ではない」と示すための修辞でもあるのだから。

だいいち、『鳥のように獣のように』の表題のもとになったエッセイ「雪と『獣』」で、作家もはっきりと書きつけている。

〈ぼくは、原初的な労働の形より離れているぶんだけ、何々のようなという形容にまみれ、ゆがんでいる。鳥のように飛行機が飛ぶ。けものが走るように、車がはしる〉

飛行機は鳥に似ているが、鳥ではない。

車は獣に似ているが、獣ではない。

だからこそ、物語の最後で、〈僕〉は枯れ草に火を放つ。〈草どもや杉の木どもや蛇どもや小鳥どもは、風の伝令をうけとって口々に叫び、火が自分に移らないようにあわてて逃げようとするだろう〉と、直喩を用いてどんなに接近を図っても決して一つにはなれなかった生きものに復讐するかのように。

しかし、それすらも〈どこまでがほんとうでどこからが嘘かわからなくなる〉という状態で描かれる光景に過ぎず、ほんとうのように、嘘みたいに、一篇は幕を閉じるのである。

つづく「十九歳の地図」では、より強いかたちで、直喩の距離をいっぺんに踏み越えて、魅力的な生きものが立ち現れる。

再び個人的な思い出に戻ってしまって恐縮なのだが、二十歳のぼくは「十九歳の地図」のこんな一節を、食い入るように読んでいた。

〈朝、この街を、非情で邪悪なものがかけまわる。この街にすむ善人はそんなことも知らず、骨も肉もとろけるほど甘い眠りをむさぼっている。（略）ぼくは犬ではなく、人間の姿に戻り、それでもまだ犬のように四つんばいになって犬の精神と対峙していたい気がしていた。犬の精神、それはまともに相手にしてもよい充分な資格をもっている気がした。この街を、犬の精神がかけめぐる〉

犬——なのだ。

〈この街をかけめぐる犬の精神に、感傷はいらない〉

〈おれは犬だ、隙あらばおまえたちの弱い脇腹をくいやぶってやろうと思っているけものだ。それは予備校のテキストにのっていただれかの詩の一節だったかもしれなかったが、ぼくはそれがいまのぼくの感情にぴったりのような気がしてうれしくなった〉

ぼくはまさに〈詩の一節〉のようにそれらの文章を繰り返し繰り返し読んだ。

エッセイ「犯罪者永山則夫からの報告」で〈なぜぼくは無数の永山則夫の一人でありながら、唯一者永山則夫でなかったのか〉と書いた中上健次に倣えば、ぼくは無数の〈ぼく〉の一人として「十九歳の地図」を読んでいた、ということになるだろうか。

〈唯一者〉という言葉は、作品中にも登場する。

〈なにも変りゃあしない。ぼくは不快だった。この唯一者のぼくがどうあがいたって、なにをやったって、新聞配達の少年という社会的身分であり、それによってこのぼくが決定されていることが、たまらなかった。（略）ぼくは予備校生でもある。隙あらば（この言葉がぼくの気に入り）なにものかになってやろう、と思っている者だ〉

だが、処刑の地図をつくり、脅迫電話を繰り返す〈ぼく〉も、また〈唯一者〉にはなりえない。無数のだれかの一人にすぎない。

〈おれは犬だ〉と言いきる彼は、一篇の結尾で〈ぼくは白痴の新聞配達になってただつっ立って、声を出さずに泣いているのだった〉と言う。彼は犬になれなかったのだ。作家のエッセイ「私の道楽」の言葉を借りれば、〈あまりに人間でありすぎる〉。〈なにものかにも、たぶんなれないだろう。

その苦みと痛みこそが「十九歳の地図」を青春小説のスタンダードにしているのだと、ぼくは思う。そして、それが青春のナイーブさに安易に還元されるのを拒もうとしたのが、中上健次の十年間だったのかもしれないな、とも。


「鳩どもの家」の主人公〈ぼく〉は、十八歳である。「十九歳の地図」の主人公よりも一歳年下だが、彼よりも強靭な少年だという印象を持つひとは少なくないのではないか。

母の再婚によって義父と異父弟という新たな家族を持った〈ぼく〉は、〈この家にぼくの居るところはなかった〉と言う。

しかし、彼は自分を生きものになぞらえることはしない。題名の由来となった異父弟・悠樹の鳩小屋は、彼を拒むものの象徴である。そこに足を踏み入れることはできないし、断じてしたくない。

〈おれはおれなんだ。母でも姉でも悠樹でもない。このままどう転んだって、いっぱしの十八歳の、大人の体をもった男だ〉

さらにつづく「浄徳寺ツアー」では、主人公〈彼〉はサラリーマンになっている。すでに結婚をして、間もなく子供が産まれる。生きものの直喩は明らかに減って、寺の境内を縄張りにする鳩の群れがいかに印象的に描写されようとも、〈彼〉もまた自分を鳩にはなぞらえない。

〈鳩が一羽、彼の肩にとまろうとする。ふり払う。確かに病気だと思った。体が普通以上に健康であることは、病気といっしょだ。若いということも病気だ〉

「鳩どもの家」でも「浄徳寺ツアー」でも、〈体〉という一語が出ている。それを「十九歳の地図」の〈精神〉と比べてみると……確実に、中上健次は「岬」へ、『枯木灘』へ、『千年の愉楽』へと向かっている。

もっとも、「鳩どもの家」の〈ぼく〉が〈徹底的に、やってやる〉と思いめぐらす〈たくらみ〉は、最後まで明らかにされない。

〈なにかをしでかしたくてしようがなくなる〉という「浄徳寺ツアー」の〈彼〉もまた、浄徳寺が炎上する光景を目にするが、それは〈一瞬、光の加減で、そうみえた〉だけのことである。

ところが、芥川賞を受賞した「岬」とほぼ同時期に書かれた「蛇淫」になると、主人公の〈彼〉は両親を殺す。それも、一篇の冒頭から、すでに終わってしまった凶行として描かれているのだ。

「一番はじめの出来事」から「浄徳寺ツアー」までの男たちが踏み越えられなかった一線を、〈彼〉はやすやすと越えていった。

〈夢であってほしかった。いや、これが本当だ、と思った〉

〈彼〉は禍々《まがまが》しいまでに強い。〈食う物がなければ、なにを殺してでも食うという体〉を、〈この体が、お宝さ〉とうそぶく男である。

連れの〈女〉も強い。男が両親を殺しても〈泣きもしなかった。平然としたものだった〉。

彼女が譬《たと》えられる蛇は、比喩を超えて「邪淫」の一語の文字を乗っ取ってしまい、もはや動かしがたく、そこに在る〈さらに、後につづく『枯木灘』では、〈息をする物すべて秋幸だった〉と、比喩の構図が逆転さえしているのだ〉。

それでも、最後の最後には二人は泣く。ぼくはその場面に中上健次の叙情や優しさを見てしまう読者なのだが、しかし、二人の流す涙は「十九歳の地図」の〈ぼく〉のそれとは決定的に隔たっていることは確かだろう。〈ただつっ立って〉泣く〈ぼく〉と、泣きながら〈天王寺にでも出ようと思う〉〈彼〉とでは、やはり、違うのだ。

そして、「岬」と『枯木灘』をへて書かれた「水の女」に至ると——涙も、ない。

主人公は〈荒くれ〉と呼ばれ、女と執拗に性交し、自分がなにものであるかを悩むこともなく、路地に生きる。

そこから『千年の愉楽』までは、さほど遠い道のりではない。

階段を駆けのぼるような作品集である。

言葉の圧力と密度が急激に高まっていく、そんな一冊でもある。

あるいは〈あまりに人間でありすぎる〉から〈息をする物すべて秋幸だった〉へと至る道行きの一冊――とも言えるだろうか。

　もしも本書が生前に編まれていたなら、中上健次はあとがきにどんな言葉を書きつけただろう。

3

　ぼくの持っている『鳥のように獣のように』には、中上健次のサインが記されている。古本屋で買ったら、偶然、署名本だったのだ。

　細いマジックペンで作家の名前と日付が書いてある。一九七六年七月十五日。芥川賞受賞の半年後、本書でいうなら「蛇淫」のあと、「水の女」の前。キシキシとペン先の鳴る音が聞こえてきそうな、力んだ文字である。横幅が広く、「健次」の「健」は、にんべんだけ、まるであとから付け足したようにぽつんと左側に離れている。筆ペンで書かれた落款付きの『十八歳、海へ』『水の女』のサインより、ぼくは、こっちのほうが、好きだ。

　サイン会の一カ月後、ぼくは「早稲田文学」の編集室に出入りするようになり、同じ頃に編集委員に就任した中上健次と一方的に再会する。犬になれなかった〈ぼく〉のように、〈隙あらば〉『十九歳の地図』にサインをしてもらおうと狙っていたが、お世話になったり迷惑をかけたり叱られたり嫌われたりしているうちに、その機会を逸してしまった。

　サイン会のときのつまらない意地を張りつづけたまま長らく読まずにおいた『地の果て　至上の時』を初めて開いたのは、三十歳になってからだった。

　中上健次は、もうこの世にいなかった。

開高 健『オーパ！ 直筆原稿版』

集英社 二〇一〇年

アドルフ・ヒトラーの評伝があった。監督としてセ・リーグで二連覇を果たした四十一歳の長島茂雄は、当時は「長嶋」ではなかった。映画監督ロマン・ポランスキーの少女暴行事件についての独占翻訳ドキュメンタリーがあり、沢木耕太郎は輪島功一を追っていた。芥川賞を受賞したばかりの三田誠広《まさひろ》が掌編小説を寄せ、まだ芥川賞をとる前の高橋三千綱《みちつな》がエッセイを書き、演劇コラムでは、つかこうへいが「わが世代の文化ヒーロー」として紹介されていた。

『オーパ！』は、そんな面々の名前とともに僕たちの前に登場した。

舞台は月刊「PLAYBOY日本版」一九七八年二月号——一九七七年の暮れに書店に並んだ号である。期待の新連載、刮目《かつもく》の新連載だということは、表紙を見てもわかる。ドレスの背中のファスナーを男に下ろされ、お尻の始まりまであらわにしたブロンド美女がこっちを見つめる表紙の、最も目立つ位置に『オーパ！』は掲げられている。また雑誌の巻頭には、編集前記めいたページがある。文末のイニシアルから推察するに、おそらく（『オーパ！』の作品中にも登場する）編集長が、その号の前口上を述べているのだ。そこでも、『オーパ！』は真っ先に、こんなふうに紹介されている。

〈なぜ、アマゾンへ行くのか。開高健氏は、新連載『オーパ！』で、その動機を熱っぽく語りますが、このよどんだ日々の倦怠から、しばし脱出して、読者とともに〝オーパ！〟の感嘆詞を分かち合おうというのが、このすばらしいブラジル紀行です〉

雑誌の意気込みの伝わる一文である。

そして、〈読者とともに〉〈分かち合おう〉といった文言に触れることで、僕たちはあたりまえの書誌的事実をあらためて嚙みしめることになるだろう。

『オーパ！』とは、雑誌に――それも表紙のブロンド美女からもおわかりのとおり、若い男性を主要な読者とした雑誌に連載された作品なのである。

＊

雑誌連載から三十二年、もはや紀行文学の古典と呼んでもいい『オーパ！』を、いま直筆原稿版で読むことには、どういう意味があるのだろうか。

もちろん、この国の文学史にのこした開高健の足跡を思うと、活字になる前の段階のテキストが公になることには、間違いなく大きな意義がある。

たとえば、作品の序文。単行本版・文庫版でおなじみの名文句――〈何かの事情があって／野外へ出られない人、／海外へいけない人、／鳥獣虫魚の話の好きな人、／人間や議論に絶望した人、雨の日の釣師……／すべて／書斎にいるときの／私に似た人たちのために。〉が、じつは原稿の段階では別の文章だったのだということなど、この直筆原稿版が世に出なければわからずじまいだったはずである。

第三章の終盤では、書斎で原稿を書きながら旅を振り返るくだりが、推敲《すいこう》でばっさり削られている。旅の臨場感を損ねてしまうと判断したのだろう。そういった作家の手の内を垣間《かいま》見ることができるのも直筆原稿ならではの愉しみだし、逆に考えれば、ほんの数行の削除や異同が目立ってしまうほどの（書き損じもほとんどない）完成度の高い原稿を目《ま》の当たりにすることで、芥川賞などの選考委員としてひたすら辛口だった開高健のすごみを、いまさらながらに実感する人も多いに違いない。

さらになにより、開高健にはとにかく「信奉者」とも呼ぶべきファンが多い。そんな読者の皆さんにとっては、いかにも人なつっこい文字で綴られた『オーパ！』は、もう、それだけで無条件にうれしいものだろう。

それらの魅力を十二分に認めたうえで、さまざまな雑誌に文章を書くことで生計を立てている者の端くれとして、読者の皆さんにあえて願うことがある。

本書を、どうか「愛蔵」しないでいただきたい――。

あたりまえの話だが、本を傷めてほしいなどと言っているのではない。ただ、永久保存版の資料のような扱いでおそるおそる頁《ページ》をめくるというのではない付き合い方をしてもらいたいな、と思うのだ。

先ほど言わずもがなの再確認をしたとおり、『オーパ！』は雑誌連載の作品である。それも文芸誌ではなく若い男性向けの月刊誌——表紙の誌名ロゴの上には〈世界のエンタテインメント・マガジン！〉というキャッチフレーズも掲げられている。実際、誌面には狭義のエンタテインメントだけでなく、国際政治や科学ジャーナリズム、宗教……じつに幅広い記事が満載である。われらが開高健は、いわば「なんでもあり」の雑誌を舞台に『オーパ！』を世に問うたのだ。文壇や批評家の評価など、ここでは大きな意味を持たない。あくまでも対峙するのは読者、それも『輝ける闇』や『夏の闇』などを読んだことがないかもしれない若者たちの支持を得なければならないわけだ。ライバルは多彩かつ強力、さらには妖艶。そんなアウェーの戦場に向けて毎月送りつづけた直筆原稿の束が、いま、こうして一冊にまとめられたわけである。

活字になれば、推敲の跡は消える。単行本にまとめたあとは雑誌連載時の名残は初出欄にかろうじて残る程度になり、それが文庫化され、あるいは全集に収められ……というふうになると、原稿用紙に言葉を書きつけていたときのライブ感はいっそう見えづらくなってしまう。もちろん、それは開高健にかぎった話ではなく、たとえばドストエフスキーの『罪と罰』や『カラマーゾフの兄弟』が雑誌に連載された小説だということを僕たちはしばしば忘れてしまうように、「後世に残る作家」「読み継がれる作品」の栄光と引き替えの宿命であるとも言える。

だからこそ、本書のような直筆原稿版の刊行は、作品誕生時の、いや活字になって読者の目に触れる前の段階の、作家の息づかいを感じさせてくれる貴重な試みなのである。ならば、僕たち読者も、その息づかいを追体験すべく、少し勢いをつけて頁をめくっていこうではないか。

幸いにして、開高健の書き文字はじつに読みやすい。「解読」の要もなく、すらすらと、活字の書籍と変わらない調子で読み進められるはずである。

一回分の原稿を書き終えた開高健がそれを読み返す光景を思い浮かべてもいい。待ちわびた原稿を受け取った担当編集者（世界で最初の読者でもある）が夢中になって原稿用紙をめくる姿に、自分自身を重ねてみてもいい。

要は、本書を「ナマモノ」として読んでもらいたい

——ということなのである。

優れた作品は時代を超越して存在する、という考え方は認める。

しかし、どんな古典にだって、できたてのホヤホヤのときはあるのだ。そして、「新作」の「新作」だったときでなければ出せないライブ感というものは、あるはずなのだ。作品は決して最初から全集に収められていたわけではないし、最初から完成されていたわけでもないのだから。

＊

『オーパ！』の連載は一九七八年二月号から同年九月号までの、全八回。「ナマモノ」としての『オーパ！』を堪能する際には、その時代も無視できない味付けになるだろう。

いま僕の手元には、版元に用意してもらった連載中の月刊「ＰＬＡＹＢＯＹ日本版」が八冊揃っている。それを読んでみると、なるほど、『オーパ！』が人気連載になった背景も見えてくる。作品の力はもちろんのことだが、雑誌の中に置かれた各回の『オーパ！』の存在感はきわだっている。まるで、一九七八年という時代そのものが『オーパ！』を求めていたかのように思えるほどなのだ。

たとえば、一九七八年に最も大きな話題を呼んだ映画は、『スター・ウォーズ』と『未知との遭遇』である。それを『宇宙ＮＵＤＥ　未知との性遇』（四月号）、『ポルノ・ウォーズ』（六月号）とパロディーにするのが月刊「ＰＬＡＹＢＯＹ日本版」らしいところなのだが、ＳＦ大作映画が大ヒットしたのと同じ時期に『オーパ！』がものされたことは記憶すべきことだろう。アマゾンと宇宙という両極端ではあっても、「未知との遭遇」をキーワードとして考えると、両者は同じロマンを対照的なベクトルから描いたのだとも言える。

ベストセラーは、ガルブレイスの『不確実性の時代』。本そのものは経済を論じた一冊だが、「不確実性の……」が流行語になるに及んでは、これまた「なにが起こるかわからない」冒険の旅を側面から支える要素の一つになったはずである。事実、この年は冒険家・植村直己《なおみ》が世界初の犬ぞり単独行で北極点に到達し、犬ぞりでのグリーンランド縦断にも成功し、その名を世界に一躍とどろかせた年でもあるのだ。

さらに、成田空港が開港したのも同じ一九七八年のことで、月刊「PLAYBOY日本版」もさっそく四月号で大特集を組んでいる。まだバブル景気までにはしばらく時間がかかるものの、成田の開港によって「海外」が一気に身近になったことは間違いない。また、カメラ、オーディオ、ジーンズなどの広告も、ほとんどが海外、それも都市よりもむしろ雄大な自然を背景に商品を謳いあげているものが目立つ。海外取材の記事も、スペイン・ガリシア地方、サイパン島、メキシコ……。「アウトドア」という言葉こそ誌面ではつかわれていないものの、ここには明らかに「外」や「自然」への憧憬《しょうけい》がある。そんな誌面の象徴として、『オーパ！』はあったのではないだろうか。

もう一つ。拙文冒頭にも人名を挙げたとおり、この時期は団塊の世代の書き手が新進気鋭として世に出た頃である。『オーパ！』連載中も、前出の面々に加えて、矢作俊彦、中上健次、少し年若の村上龍といった諸氏が作品を寄せている。世代交代が進むなか、読者の父親世代と言ってもいい一九三〇年生まれ・四十七歳の開高健が、老け込むどころか執筆陣の誰よりもハードな旅を書いているというのは、じつに痛快で、なにより開高健自身の意地が伝わってくるではないか……。

＊

以上、「ナマモノ」としての『オーパ！』を味わうための調味料を、いくつか書き留めておいた。本書そのものには雑誌の他の頁が再録されているわけではないのだが、いや、だからこそ、想像してみよう。エッチなヌードグラビア目当てに頁をめくる若い読者の顔を思い浮かべつつ、深夜の書斎で原稿を書き進める作家の姿を。どや、これも「オーパ！」やろ、あれも「オーパ！」やろ、世界は広いんやデ……とほくそ笑む作家の姿を。

原稿の行間からそのつぶやきが聞こえてきたら、しめたものである。ヌードグラビア目当ての読者の手と目が『オーパ！』の頁に吸い寄せられていく光景が鮮やかに浮かんだら、もうだいじょうぶ。雑誌連載から三十年以上の時がたとうとも、作家の没後二十年を過ぎようとも、『オーパ！』と開高健は、現役の――「ナマモノ」の厚みと温もりを持って、僕たちの胸に迫ってくるに違いない。

本書は、開高健を文学史の神棚のさらに一段高い棚に祀るための一冊ではない。あえてくだけた言い方をゆるしてもらうなら、教科書に載っている開高健を「俺たちの開高健」に引き戻すための一冊なのである。

そして、ひさびさに再会を果たした「ナマモノ」としての『オーパ!』のみずみずしさに、お互い驚こうではないか。感嘆しようではないか。

三十二年ぶりの——。

「オーパ!」

山口 瞳

『行きつけの店』

新潮文庫 二〇〇〇年

かねて思っていることがある。

作家は、奥義《おうぎ》書を著すタイプと入門書をものすタイプとに分けられるのではないか。

誤解のないようあわてて付け加えておくが、これは作家の志の高低についての話ではないし、読者へのサービス精神のありようといった次元の話とも違う。あくまでもタイプ——型、姿勢から見た二分法なのである。

文学でも芸術でも人生でもかまわない、なにかの至高を目指し、文章を研ぎ澄まし、磨き上げ、妥協を排して、ひたすら高みへと昇りつめようとするのが、奥義書タイプ。谷崎潤一郎や三島由紀夫、川端康成、石川淳らがこのタイプにあたるだろう。

一方、入門書タイプは、むしろ妥協を、いや、人が至高を目指しながらも落伍してしまうサガそれじたいを愛する。世俗にまみれることを否定せず、逆にだからこその美を見いだして、その見つけ方を読者に指南する。そんな入門書タイプの大御所を挙げれば、山本周五郎、井伏鱒二、梅崎春生、永井龍男、池波正太郎、そして……ここまで書けば、もうこっちの手口は見透かされてしまっただろうか。

じつは、この二分法そのものが、山口瞳のエッセイからアイデアを援用させていただいたものなのである。

タネは、『迷惑旅行』の中の一節――。

〈私は、小説家というのは御切匙《おせっかい》なのだと思っている。第一、小説を書くということが、そもそも余計なことなのだ。しかし、小説家のすべてが御切匙なのではなくて、冷淡な人もいる。御切匙派と冷淡派の比率は半々ではないかと思っている〉

山口瞳がどちらに属する作家かは、あらためて問うまでもあるまい。そして、入門書は〈御切匙〉な人にしか書けないというのもまた、多くの言を費やさずともうなずいていただけるのではないだろうか。とりわけ、本書『行きつけの店』のあとがきにあたる「時の移ろい」の締めくくりのフレーズをすでに目にされた方には。

〈読者にお願いがある。どうか、自分の行く店を紹介したただけのものと思わないでもらいたい。私は、旅館、料亭、小料理屋、酒場、喫茶店などは文化そのものだと思っている。そこで働く人たちも文化である。私自身は、そこを学校だと思い、修業の場だと思って育ってきた。読者もここで何かを学んでくれたら、こんなに嬉しいことはない〉

まさに入門書である。

それも、タイトルから安直に想像してしまうようなグルメ入門、酒精入門の一冊ではない。山口瞳が読者に〈学んでくれたら〉と願っている〈何か〉とは――。

あわてて答えを見つくろうのは、それこそ安直だろう。

もう少し、奥義書タイプと入門書タイプの話をつづけさせていただく。

山口瞳とサラリーマン時代の同僚だった開高健は、

典型的な奥義書タイプの作家である。

たとえば、酒。開高健は酒の味を徹底的に追究し、修辞を尽くして描き出す。〈黄昏の書斎にひとりですわって窓外の松林を見ながら封を切るのはウィスキーの瓶であり、ウォツカの瓶である。（略）乾いた、単純な、深い、磨きぬかれ、円熟した一滴の、その一滴ごとの小さな、あたたかい舌のうえの炸裂と開花が私にとっての唯一のたまゆらである〉（『地球はグラスのふちを回る』）、〈徹底的に無飾で、水晶のような、というのがウォツカの本領だが、その最初のすみずみまで冷えきった一滴には、パリパリに糊のきいた純白のシーツを思わせるようなものがあってほしいとウォツカ飲みはつぶやくのである〉（『開口一番』）……といった具合に。

それに対し、山口瞳はどうか。周知のとおり、開高健に負けず劣らず酒をめぐるエッセイを数多く書き綴っている氏だが、酒の味そのものについての言及や描写は驚くほど少ない。

かわりに、『酒呑みの自己弁護』の中の、こんな一説――。

〈私は、厳密に言うならば、（ウイスキーの――引用者・注）ストレートでも、その店の雰囲気によって、グラスによって、オツマミによって味が違ってくると考えている。日本酒でも同様であって、同じ菊正の樽をつかっていても、呑み屋によって味が違うと考えている〉

あるいは、『江分利満《えぶりまん》氏の優雅な生活』から――。

〈酒乱とは何か。江分利のいう酒乱とは、飲もうといったときに最後までつきあってくれる人たちのことである。この人たちに悪人はいない。単純で、純粋型で、感激型で、桜井（飲み仲間――引用者・注）にいわせれば単細胞である。他人のファイン・プレイを発見して喜ぶタチである。このタイプの人にバーであうと、江分利にはそれが一目でわかる〉

店なのである。

人、なのである。

どんな酒も、どこで、誰と、どのようにして飲むかで、味わいはまったく変わってしまう。山口瞳の持論は、作家生活の初期から（いや、おそらくは原稿用紙に向かうことを生業《なりわい》とするずっと以前から）いささかも揺らいではいない。なにしろ、絶筆となった『男性自身』シリーズの最終話「仔象を連れて」で、自らの飲酒人生を総括するかのように〈高橋義孝先生との蜜月は長くつづいた。よく飲んだ。（略）私のもう一人の師は吉野秀雄先生であるが、これで私の酒は乾柿《ほしがき》（蔕《へた》なりに固まる）になったと思っている〉と書きつけたほどなのだから。

開高健が酒の味に〝絶対〟を追い求めたとするなら、山口瞳は、あくまでも〝相対〟——言い換えれば、店や人との関係性の中に酒を置く。酒を語ることは、すなわち店や人を語ることなのだ。料理についても、また同様である。

本書は、そんな山口瞳がエッセイや紀行文や小説で幾度となく横顔を綴ってきた数々の店を主役に据えている。山口瞳にとっての酒とはなにか、食とはなにか、店とはなにかを知るには最適の、いわば山口瞳文学の格好の入門書なのである。

ただし、この入門書、決して間口を必要以上に開いてはいない。読者への親愛の情はあふれていても、媚《こ》びやおもねりとは無縁だ。甘く見てページをめくると、火傷《やけど》をする。かつて司馬遼太郎をして〝命がけの僻論《へきろん》家〟と呼ばしめた山口瞳だけに、〈行きつけ〉の一語にもずしりとした重みがある。

本書の中に〈行きつけ〉とはどういうものであるかを語った、こんな一節がある。松江の旅館、皆美館《みなみかん》との出会いを回想したあとのくだりである。

〈その後、私は松江にかぎらず、山陰地方へ行けば、少し無理をしてでも皆美館へ寄るようになった。そうして必ず神魂《かもす》神社へ参拝する。昼食は皆美館の近くの蕎麦の古曽志《こそし》と決めている。こういうのを、すなわち〝行きつけの店〟と言うのだと私は思っている〉

これに類した文章は、本書の随所に見られる。〈鉢巻岡田の鮟鱇《あんこう》鍋を食べなくちゃ、冬が来ない〉〈九州へ行ったら、無理をしてでも亀の井別荘に一泊することにしている〉〈金沢へ行けば、必ずつる幸で食事をして倫敦《ロンドン》屋へ寄るようになった。いや、つる幸や倫敦屋へ行きたいために金沢へ行くようになった〉〈私は、寿司政へ行くと、いつも、中トロとアナゴを握ってもらう。それでカンピョウの海苔巻を食べるとオシマイだ。あれも食べようこれも食べようと思って出かけるのだが、いつでもそうなってしまう〉……。

いやはや、なんと頑固なことか。そして、なんと一途なことか。

長崎のとら寿司に入れ込んだ山口瞳は、〈長崎に四泊したかと思うが、毎日とら寿司で食事した。それが昼も夜もである〉。この程度で驚いてはいけない。横浜の八十八《やそはち》という鰻屋に一週間通い詰めた山口瞳、じつをいえば〈私が鰻好きかというと、必ずしもそうではない。むしろ鰻は苦手といったほうがいい〉。それでも、通うのである。八十八という店をこよなく愛するのである。なぜなら――。

〈私にとって大事なのは、それが料亭であるとすると、そこの料理が美味《うま》い不味《まず》いよりも、店の雰囲気や従業員の気ばたらきのほうである。それと縁というものを大切にしたいと思っている。そうして従業員の気ばたらきのいい店の料理は、これはもう間違いなく美味なのである〉

僻論では、ある。しかし、だからこそ、ここには覚悟と呼んでもいいような信念が息づいている。八十八にかぎらない、本書に登場する店はすべて、その信念に基づいて選ばれた〈行きつけの店〉なのである。

まずは、人ありき。縁ありき。山口瞳は一軒一軒の店と出会った経緯を書き漏らさない。店のあるじや従業員の人となりを、印象的な挿話を織り交ぜてていねいに描き出す。本書にあっては、酒や料理の味わいですら、店のあるじや従業員の〈気ばたらき〉のよさを示す証《あかし》の座に喜んで甘んじているように見える。

さらに、一軒の店に通いつめることとはなにか、客とあるじとの間柄とはなにか、誰かに惚れ込むこととはなにか。人と人との関係とはなにか――と読み込んでいけば、これはもう、そのまま山口瞳文学の主題に重なり合う。そう、各章ごとに一軒の店を舞台にして人と人との邂逅《かいこう》や交流のなんたるかを問う本書は、紛うかたなき〝短編集〟である。〝作品〟なのである。

しかし――と、本書を未読の山口瞳文学の愛読者なら言うだろう。

〈行きつけの店〉の素晴らしさを謳いあげるだけでは、なにかが足りないのではないか、と。市民のささやかな幸福を、それこそ〈他人のファイン・プレイを発見〉するように描き出しながら、なお一匙の苦みをしのばせるのが氏の小説であるはずだ、と。

だいじょうぶ――これは、本書を読了した愛読者の返答。山口瞳は、本書を人と人との出会いの幸福感で満たしたうえで、あとがきの「時の移ろい」をこんな一節で書き起こす。

〈こういうものを書き終って、いま私の心に残るものは、意外にも〝時の移ろい〟である。あれが美味かった、あそこの眺めがよかったではなく、あの時のあの人の笑顔がよかったという類のことである。それは私の瞼に焼きついている。私はそのことに驚く〉

「時の移ろい」は、本書に登場した店と人の、苦くせつない後日譚である。

愛し、慕い、慈しみ、そして短編小説の主人公のように読者の胸に刻み込まれた〈あの人〉たちが、いかに数多く亡くなってしまったことか。一編の舞台となった店の中に、たたずまいを変え、また姿を消してしまったものがいかに多いことか。

邂逅があり、交流があるのなら、その先には別離がある——理屈では当然わかっていても、しかし読者は、本書に登場した店だけは、人だけは、お伽噺《とぎばなし》の世界のように時の流れから切り離され、永遠にそのままでいてほしいと願ってしまう。むろん、その願いは誰よりも強く作家自身が胸に抱いていたはずだ。

だが、山口瞳は「時の移ろい」を書いた。幸福感だけで筆を擱《お》くのを潔しとしなかった。つらい章である。感情を抑制した文章で淡々と綴っているだけに、いっそうつらい。私事を申し上げれば、本書を初読したときには、このあとがきに至って、それまで胸にやわらかく降り積もっていたものがいっぺんに吹き飛ばされてしまったような思いにもとらわれたのだった。

それでも——と、あえて言おう。

それでも諸君——と、山口瞳流に呼びかけよう。

「時の移ろい」を読み終えたあと、いま一度、本書を最初からひもといてみたまえ。初読のときにはある種のドンデン返しだった「時の移ろい」の苦みが、再読以降は全編を貫いて流れるひそやかな主題になっていることを知るはずだ。巻末に「時の移ろい」があるのとないのとでは読後の手ごたえがまるで違ってしまうことを痛感し、本書はやはり〝作品〟として読まれるべきなのだと肯《うべな》っていただけるはずだ。追憶、哀惜、郷愁、追慕、悔恨、欠落感、喪失感……まとめる言葉はなんだっていい、〝すでにして喪《うしな》われてしまったものの〟が人の胸に穿《うが》った穴ぼこそが、『江分利満氏の優雅な生活』以来の山口瞳文学のキモだったのだから。

再び、私事。初読時に吹き飛ばされてしまったものは、本書を繰り返し読むにつれて、また静かに胸に降り積もっていった。やわらかさのなかにも、今度は、粛然と張り詰めた一本の筋が通っている。その一本の筋をずうっとたどっていったら、『居酒屋兆治』がある、『新東京百景』がある、『私本歳時記』がある、『婚約』がある……。

往還すればいい。本書は、山口瞳文学の入門書にして、集大成。本書から他の小説群に向かってもいいし、若き日の小説作品の数々を堪能したのちに、晩年の山口瞳の人間観を本書で学ぶのもいい。要は、繰り返し読むことだ。本書を〝読みつけ〟の本にすることなのだ。そうすれば、描出された店や人のドラマの手前に、それを描く山口瞳そのひとの姿が浮かび上がってくる。〈他人のファイン・プレイを発見〉することこそが、大いなるファイン・プレイなのだとわかる。

そして――三たび私事、これで最後。本書を折に触れ読み返すたびに、〝すでにして喪われてしまったもの〟のなかに山口瞳自身が含まれてしまったのだと、あらためて思い知らされる。そんなとき決まって、駆け出しの読み物作家は、胸の中でピンと張り詰めた一本の筋に、つい「気をつけ」の姿勢をとらされてしまうのである。

小沢昭一
『老いらくの花』

文春文庫　二〇〇九年

小沢昭一さんの文章を「読む」ことは、あの語り口を「聴く」ことである――と、いまさら若輩者が知ったふうに言うまでもない。小沢さんの文章をかねて愛読しているひとはもとより、本書が小沢昭一初体験というひとでも、本文の頁をぱらぱらとめくってみるだけで、僕の言わんとすることは了解していただけるだろう。

「声が聞こえてくるような」「じかに語りかけてくるような」といった紋切り型のつまらなさはわかっていても、しかし、ほかにどう言えばいいのかと考えると途方に暮れてしまう。だって実際に聞こえてくるんだもの、声が。ほんとうに耳元がさわさわとくすぐったくなって、こちらが一方的に存じあげているだけのはずだったひとが、いつのまにか自分のすぐそばにいるような気になってしまうんだもの。

面識はない、とは言いながら、じつは一度だけ、小沢昭一さんのナマの話し言葉に接したことがある。一九九九年の夏だった。小沢さんはその年の新潮学芸賞を『ものがたり　芸能と社会』で受賞され、同じ出版社の肝煎りによる別の賞を受けた僕は、小沢さんとステージの受賞者席でご一緒したのである。わくわくしていた。ナマ小沢昭一だぜ。共演だぜ。違うか。でも、思いがけない副賞である。おかげで僕の挨拶など誰も聴いちゃいない、という羽目にもなってしまったのだが、とにかくうれしかった。光栄だったし、なにより、その日の小沢さんの挨拶がとびきり面白かった。学芸賞の「学芸」にはにかみながら、「学芸会の学芸なら馴染みがございますが……」と飄々とおっしゃる小沢さんの姿を、斜め後ろから（ここがポイント。「共演」の特権である）まぶしく眺めながら、「これをそのまま原稿に起こせばエッセイが一本できちゃうんだろうなあ、なんでこんなにエッセイみたいにしゃべることができるんだろうなあ……」と、つくづく、しみじみ、うっとりと、よく考えれば本末転倒なことに感じ入っていたのだった。

あれからちょうど十年である。小沢昭一さんは一九二九年、昭和で言えば（言うべきだろう）四年の生まれだから、今年――二〇〇九年、満八十歳になる。本書の単行本は二〇〇六年刊行。七十七歳での著作である。収録された文章の中では、二〇〇二年七月に雑誌掲載された「ああ、夫婦二人旅」が最も若書き、若いといっても七十三歳である。

しゃべるように書くスタイル、「小沢昭一的ことば」は、ますますの円熟味を加えて、いやもう、たまらない。言葉はどこまでも伸びやかで、軽やかで、まろやか。「です」「ます」のやわらかみは、失礼を承知で申し上げるなら、もうろくのおとぼけという無敵のワザを得て、いっそう味わい深くなったようにも思う。

中途半端な引用はかえって文章の魅力を削いでしまいかねないのだが、それでも、たとえば――。

〈だけど、あの、私の、メガネざっくざく、もう使わないのに、どうするかなぁ。庭にメガネ塚でも建てて、ありがとう、うんと稼がして貰いましたと、埋めます

か、ハハハハ〉

〈あァ、時間がなくて、贈呈下さった本のお礼状が書けない！　だったら競馬止めればいいのに。でも、そうはいかない。本日万馬券とれた。ウフフフ〉

〈でも、耳が遠くなると長生きするって聞きますよネ、フフフフ〉

　この笑い方、いいんだなあ。カタカナなんだなあ。ほんとうは踊り字（ゝ、ヽ）でもつかいたいんじゃないかな、いや、でも、音を一つずつはっきり見せて、聴かせるには、いまのままのほうがやっぱりいいのかしらん。

　読んでいると、役者・小沢昭一さんの声が聞こえる。破顔一笑や含み笑いが浮かんでくる。それでも、そこをグッとこらえて、顔も声も存じあげません、というふりをして読みたい。僕たちの知っている「あの小沢昭一さん」というイメージに頼らなくても、言葉だけで、「こういうおじいさんって、ホント、いいなあ」と言いたくなる好々爺《こうこうや》の笑顔が浮かんでくるはずだから。

　だが、もちろん小沢昭一さんも、若い頃から年寄りだったわけではない。映画では年齢国籍ともに不詳の、ウサン臭くつかみどころのない役柄が多かったものの、小沢さんにだって三十代や四十代の頃は、ちゃんとあったのだ。力説すればするほど失礼なことを申し上げているような気になってしまうのはなぜだろう。

　ともあれ、その頃の――言い換えれば一九六〇年代の終わりから七〇年代にかけての小沢さんは、急速に姿を消しつつあった日本の放浪芸の調査に精力的に取り組んでいる。その時期に書かれた『私は河原乞食・考』や『日本の放浪芸』といった芸能論やルポルタージュは、口上の採録や聞き書きに「小沢昭一的ことば」の片鱗は見えるのだが、さすがにウフフフフまではない。それどころか、ひさしぶりに『私は河原乞食・考』を読み返してみると、ウフフフフどころか、痛々しいまでにまっすぐな真摯《しんし》さに満ちていることに気づく。

　同書の刊行は一九六九年。四十歳、不惑の小沢さんは、しかし、惑っている。

〈芸能は〝毒〟の中に咲く花なのであろうか〉と看破したからこそ、〈不幸にも、まったく不幸にも、〝毒〟とも〝悪所〟とも関係なく育った私などは、いったいどうして花を咲かせたらいいのだろう〉と嘆息する。

芸能の原動力は被征服者の〈払底しきれぬ、怒りや涙〉や〈押しひしがれた屈辱《くつじょく》〉ではないかと考えているからこそ、自分自身に対して問いかけずにはいられない。〈そしていま、／われわれ芸能者は、何を悲しみ、何に怒るべきか。／ええ？／悲しくない?!　怒ることがない?!／バカ!!〉……。

なんと激しい口吻《こうふん》だろう。現役の芸能者としての我が身を斬り、血を流しながらの絶唱である。『老いらくの花』のどこまでもゆったりとした語り口とは違う、まなじりを決した小沢さんの姿が、ここにはある。

むろん、評論とエッセイとではおのずと呼吸は違うものなのだが、じゃあ、これはどうだ、とイバって出すのは、文春文庫に収められた小沢さんのエッセイ群──古い順に『言わぬが花』『わた史発掘』『裏みちの花』『もうひと花』『話にさく花』『散りぎわの花』、そしてこのたび文庫のラインナップに加わった本書『老いらくの花』である。

自叙伝の体裁をとった『わた史発掘』は若干テイストが異なっているものの、あとの六冊は、タイトルの揃え方からも察しがつくとおり「小沢昭一的ことば」で統一されている……と思うでしょう。

違うんだな、それが。

僕も驚いた。勉強不足で『言わぬが花』は未読だったのである。文春文庫の編集者に送ってもらって、読んで、びっくりした。

一九八六年に文庫化された『言わぬが花』は、単行本が一九七六年に刊行されている。小沢さんは四十代後半──あ、いまのオレとそんなに変わらないんだ、と気づくと、頁をめくる指先にもつい力がこもる。

だが、こちらの指先以上に、中年・小沢昭一、肩にピキッと力が入っている。「です」「ます」ではなく、ウフフフフもない。

〈このとしになってもまだ、自分の稼業──俳優業が、本当に自分に適しているのかどうか疑いを持っている〉なんて書き出しで、〈商業は見付けるものではなく、作りあげるものであると心得た〉と締めくくっていたりもする。心得た、ですよ、なにしろ。『老いらくの花』では話し方心得を問われても〈どうにも「心得」なるものが浮かんできません〉と、とぼけた顔で、いや顔までは見えないのだが、とにかくそんな調子でさらりと、ふわりと、ひょいと、かわしているのにね。

カバーに記された謳い文句「軽妙洒脱なタッチで展

開するエッセイ集」に決して嘘はない。嘘はないのだが、しかし、その後の「小沢昭一的ことば」と比べてしまうと、やはり、いささかカタい。

もちろん、僕はそれを謗《そし》っているわけではない。むしろ逆、四十代の小沢昭一さんはまだウフフフフの境地には達していなかったんだなと思うと、同じ四十代後半で惑いっぱなしのオヤジとしては、うれしくてしかたないのである。

「小沢昭一的ことば」は最初から完成していたのではない。芸能に生きる者としての自分自身を問い直す旅をつづけることで、その旅の記録を書きつづけることで、少しずつ、いまの形になっていった。努力。精進。あるいは才能。そういう言葉はつかいたくない。「小沢昭一的ことば」は歳をとることで磨かれ、老いることで潤い、物忘れの増えた自身を苦笑交じりに見つめることで、やわらかくほぐされていったのだ。

本書『老いらくの花』の中で小沢さんは言う。〈どうでしょうか、「文は人なり」といわれますが、結局のところ「話も人なり」じゃございません?〉——文も人なり、話も人なり、だとすれば文と話が渾然一体となった「小沢昭一的ことば」には、小沢昭一という人間が、小沢さんが生きてきた歴史が、常にまるごと溶け込んでいる。元手がかかっているのである。それをさっぱりと漉《こ》して、極上のコンソメの軽みと深みで味わわせてくれるのが、つまりは、その、あたりまえの結論になってしまうのが自分でも悔しいのだが、名人芸というやつなのだろう。

そういえば、『言わぬが花』の中には、古今亭志ん生をめぐって、東京やなぎ句会の仲間である故・江國滋さんと交わした対談が収録されているのだが、その中に、桂文楽と志ん生を比較したくだりがある。

小沢さんによると、文楽は〈すみずみまでコントロールがきいて、自分の押さえをきかした技を完璧に仕上げていくという芸〉で、志ん生は〈その日その日の風次第というようなところがあって、そしてハプニングを非常に入れていく〉。で、小沢さん自身は〈文楽さんのほうはとてもやれない〉〈ぼくは志ん生さんのほうの線でなんとかいけたらなあ〉と言う。

それを受けて、江國さんは〈文章も同じでね〉と応え——なんとなく、微妙に、志ん生に自らを擬する小沢さんにやんわりと異議申し立てをしているようにも読めてしまうのだが、こんなふうに語っているのだ。

〈志ん生さん的名文というのは大変ですよ。(略)ぼくは文章を志すものとしても、とにかく第一目標を文楽さんにおいて、「テ・ニ・ヲ・ハ」のしっかりした、日本語として格の正しい、まちがいがぜんぜんないという文章を目標においております。まだはるか道は遠いのですけれど。それで、そこから六十ぐらいになってから、志ん生さんのような文章を書きたい。おそらく小沢さんだって同じだと思うのですがね〉

江國さんの言葉は、みごとな予言となっていたのではないか。

さきの文春文庫のラインナップでいうと、「です」「ます」の「小沢昭一的ことば」は、『裏みちの花』以降のことである。一九九六年文庫化の『裏みちの花』の単行本は一九八九年——まさに、小沢さんは六十歳になっていたのだった。そして、八十歳で文庫化される本書では〈もうひと押し本心を申せば、正直、実は、老いらくの花も咲いてよし咲かぬもよし、もうどうでもよしの、風まかせでありますなあ。ホント〉だってさ。志ん生、志ん生。ウフフフフ。

それからもうひとつ。とても大切なこと。

『言わぬが花』には、ボーナストラックのように、小沢さんの奥さんのエッセイも載っている。ものすごくいいのだ、この文章。一方、四十代後半の小沢さんは、愛妻家ぶりを随所で覗かせてはいるのだが、まだまだ微妙な照れがあるようで、〈外での人ぎらいのしわ寄せで、その分、女房が好きになる……のならいいけれど、当たり散らしてばかりいる。女房の通夜には泣くだろう。いえ私がアトならば〉なんてクッセツもしているのだ。

ところが、本書では、もう衒《てら》いはない。迷いもない。ふんわりとしたユーモアでくるまれた夫婦の情愛は、どこまでも温かく、美しい。「小沢昭一的ことば」とは畢竟《ひっきょう》、長年連れ添った奥さんへの愛をどう語るか、に尽きるものなのかもしれない。

〈でもまぁ、いつまでも、うちの婆さんと一緒にいたいのよ、ハハハ〉

ハハハ。

ハハハ。

四十代後半のシゲマツ、笑って、笑って、自分とカミさんとの三十年後を思って、ちょっとだけ泣きました。

草野心平

『草野心平詩集』

ハルキ文庫　二〇一〇年

さびしいときには草野心平を読め。

若い友人に、いつも言っている。草野心平は孤独に効く。さびしさに効く。ただし、それは「孤独を癒す」だとか「さびしい心の穴を埋める」だのといったものではない。「効く」というのは「治す」という意味とは違う。むしろ逆。草野心平の詩は、孤独やさびしさ――僕の好む言い方をゆるしてもらうなら、「ひとり」をしみじみ嚙みしめるためのものなのだ。

たとえば、本書にも収録されている『ごびらっふの独白』のこんなフレーズを。

〈みんな孤独で。
みんなの孤独が通じあうたしかな存在をほのぼの意識し。〉

最初にこの詩篇に接したのは二十歳頃だっただろうか。大げさでもなんでもなく、胸がふるえた。そして、これまた大げさな物言いだと誇られてしまうかもしれないのだが、人間や世の中を見る目が変わった。

みんな孤独。そう、みんな孤独なのだ、僕たちは。まずはそこを嚙みしめたい。

草野心平の言葉は易しくて、優しい。決してとげとげしくはない。けれど、きらりと刃が光る。甘ったるい言葉でさびしさを埋めるのではなく、孤独を癒すのでもなく、「ひとり」を「ひとり」として残したまま、もう一回り大きなものの見方をする。

考えてみると、〈みんな孤独〉という言葉は矛盾しているのかもしれない。僕たちみんなが孤独であるのなら、僕たちは「ひとり」ではない。それぞれが孤独であることによって、すなわち孤独のさびしさを分かち合うことによって、僕の「ひとり」は、別の誰かの「ひとり」とつながることができるのだから。

草野心平は、それを〈みんなの孤独が通じあう〉となのだから、そこに揺らぎや迷いはない。〈たしかな存在〉なのだから、そこに揺らぎや迷いはない。しかし、あくまでも〈ほのぼの〉というあいまいさを残したまま……。

大きいな、と思ったのだ。おとなだよなあ、と感じ入ったのだ。なにしろ二十歳の若造なもので。

ひとはどこまでも「ひとり」。しかし、みんな「ひとり」であることで、ひとは「ひとりぼっち」ではない——。

おそらく、僕はずっと草野心平のいくつもの詩を胸に刻んだまま、四十代後半の今日まで生きてきたのだろう。僕の書くお話のすべてに「ひとり」は息づいているはずで、そのお話のすべては、「ひとり」をなんとかして「ひとりぼっち」には陥らせまい、という願いに貫かれているはずである。こっそり打ち明けると、僕の書いた短いお話の中には『ごびらっふの独白』をそのままモチーフにしたものもある。あえて題名は書かずにおくが、なにかのご縁で目に触れることがあったら、とてもうれしい。

さて、それにしても——。

草野心平は『ごびらっふの独白』をはじめ、蛙を描いた作品を数多くのこしているのだが、一連の作品は、どれもひどくものがなしい。死の場面が次から次へと出てくる。ところが、読後の印象は不思議なほど明るい。描かれている物語はせつなさに満ちていても、その物語が語り終えられたあとに残るものは、「ユーモア」という一語ではくくれないような、えもいわれぬ幸福感なのだ。

それはなぜだろう。今回、この小文を書くためにあらためて作品を読み返してみて、気づいたことがある。

蛙の詩篇にかぎらず、草野心平の詩は、すべての言葉がおおらかに開かれている。かなしみも、さびしさも、怒りも、嘆きも、貧しさも、悲劇も喜劇も、冬の寒さや夏の暑さも、雑踏の人いきれでさえも、大きなふところに抱かれているような安らぎがある。きっと、この詩人は、息づかいがおおらかなのだ。息を深く吸い込んで、ゆっくりと吐き出す、その呼吸で詩を生んでいるのだ。だから、一編の詩が終わり、言葉が尽きても、詩人はまだ呼吸しつづけている。僕たちは詩の一つひとつを味わったあと、頁の余白に残るその息づかいを感じることで、〈みんなの孤独が通じあうたしかな存在をほのぼの意識〉するのではないか。

若い頃には気づかなかった。気づいていても、それを心に染《し》ませることなく、やりすごしていた。

だが、いま——それこそ、息があがり気味の人生半ばを過ぎたいま、僕はむしょうに草野心平のおおらかな息づかいに惹《ひ》かれる。

優しさ、とは呼ぶまい。呼ぶと、凜《りん》とした刃が消えてしまうだろう。ぽん、と突き放すように死を描く、その潔さに対して礼を失してしまうだろう。

だから、僕はいま「おおらか」という言葉でしか語れない。ただ、おおらかであるということがいかに難しく、いかに尊いことであるかは、おおらかになれない自分だからこそ、わかっているつもりなのだ。

本書所収の『デンシンバシラのうた』を読み返していただきたい。

〈白ちゃけて。唸るようにさびしくなったら。
人じゃない。相棒になるのは。
　夜中の三時のデンシンバシラだ。

デンシンバシラはゆすっても。
デンシンバシラは動かない。

手のない。指のない。見えない腕で。
デンシンバシラは。しかし。
　お前を抱くだろう。〉

この小文を書いているいまは、真夜中——午前二時を少し回ったところ。

仕事部屋の窓から、外灯の付いたデンシンバシラが見える。暗がりに半ば溶け込み、寒さに凍えながら、今夜も朝まで夜道に外灯を灯《とも》しつづけるのだろう。のっぺりとしたコンクリート製の円柱は、小細工の飾り気などなにもなく、だからおおらかに、きっぱりと、直立不動でたたずんでいる。

草野心平の詩は、夜中の三時のデンシンバシラなのだ。

〈ちぐはぐで。ガンジガラメで。
遠吠えしてもまにあわない。
そんなときには。霙《みぞれ》にぬれて。
夜中の三時のデンシンバシラだ。〉

さびしいときには草野心平を読め。

夜中の三時のデンシンバシラを友とせよ。
若い友人だけではない。
僕自身に向けての言葉でもあるのだ、これは。

石垣りん
『永遠の詩　石垣りん』

小学館　二〇一〇年

石垣りんは「ひとり」で立っている。代表作をもじるなら、その表札には「様」も「殿」も付いていないし、苗字だけで家を示す表札でもない。詩人はずっと「ひとり」で、ここに——本書に収められたすべての作品の中にたたずんでいる。

つよいひとだと思う。戦争、家族、職場、ジェンダー、学歴、病気、貧しさ……それらをひっくるめた「生活」という軛《くびき》や足枷《あしかせ》に煩わされながらも、きっぱりと「ひとり」だった。まっすぐに「ひとり」だった。石垣りんの「りん」とは、「凜」でもあるだろうし、「倫」でもあるだろう。

石垣りんのいちばんの魅力がそこにあることは十二分に認めたうえで正直に打ち明けると、僕には、そのつよさがおっかない。

男だから。戦後の豊かな時代に生まれ育った世代だから。もっと身も蓋もなく言えば、僕はよわい人間なのだ。凛として「ひとり」を受け容れられない。「生活」の数々にすっくと立ち向かうことができない。「生活」の重さを持て余しているのに「ひとり」でいることにも臆病で、ときにはへたり込みそうになりながら、じつはどこへ向かっているのかもよくわからず歩いている。そんな自分自身に重なる、よわい「ひとり」を、僕は好んで物語の主人公に据えてきた。石垣りんには叱られるだろう。なにを甘えたことを、とあきれられてしまうに違いない。それがわかるから、石垣りんの詩に対して、つい及び腰になっていたのだ。

だが、この小文を書くために、編年体の本書の目次どおりに——いわば、八十四歳で亡くなった詩人の生涯をたどるように作品を読み進めると、「ひとり」の姿がさまざまに形を変えて見えてきた。

うつむいた詩人の姿が浮かぶ。毅然として背筋をピンと伸ばす姿がすうっと消えると、入れ替わるように、死者に対するいたたまれなさに肩をすぼめる姿が立ち現れる。晴れ晴れと「ひとり」をうたう詩人の陰には、寂寥《せきりょう》たる「ひとり」を黙って背負う詩人も確かにいる。そしてなにより、詩人の描く「ひとり」は、年を重ねるにつれて、やさしくなっていたのである。

本書をいま一度ぱらぱらとめくって、四十代の作品『島』と本書の掉尾《ちょうび》近くの『おやすみなさい』を比べてみるといい。どちらもひとを島に譬えているのだが、〈ぽつんと／ちいさい島。／だれからも離れて。〉と自分自身を突き放して描く『島』が哀切なまでのつよさに満ちているのに対し、〈ひとりひとりは空に浮かんだ／地球の上の小さな島です。〉という『おやすみなさい』には、よわさを包み込むやさしさがある。家族、とりわけ親に対する思いもそうだ。『貧乏』『家』『夫婦』に描かれた親の姿にやるせない思いをした読み手は、その詩人がのちに『かなしみ』をものしたことに、困惑交じりの感動を覚えるだろう。

少女の頃から一家の生活を支え、家族を次々に亡くした生身の詩人は、五十歳で独り暮らしを始める。現実生活での「ひとり」をようやく得てから、生涯に四冊きりの詩集の後半二冊、『略歴』『やさしい言葉』を編んだのだ。前半二冊の詩集『私の前にある鍋とお釜と燃える火と』『表札など』では詩人の「ひとり」をおびやかすものとして、つよい言葉でねじ伏せられていた「生活」のしがらみが、後半二冊では、少しずつ、文字どおり「やさしい言葉」でほぐされていく。それが僕にはむしょうにうれしかった。歳をとること、生きること、「生活」を積み重ねること、さらにはよわい「ひとり」であることをも、肯定してもらったような気がした。

つよい「ひとり」は、やさしい「ひとり」でもある。「優しい」の「優」という字を「人が憂う」と読み替えれば、それを支えるものの正体にも気づく。だからこそ、詩人のやさしさは、あまさとは断じて違う。凛としたやさしさとは、手を差し伸べて「ひとり」を消し去るものではなく、むしろ逆——数多くのしがらみにがんじがらめになりながら、それでも懸命に生きていくしかない、たとえば僕の「ひとり」を、たとえばあなたの「ひとり」を、ただ黙って見守ってくれるまなざしのことなのだ。

有島武郎

『一房の葡萄《ぶどう》』

ハルキ文庫　二〇一一年

子どもはいつだって困っている。

先のことを考えると、すぐに不安になってしまう。分かれ道に来ると、必ず迷ってしまう。なんとか進む道を選んでも、あとで決まって「あっちのほうがよかったかもしれない」と悔やんでしまう。

どきどき。はらはら。ひやひや。くよくよ。いじいじ。子どもの小さな胸は、高鳴ったり、締めつけられたり、ふさがったり……まったくもって気の休まるときがない。

僕自身そうだった。子どもの頃は、毎日毎日、イヤになるほど困っていた。

朝起きると「今日は算数があるんだなあ」で困る。家を出たあとも、プリントを忘れているんじゃないかと心配になって、ランドセルを背中から降ろして確認する。通学路の途中に家がある上級生のガキ大将とばったり出くわしてしまって、困る、困る。本日の給食のおかずは苦手なレバカツなので、朝から憂鬱で、困る、困る、困る。席替えのくじ引きは来週だ。イヤな奴と隣り合わせにならないように祈るしかない。算数の授業で、自信のない問題を当てられそうな気がして体を縮めていたら、それでかえって目立ってしまって「はい、シゲマツくん」と名前を呼ばれて、困る、困る、困る、困る。やっぱり間違えた。みんなに笑われた。その中には片思いの相手だった女の子もいる。うわあ。ばかにされた。これからどうしよう。もう学校に行きたくない。困る、困る、困る、困る、困る……。

家に帰ってからも困るネタはいろいろある。いろいろありすぎて、もう書くのはやめておく。そして夜、布団に入ると、「もし今夜、大地震が来たらどうしよう」とふと思い、居間のほうから両親の話し声が聞こえてくると「お母さんが死んだらどうしよう」とも思い、「明日の体育は跳び箱なんだよなあ」とため息をついて、明日も登校中にあのガキ大将に出くわしてしまうかもしれない、と身をすくめたあげく、暗い部屋の隅になにかほの白いものが浮かんでいるような気までして、布団を頭からかぶってしまう。

それが僕の子ども時代だった。

僕たちみんなの――と言ってもいいだろうか？　どうなんだろう。現役の子どもたちはうなずいてくれそうな気がする。でも、おとなたちは、意外と「そんなことない」と首を横に振るかもしれない。「シゲマツ、おまえ、いいかげんなこと言うなよ」とムキになって怒りだすひともいるかもしれない。

忘れてしまうのだろうか。忘れられないからこそ、打ち消してしまいたいのだろうか。

いずれにしても、「オレの子ども時代は怖いものなんてなにもなかった」と胸を張るひとは、きっと嘘をついている。「わたしは子どもの頃、毎日が幸せで幸せでサイコーでした」と屈託なく笑うひとも、おそらく強がっている。そして、そんなおとなたちは、現役の子どもたちのことも同じように見てしまう。「子どもは毎日毎日キラキラと輝いている」「子どもは明るくて元気でハツラツとしているものだ」と一方的に押しつけようとする。子どもたちにとっては、いい迷惑である。

　でも、世の中には、ごくまれにだが、困りつづけた子ども時代を忘れないおとなもいる。嘘や強がりとは無縁に、まっすぐ、静かに、おだやかに、優しく、その頃の自分を振り返ることのできるおとなもいる。

　有島武郎は、そんなおとなの一人だ。本書に収められたどの作品でも、子どもたちは困っている。できごころで小さな罪を犯した子どもから、大切にしていた帽子がどこかに行ってしまった子どもまで、みんな困っている。その困りっぷりを、有島武郎はほんとうにていねいに、繊細に、みずみずしい言葉で描き出しているのだ。

　そうそうそう、そうなんだ、と本書のゲラ刷りを読みながら、何度膝を打っただろう。僕自身は海で溺れかけた体験はないし、弟が碁石を呑み込んでしまったこともないのだが、作品を読み進めるにつれて、それぞれの短い物語の中の「僕」や「ぼく」や「私」が自分と重なり合ってきて、まるで僕自身の思い出が語られているような気になってしまうのだ。きっとそれは、現役の子どもたちが読んだときにはよりいっそう深く感じられるはずだし、困りつづけていた子ども時代のことを認めようとしないおとなだって、本書の作品を読んだら、ぶっきらぼうな口調ではあっても「わかるよ……」とつぶやくはずなのだ。

　しかも、有島武郎は、困っている子どもたちをただ描くだけでは終わらない。とことんまで困ってしまったあと、その苦しい時間をくぐり抜けたからこその安堵の表情を、美しく、あたたかく、そしてやっぱりみずみずしく描き出す。

　そう、そうなんだよ、と僕はここでも膝を打つことになる。子どもが困らないように、とおとなが先回りしてすべての事態をさっさと解決してしまうのは、ほんとうは間違っているのかもしれない。なぜなら、困らないと安堵できないからだ。困っているからこそ、それをくぐり抜けたときに、ほっとした笑顔になる。困ったことが一度もない子どもは、裏返せば、ほっとして微笑《ほほえ》むことも一度もないはずだ。それは、はたして子どもにとって幸せなのだろうか？

　ほっとして胸を撫で下ろす瞬間は、大げさに言えば世界との和解の瞬間である。そんな瞬間をたくさん経験することで、子どもたちは優しいおとなになっていく——有島武郎自身も、おそらく。

それを思うと、本書の掉尾を飾る作品が「小さき者へ」だというのは、なんとも心憎い構成である。巻頭の「一房の葡萄」からずっと子どもの視線で描かれていた世界が、最後の「小さき者へ」では父親の視線になる。「小さき者へ」は、僕自身の短編の題名に借りたこともあるほど愛読してきた作品である。読み返した回数は十回ではきかないだろう。けれど、子どもの世界を描いた短編を順に読んでいったあとに「小さき者へ」を読む、というのは初めてだった。この読み方、すごくよかった。すっかりおなじみだった「小さき者へ」に、また一つ新たな光が当てられたような気がした。だから、作品の前にあとがきを読む流儀のひとに、お願いごとを——どうか、本書は目次の順番どおりに読んでください（と、巻末の解説でお願いすることじたい矛盾してるんだけどね）。

子どもはいつだって困っている、と僕はさっき書いた。でも、ほんとうはおとなだってたくさん困っている。ただ、おとなの場合は、それをうまくやりすごすコツを覚えている、というだけのことなのだ。

ところが、有島武郎は、どうやらそのコツを潔しとしなかったようだ。本書を気に入って、有島武郎に興味を持ったひとは、いつか機会があったら彼の生涯をたどってみるといい。子どもの頃から思春期をへて、おとなになっても、有島武郎は、とにかくずうっと困っている。信仰に悩み、資産家である自分の出自に後ろめたさを感じ、妻の看病と育児に疲れ果てて、妻を亡くしたあともいろいろ、次から次へと困りつづけ、そのはてに……ここから先は、また別のお話になる。

ただ一つ、本書に収められた作品のみずみずしさは、「困りつづけるおとな」だった有島武郎自身のみずみずしさでもあるのだと、僕は思う。おとなの説教や教訓とは違う、困りつづける子どもたちへの温かいエール——それは、困っている子どもに「困るな」と言うことでもなければ、「困らないように手伝ってやるよ」と手を差し伸べることでもない。しっかり困ればいい。ちゃんと困ったほうがいい。有島武郎はそれを見守っている。じっと、微笑みながら、ほんの少しせつなそうに、憂いと優しさの溶け合ったまなざしで、小さき者たちをいとおしく見つめているのだ。

太宰 治

『晩年』

角川文庫　二〇〇九年

ひさしぶりに読み返した。全十五編。ふと読んでみたくなったり、仕事の調べものだったりで個々の作品に目を通す機会は何度もあったが、冒頭の「葉」から掉尾の「めくら草紙」まで順に、一気に読んでいったのは十数年ぶり――二十歳前だった『晩年』との最初の出会いから数えると、じつに四半世紀以上の年月がたっている。

オヤジだな。自分でも認める。この解説の仕事は、ほんとうはもっと若くてイキのいいひと、少なくとも太宰の亡くなった三十九歳よりも下の年齢のひとのほうがふさわしいだろう。原稿を書いているいまでも思う。オレなんかでごめんな。特に若い読者には謝っておきたい。

それでも、オヤジにはオヤジなりの強みだってある。開き直り――いや、そうではなくて。

僕は『晩年』を通しで三度読んだのだ。二十歳前。三十代になりたて。そして四十代の後半。強みはそこだ。

青春時代に出会った『晩年』と、結婚して子どもができて、世の中の仕組みがわかりかけてきた代わりに若さをうしないつつある頃に読み返した『晩年』。受け取り方が違った。どちらがいい悪いということではなく、とにかく違った。

さらに今回の三読目では、老眼鏡のお世話になった（だって昔の文庫本は字が小さいんだもの）。二人の子どもたちはそれぞれ大きくなって、生意気になって、父親と口をきかなくなった。猫を飼いはじめた。とても可愛い。仕事は、順調かどうかはともかく、とりあえずいまのところはなんとかなっている、と思う。そんな暮らしの中で読み返した『晩年』は、最初の『晩年』とも二度目の『晩年』とも違った感想を胸に残してくれた。

本書はそういう作品集なのだ。

たとえるなら、鏡。光の当て方によって映る景色が変わる。読み手の暮らしや思いが映り込む。まるで「葉」の締めくくりの場面のように。

〈よい仕事をしたあとで／一杯のお茶をすする／お茶のあぶくに／きれいな私の顔が／いくつもいくつも／うつっているのさ〉

読み手も同じだ。よい仕事をしたあとの顔は、確かにきれいだろう。ならば、読み手が悩んでいるときには、どんな顔が太宰の作品に浮かび上がるのか。怒っているときにはどんな顔が映るのか。途方に暮れたときには。あせって、もがいているときには。若い頃には。くたびれた頃には。幸せなときには。そうでないときには。嘘をついているときには。嘘をつかれたときには。死にたくなるほど絶望したときには。幸福感に包まれているときには。誰かを愛しているときには。憎んでいるときには……その他もろもろ。

百人の読み手がいれば、百通りの暮らしがあり、思いがある。

さまざまな角度から当てられる光の、そのことごとくに応えてくれるのだ、太宰の作品群は。

ああ、わかる、ああ、そうなんだよなあ、と思わずつぶやく瞬間がある。それも、ストーリーや登場人物の設定が「自分と似ている」というレベルの話ではない。そうでなければ、一九三六年に刊行された作品集が今日まで、新装版の文庫にまでなって生き残っていられるはずがない。

言葉なのだ。

太宰の言葉は、物語の筋書きを超えて、その一つひとつが鏡になっているのだ。

たとえば……とは言わない。野暮やおせっかいは慎みたい。ただ、この解説の小文から先に読みはじめたひとには「きっと忘れられない言葉に出会えますよ」と予言しておき、すでにすべての作品を読み終えたひとには「ねっ？　あったでしょ？」と笑いかけておきたい。

そして、その忘れられない言葉が、何年かたって読み返したときには変わるかもしれない。最初に読んだときには目立たなかった別の言葉が急に気になってくることもあるだろう。逆に、かつて胸に染み入った言葉が急に色あせてしまい、あの頃の自分はなぜこんな言葉に惹かれていたのか、と苦笑交じりに首をかしげることだってあるだろう。鏡に当てる光の角度や強さが変わってしまったのだ。

だからこそ、世代や時代を超えて読み継がれる。一人の読者が読み返すときでも、年齢によって何度でも新たに出会える。

『晩年』にかぎらず、太宰の作品には太宰自身の生い立ちや生活、思想が色濃く反映されている。いわば、鏡に最初に映り込むのは太宰そのひとの顔である。

だが、それは決して、太宰の実人生——生家が大地主だったとか、薬物中毒だったとか、自殺未遂を繰り返したあげくに玉川上水で心中したといったものをフィルターにしなければ成立しない、という意味ではない。

「太宰治？　誰、それ」でまったくかまわない。いや、むしろ、そのほうがよりいっそう深く味わえるかもしれない。特に若いひとへの、オヤジからの提案。本書は太宰について勉強してから読むのではなく、少しでもまっさらに近い状態で言葉と向き合って、鏡に自分の姿を映し込んでみてほしい。

心配は要らない。ちゃんと映る。くっきりと映る。思わず目をそらしてしまいたくなるほど、鮮やかに映る。「自分なんかどうせ映らないって」と、みんなとは違うところをアピールしたいひとの姿も——むしろそういう読者の姿のほうが、よりいっそう、容赦ないほど鮮明に映ってしまうのだ。

太宰のつくる鏡は、水でできているのかもしれない。水は入れる器によって変幻自在に形を変え、水面に映る風景も変える。

『晩年』全編の最後の言葉——「めくら草紙」のラストに、まるで「葉」のラストと呼応させるかのように、そう書いてある。


二十歳前の僕は、胸を締めつけられるような思いで『晩年』のページを繰っていた。

収録作の中でも、とりわけ「思い出」や「道化の華」といった自伝的な色合いの濃い作品を読むときに、胸がきりきりと痛んだ。決して、楽しい時間ではなかった。なのに本を閉じることができなかった。ストーリーが面白いからというより、物語の語り手が自分自身について語る言葉の一つひとつに、どうしようもなく惹きつけられていた。

ここに自分がいる——。

自分だけに語りかけてくれている――。

太宰の作品の魅力について、しばしばそういう言い方がなされる。

なるほど確かにそのとおりだった。ここに出てくる主人公は自分だ、とまでは言わないにせよ、思わず深々とうなずいてしまう瞬間が何度もあった。「ここの感覚、オレにしかわからないんじゃないか？」とほくそ笑む場面も、逆に自嘲気味の太宰の筆致にひきずられるように「こんな嫌な奴の気持ちがわかるオレって、ろくな人間じゃないなあ」と顔をしかめてしまう場面も、数多かった。

この文庫版で初めて『晩年』や太宰治と出会う若い読者も、きっと、あの頃の僕と同じような胸の痛みを味わうはずだ。保証する。『晩年』が刊行されたのは一九三六年で、二十歳前の僕が出会ったのは一九八二年頃だった。すでに半世紀近い年月がたっているのにもかかわらず、胸を締めつける痛みはどこまでもリアルだった。若者の生きる社会の様子や身の回りの道具立ては変わっても、「ひとにどう思われているかが気になる」「自分は他の連中とは違うはずだ」「ひとに嫌われたくない」「表面では仲良くしていても、心の奥底では相手のことを見くだしている」といった厄介な自意識は、半世紀たってもちっとも変わっていなかったわけだ。二十一世紀の若者も同じだ。いや、ことによると、それらの自意識の厄介さは太宰治や僕たちの時代以上に深まっているかもしれない。

だから、若いひとに読んでほしい、太宰を。

太宰ののこした言葉に、いまの自分の姿を映し込んでみてほしい。

もやもやしたまま持て余してばかりいる自意識の落ち着き先を、「そう！　いまの気持ち、これなんだ！」と見つけてほしい。

きっと楽になる。

もう何年も前、某出版社の仕事で、太宰についての短い文章を若い読者に向けて書いたことがある。

ナイフを持つ前にダザイを読め――と書いた。

その気持ちはいまも変わっていない。

最後に、若いひとにオヤジからの提案を、もう一つ。

この本、捨てるなよ。持っておいてほしい。そんなに場所はとらないからいいだろ。

いつか、きみが自分で「おとなになったな」と思ったときに読み返してほしい。

僕の場合は照れくさくてしかたなかった。最初に読んだときは胸がきりきりしたのに、今度は背中がむずむずしてしまった。

少年時代や青春時代の自意識の厄介さを思いだして、「あの頃のオレってさあ、まったくさあ……」と苦笑交じりに、誰に向かってというのではなく、つぶやきたくなる。再読のときには、「彼は昔の彼ならず」「ロマネスク」といった生活と自意識との葛藤の物語に強く惹かれた。おとなになったのだ。「彼は昔の彼ならず」のラスト――〈あの男と、それから、ここにいる僕と、ちがったところが、一点でも、あるか〉が胸に刺さった。おとなにはおとなの厄介な自意識がある。太宰の鏡は、それもちゃんと映してくれるから。

酒場に行くよりダザイを読め――。

某出版社の注文がおとな向けの文章だったら、たぶん、こんなふうに書いただろう。

そして、なんの因果か三度目の『晩年』を読み終えたいま、すっかり発想がゆるゆるになったオヤジは思う。

太宰クンはオレよりもうずーっと年下になっちゃったんだなあ。しみじみ思う。『晩年』を刊行したとき、太宰は二十七歳。まだ息子と呼ぶには僕との歳が近すぎるが、わが家の長女の年上の彼氏だったら、あり、だ。こんな男がウチに来て「娘さんと付き合ってます」なんて挨拶したらイヤだなあ。つくづく思う。

だが、「わが子に読ませたいこの一冊」という類のアンケートがあれば、僕は迷いなく『晩年』を挙げるだろう。長女はいま十八歳である。もうすぐ、僕が初めて『晩年』と出会った歳になる。

あとがき

解説の文章を初めて書いたのは、時代が「平成」になるかならないかの頃だった。僕はまだ二十代半ばのフリーライターで、要するに無名の若造で、出版社からのオファーも「○○先生の文庫の解説を頼むのをケロッと忘れていたから、明日までに読んで、書いてくれ」という、当時の自分のポジションにまことにふさわしいものだった。

ペンネームはなにを使ったんだっけ（フリーライター時代の僕はいろんなペンネームを使い捨てていた）、原稿料はもらえたのかな、どうだったかな……往事茫茫、いまは世を去った○○先生の名前も、いまさらここで明かしてもしかたない。

いずれにしても、解説の書き手としての自分の歩みは、「平成」とほとんど重なり合う。約三十年間で、百本近い解説を書いてきた。その中から約半分、五十本を選んで編んだものが、本書である。

原稿の取捨選択や構成は、幻戯書房の田口博さんに一任した。解説は基本的に請け負い仕事――しかたなくやる、という意味ではなく、著者や担当編集者が「シゲマツに書かせてみるか」と思ってくれなければ生まれないご縁なので、そこからピックアップする一冊も、書き手の思い入れを押し通すよりも、優れた編集者の目に委ねたほうがいいだろう、と判断したのだ。

もちろん、もともとの作品があってナンボの解説である。コバンザメよろしく作品のお尻にくっついていた文章を単独で読んでいただくというのは、ある意味では図々しい話かもしれないし、紹介文としては舌足らずな箇所も少なからずあるだろう。お詫びする。けれど、これだけは言わせてもらいたい。

本書に収めた解説はすべて、もともとの作品に奉仕すべく綴られた。出発点こそ版元からのオファーであっても、作品を読んですっかり惚れ込んで、「オレが書く、書く、書く、ほかの奴に頼むな！」と――むしろ押しかけ気味に書かせてもらったものばかりである。自分の解説がガイド役となって「この本、読んでみたい」と思っていただけるなら、これにまさる歓びはない。作品の素晴らしさを伝えそこねてはいないか、何年たっても案じているヘボな書き手を安堵《あんど》させていただきたい。どうか本書が、あなたの生涯の友となり師となる作家や作品に出会うきっかけになってくれれば……と願っている。

特に、二〇一六年から母校の早稲田大学で教鞭を執っていることもあって、若い世代にこそ、ぜひ――。僕の立場は「任期付き教授」というやつなので、おそらくは二〇二一年三月で学生さんともお別れになる。本書がシゲマツ教授（笑）のゼミや講義や演習の副読本として読まれ（無理やり買わせたりはしないけどさ）、早稲田の杜を去ったあとも新たな世代の読み手との出会いが細々とでもつづくなら、とてもうれしい。

表記などは、一本の解説文の中で統一が取れていればよし、ということにした。著者との距離感や、「自分」の出し方、理屈がどこまで前面に出ているか、批評とエッセイとの案分はどうなのか……など、時代によっていろいろ違うのを「いま」を基準に均《なら》したとたん、なにかとても大事なことが消えてしまうんじゃないか、と思ったのだ。

五十代後半になった書き手自身から見ると「おまえも若い頃は肩肘張ってたんだなあ」「おいおい、勉強したことを全部出そうとしてないか？」と思わず笑ってしまうところもあるが、そのこそばゆさや居たたまれなさが、僕はじつは、あんがい嫌いではない（各編を時系列で並べ替えてみると、きっと、少しずつシゲマツが「ユルくて、いいオッサン」になってきたのがわかってもらえるんじゃないかな）。だからこそ、手直しも思いっきり最小限にとどめておいた。ご理解ください。

ところで、本書の版元・幻戯書房を創業した故・辺見じゅんさんに、僕は大きな借りがある。

歌人でありノンフィクション作家でもあった辺見さんとは、ともに講談社ノンフィクション賞の選考委員を務めてきた。選考会の席上、浅薄にして狭量なことしか言えない僕は、何度も辺見さんに救われてきた。最年少の選考委員の生意気な意見を、ほとんど母親の世代にあたる辺見さんは、いつも苦笑交じりに大らかに受け止めて、ときには言葉や傍証を足して、応援まで買って出てくれた。選考会の議論で僕が得た学びの数々は、その優しさなしにはありえなかっただろう。ほんとうに感謝している。

そんな辺見さんから、何度も幻戯書房で著作を出版することのお誘いを受けていた。もちろん快諾——ではあっても、先約の仕事が立て込んでいて、なかなか具体的に動くことができなかった。二〇一一年九月に辺見さんが急逝されたとき、怠け者の書き手は、ただひたすら詫びるしかなかったのだ。

あれから八年、田口博さんのご尽力のおかげで、ようやく約束が果たせた。田口さん、ありがとうございました。

もちろん、同様の謝意は、解説を書かせていただいた著者の皆さんや編集者の皆さんにも示さなくてはいけない。本書にも収録した、ある本の解説の中で、僕はこんなことを書いた。〈僕たちはいつも、愛読する作家の作品から、人生や世界の肯定のしかたを学んでいる〉――それは、当該の一冊だけではなく、本書で紹介したすべての作品にあてはまる。人生や世界の肯定のしかたを学ばせてもらった作品と作家に、心から感謝する。

本書を、辺見じゅんさんに捧げる。

二〇一九年一月

重松 清

重松清（しげまつ・きよし）

一九六三年、岡山県生まれ。早稲田大学教育学部国語国文学科卒。出版社勤務ののち、フリーライターとして独立。一九九〇年代より小説を執筆しはじめ、一九九九年に『ナイフ』で坪田譲治文学賞、『エイジ』で山本周五郎賞、二〇〇一年に『ビタミンF』で直木三十五賞を受賞。以後、家族のあり方をテーマとした話題作を次々と発表し、二〇一〇年に『十字架』で吉川英治文学賞、二〇一四年に『ゼツメツ少年』で毎日出版文化賞を受賞。『定年ゴジラ』『とんび』『その日のまえに』『流星ワゴン』など、映画化・テレビドラマ化された作品も多数ある。二〇一六年より早稲田大学文化構想学部教授（任期付き）に就任。

読むよむ書く

迷い多き君のためのブックガイド

二〇一九年四月二十五日　第一刷発行

著　者　重松　清

発行者　田尻　勉

発行所　幻戯書房

郵便番号一〇一－〇〇五二
東京都千代田区神田小川町三－十二
岩崎ビル二階
電　話　〇三（五二八三）三九三四
F A X　〇三（五二八三）三九三五
U R L　http://www.genki-shobou.co.jp/

印刷・製本　美研プリンティング

ISBN978-4-86488-167-8　C0095

残しておきたい日本のこころ　重松清 編

民話とは一回性のライブである。時代を超え風土を超えて、語り継がれ聞き継がれてきた、歴史や文化の「こころ」の集積なのだ——開高健、島尾敏雄、小松左京、藤本義一、三浦哲郎、寺山修司、山中恒、辻邦生、畑正憲、五木寛之が、民話をとおして語った、私たち古来の「こころ」、「日本の遺産」。珠玉のアンソロジー。2,200円

女房逃ゲレバ猫マデモ　喜多條忠

この家族に泣きますか。笑いますか。それとも癒されますか。数々の名曲を手がけた作詞家の書き下ろし長篇、実感小説。「生きることって、こんなにもホロ苦くて、せつなくて、あたたかいんだ。『神田川』から本書まで、ガキの頃からオヤジになったいまでも、オレ、ずーっと喜多條さんに青春と人生を教わってる」（重松清）。1,800円

右であれ左であれ、思想はネットでは伝わらない。　坪内祐三

「ポスト・トゥルース」などと呼ばれ、飛び交う言説に誰もが疲弊してゆく社会で、今こそ静かに思い返したい。時代の順風・逆風の中「自分の言葉」を探し求めた、かつての言論人たちのことを——保守やリベラルよりも大切な、言論の信頼とは何か。デビュー以来20年以上にわたり書き継いだ、体現的「論壇」論。2,800円

東京タワーならこう言うぜ　坪内祐三

書籍、雑誌、書店、出版社、そして人——変わりゆく出版文化と東京の街の、これまでとこれから。失われゆく光景への愛惜と未来へのヒントをたっぷり詰めた、時代観察の記録。東京タワーと同じく1958年に生まれ、重松清らとともに雑誌「en-taxi」の同人を務めた著者によるエッセイ集。2,500円

夕鶴の家　父と私　辺見じゅん

家族、文学、民話、昭和史、そして自身——歌人として、作家として、角川家の長女として、ひたむきな生を求め続けた「昭和の語り部」の全貌をたどる。自伝的文章や取材秘話、家庭での実体験を反映した学生時代の創作まで、貴重な原稿の数々をまとめた遺稿エッセイ集。短歌論集『桔梗の風』、俳句論集『飛花落葉』も同時刊行。2,200円

骨踊り　向井豊昭小説選

あらゆる小説ジャンルを呑み込んだ強靭な文体。アイヌに対する「ヤマト」の差別への苛烈な批判精神——早稲田文学新人賞を62歳で受賞し平成の日本文学シーンに衝撃を与えた、おそるべきゲリラ作家の入手困難な代表的長・中・短篇6作を精選。さらに平岡篤頼による評論など、巻末資料・解説も充実。没10年記念出版。4,900円